U0547426

卓越教师 教学主张丛书

厦门市卓越教师培育项目成果
西南大学教育学"双一流"学科建设实践成果

总主编 陈 珍 朱德全

"适·度"阅读
——儿童整本书阅读新探索

邵巧治 著

西南大学出版社
国家一级出版社 全国百佳图书出版单位
· 重庆 ·

图书在版编目(CIP)数据

"适·度"阅读：儿童整本书阅读新探索 / 邵巧治著. -- 重庆：西南大学出版社, 2024.10. -- (卓越教师教学主张丛书). -- ISBN 978-7-5697-2684-8

Ⅰ.G623.232

中国国家版本馆CIP数据核字第2024QS9221号

"适·度"阅读——儿童整本书阅读新探索
SHI·DU YUEDU——ERTONG ZHENGBEN SHU YUEDU XIN TANSUO

邵巧治　著

责任编辑：钟孝钢
责任校对：李　强
文字编辑：廖　菁
封面设计：闰江文化
版式设计：散点设计
排　　版：王　兴
出版发行：西南大学出版社（原西南师范大学出版社）
　　　　　地址：重庆市北碚区天生路2号
　　　　　邮编：400715
　　　　　市场营销部电话：023-68868624
印　　刷：重庆亘鑫印务有限公司
成品尺寸：170 mm × 240 mm
印　　张：17
字　　数：305千字
版　　次：2024年10月　第1版
印　　次：2024年10月　第1次印刷
书　　号：ISBN 978-7-5697-2684-8
定　　价：52.00元

编委会

总主编

陈 珍　朱德全

副总主编

洪 军　刘伟玲　庄小荣　潘世锋　罗生全　周文全

执行主编

范涌峰　魏登尖

编委（以姓氏笔画为序）

王天平　王正青　牛卫红　艾 兴　叶小波　朱德全
庄小荣　刘伟玲　陈 珍　陈 婷　范涌峰　罗生全
周文全　郑 鑫　赵 斌　侯玉娜　洪 军　唐华玲
　　　　　　　　　韩仁友　潘世锋　魏登尖

总序

习近平总书记在2024年全国教育大会上指出,要实施教育家精神铸魂强师行动,加强师德师风建设,提高教师培养培训质量,培养造就新时代高水平教师队伍。《中共中央 国务院关于弘扬教育家精神加强新时代高素质专业化教师队伍建设的意见》指出,要加强中小学学科领军教师培训,培育一批引领基础教育学科教学改革的骨干。强化中小学名师名校长培养。

厦门市历来重视名师队伍的培育培养工作,根据教师专业成长规律,经二十年探索,逐步形成了"骨干教师—学科带头人—专家型教师—卓越教师"的金字塔式名师阶梯成长体系。自2021年起,厦门市教育局与西南大学开展战略合作,共同推进厦门教育高质量发展和教师队伍建设。"厦门市首期卓越教师培育项目"是由厦门市教育局与西南大学教育学部联合倾力打造的精品培训项目,也是厦门市迄今为止最高层次的教师培训项目。该项目旨在打造一支具有教育情怀、高尚师德,富有创新精神,具有鲜明教育教学思想和教学主张,在教育教学和教育科研上发挥领军作用的高层次教育人才队伍。项目以产出导向为理念,坚持任务驱动,通过个人自学、高端访学、课题研究、讲学辐射、挂钩帮扶、发表论文、出版专著、提炼教育思想、推广教学主张等方式优化培育过程。

三年琢磨,美玉渐成。通过三年的探索,围绕成为"有实践的思想者"这一核心目标,每一位卓越教师培育对象形成了特色鲜明、理念前沿的教学主张,并以教学主张为中心形成了一本专著,从而汇集成目前呈现在大家面前的"卓越教师教学主张丛书"。本丛书,既是"厦门市首期卓越教师培育项目"三年实施成果的沉淀,是每一位卓越教师培育对象思想的结晶,也是西南大学教育学"双一流"学科建设的实践成果。

仔细阅读本丛书,可以欣喜地看到,卓越教师培育对象们不仅能敏锐地捕捉到教育教学领域的难点、热点问题,揭示其中的本质规律,还能结合本地教学实际智慧地提出解决方案。总体来说,本丛书有以下三个方面的特点。

一是有较浓厚的学术气息。29位培育对象中有获得国家、省级基础教育教学成果奖的教师,有正高级教师,有省特级教师,但他们还在不断突破,追寻对教育教学本质的理解,追寻从实践到思想的蝶变,追寻高水平的专业表达。他们从实践中提炼出主张,再用主张引领实践,他们在书稿中融入了理论的阐释,学会了建构模型,并借助模型简洁地表述自己的教育教学思想,读起来不生涩也不单调。

二是有较强的系列探索味道。《义务教育课程方案(2022年版)》提出,应做好学段间的教育教学衔接。29位培育对象中,既有教育科研专职人员和学校的管理者,也有班主任、一线教师等,研究成果覆盖了小学、初中和高中的大部分学科,最终形成了29本培育对象教学主张的专著和1本全景式呈现卓越教师培育的经验和初步成效的论著。因此,本丛书既有基于教育者几十年教学实践的思想提炼,又有深入课堂的案例剖析,可以"用眼睛来读",作为教师专业发展的自读文选;也可以"用行动去做",作为教学范例直接进入课堂实践,在行动研究中孵化、创生;也适合专门研究者或管理人员参阅,从中窥探从小学到高中的教育教学重点与发展脉络。

三是有鲜明的课程育人特色。本丛书的撰写以学科课程为载体,以学科课程核心素养为目标,积极探索新时代背景下的育人方式变革,寻求育人最佳路径,以德施教,立德树人。因此,单看每本专著,已能感受到其中鲜明的课程育人特色,综合丛书来看,这一特色更加明显。

期盼厦门市首批卓越教师培育对象大力弘扬践行教育家精神,追求卓越的步伐永不停留,不断完善、应用和推广自己的教学主张和教学成果,为厦门教育做出更多更大的贡献。也期盼本丛书能为广大中小学教师深化教学改革提供参考,为教育学"双一流"学科服务教育实践提供借鉴。

是为序。

陈 珍

(中共厦门市委教育工委书记、厦门市教育局局长)

朱德全

(西南大学教育学部部长、西南大学教育学一流学科建设"首席责任专家"、国家重大人才工程特聘教授、国务院学位委员会学科评议组成员)

序一

感谢邵巧治老师的信任,邀请我为她的新作《"适·度"阅读——儿童整本书阅读新探索》作序!

我与邵老师相识于三年前,依托厦门市教育局、厦门市教育科学研究院与西南大学教育学部的合作项目,在火热的重庆迎来了厦门市首批卓越教师培养对象,我有幸担任邵老师的理论导师。我之所以在选择组别时特意选择了邵老师所在的这一组,是因为她是班里为数不多的市级教研员。2021年,我主持国家社科课题"基础教育教研体系的中国经验及国际传播",自那以后,我就非常关注中国基础教育的五级教研体系,以及教研体系中各级的关键角色——教研员。同时,我也非常关注小学语文这个学科。近年来,我有机会接触了全国各地大量的教研员,与他们深入交流、学习,观摩了大量的校本教研、省市级赛课活动等。之所以这么关注教研员,是因为我知道,要快速了解一个学科,就需要和这个学科的"高手"打交道。教研员,自然是语文教育实践工作者中的高手,他们既是专家型教师,又是一个区域的课程领导者。这两年,我也经常向邵老师请教关于教研的问题。

厦门市首批卓越教师培育项目的任务之一,就是帮助名师们提炼他们的教学主张。说实话,小学语文的"主张"不好提炼。在与语文教学高手打交道的过程中,我发现,在历来的语文教学改革中,小学语文的改革有"三多",即教师多,小学阶段课时多,理念争论多。2019年,全面投入使用的统编版教科书与人民教育出版社的原有教科书相比,改动超过50%,内容改动多,这些都给小学语文教学带来了很大的挑战。我感到,每次课标颁布之后,围绕语文的争论最多。因此,提炼小学语文的教学主张要更加谨慎。

我关心的首要问题是,"整本书阅读"这个议题,是不是语文教学中的一个一以贯之的,能够提升学生语文素养的关键议题?还是只是一个一时兴起的"时髦"话题?假使是后者,如果邵老师只是某个学校的名师,她完全可以提出很个性的教学主张,并影响自己的学生。然而,作为市级教研员,她的教学主张,必定在一定程度上影响整个区域。我们知道,2001年的课标就指出"多读书,好读书,读好书,读整本的书",2011年的课标在此基础上深化,2022年的义务教育语文课标则明确提出"整本书阅读"学习任务群。无论是课标,还是教科书的编写,始终都要遵循守正创新的原则。整本书阅读的重要性,似乎不用过多阐释了。值得称道的是,邵老师在这个议题上深耕了十余年,有着丰富的实践经验,在一定程度上影响着厦门市整本书阅读的教学和研究风气。

接下来的问题是,整本书阅读教学存在什么问题?可以提炼出什么主张?这是我们第二阶段关注的核心议题。我的专业是课程与教学论,在整本书阅读这个问题上,可以围绕"课程内容—教师—教学—学生—学习"的框架,即什么样的课程内容,教师以什么样的教学方式,才能符合学生特定阶段的认知发展规律,以促进学生的学习。围绕这样的框架思路,在多次研磨、纠结下,最终提炼出了"适·度"的整本书阅读教学主张。这两个字,以及它的六个子维度,基本上是围绕着我们上述的框架来展开的。书中有不少翔实的儿童整本书阅读现状的数据,包括厦门市全市,以及各个区域的数据,让我们看到儿童整本书阅读的现状并不乐观。这也从另外一个侧面反映出,整本书阅读在当下的处境还普遍存在"虚化、浅化、窄化、功利化"的现象。

为了应对整本书阅读普遍存在的问题,邵老师提出了"适·度"的教学主张,将其细分为"三适"和"三度"。

"三适",即适应儿童、适合文本、适切的任务与评价。适应儿童,指所有的指导措施必须符合儿童发展的规律、符合儿童阅读的规律。适合文本,指不同类型、不同领域、不同呈现形式的文本各有其独有的价值与特点,指导时必须仔细解读,精准把握其价值和特点,采用恰当的阅读方式和方法引导儿童获得文本的营养精华。适切的任务与评价,指根据阅读任务,明确儿童阅读达标的关键表现和具体表现,使儿童在阅读中真正获得成就感。

"三度"指阅读的温度、宽度和深度。温度指学生喜欢阅读,能持久阅读,认可阅读的价值,能根据阅读目的和兴趣选书,建构属于自己的精神世界。宽度指学生能阅读不同文体、不同领域和不同呈现形式的文本(含名著),在阅读中能讨论自己感兴趣的任何话题。深度指学生能对文本中感兴趣的内容有逻辑地深入探究,有自己的独到见解,能帮助自己解决个人学习、生活和成长中的问题。

本书在此教学主张的基础上,从儿童整本书阅读的图书选择与开发,儿童整本书阅读的全过程推进模式,儿童整本书阅读的典型样态举隅,展示该主张下的儿童整本书阅读新方式与新面貌。此外,作为教研员,是理论与实践工作的重要桥梁,也是区域教研的引领者,邵老师还特别关心整本书阅读的落地,因此书中还专门从区域、学校、教师等不同层面,从阅读环境建设、阅读管理制度执行、阅读课程建设、阅读评价实施等不同方面提出共同努力的方式方法。

邵老师多次欣喜地告诉我,整本书阅读在厦门已经形成风气。厦门市的"书香校园"建设稳步推进,厦门市教育科学研究院主办的全市小学生语文阅读风采比赛受到了许多学校、学生、家长的欢迎与重视,全市约7万名小学生"卷入"到整本书阅读的风气中,以面试的方式来评估学生的整本书阅读,而不是刷题,在与评委们互动的过程中,学生读书的温度、宽度、深度充分显现。我想这是一个市级教研员的"应为"与"可为",在正确的教育价值引领下,把握语文教育的核心内容,充分运用教研员的专业影响力与组织管理力,切实推广整本书阅读,整体、全面提升全市学生的整本书阅读水平。

至于书中提到的整本书阅读的选材、教学方式等等,是否真的完全科学,我不是专门的文学研究或教科书编写者,无法一一作出判断,还需要时间和实践的检验。但转念一想,整本书阅读,追求的不应该是科学主义式的完全正确。如果"适·度"的教学主张能够启发更多的教师,让他们能在这本书的引领下,在日常教学中,更重视整本书阅读,把课内的整本书阅读教好,在课外给那些"吃不饱"的学生更多的图书选择和指导,那这本书就达到了非常理想的效果了!

西南大学　郑鑫
2024年6月于西南大学田家炳教育书院

序二

邵巧治老师的新作《"适·度"阅读——儿童整本书阅读新探索》提出并论证了"适·度"阅读这个教学主张，了不起！

《"适·度"阅读——儿童整本书阅读新探索》是邵老师持续研究儿童整本书阅读以及和她的团队长期躬耕儿童整本书阅读实践的结晶，是邵老师继《小学生阅读素养的提升策略》后对儿童阅读研究与实践的更新与升级。

适度，就是刚刚好。曾国藩说过，"人生的境界是花未全开月未圆"，一切刚刚好。刚刚好，是一种境界、一种"心向往之"的境界。刚刚好，是不容易的。贵在适度，难也在适度。

"适·度"阅读，其本质追求就是刚刚好的阅读。刚刚好的阅读，要考虑方方面面的问题。诸如，阅读的对象，要考虑儿童的特点；阅读的物质，要考虑图书的适合性；阅读的过程，要考虑阅读的量、阅读的质（能力）、阅读的速度、阅读的方法，以及阅读的情感态度和习惯等。对儿童阅读的指导，要考虑所提的要求和给予的评价，还要考虑阅读的环境（氛围）等。此类种种是否匹配儿童阅读、是否刚刚好。

通览《"适·度"阅读——儿童整本书阅读新探索》，邵巧治老师聚焦"适·度"阅读，努力探索解决上述问题，且有理论、有实践、有成效。即在中华优秀传统阅读文化的基础上，吸收了"建构主义理论""具身认知理论"等精华，提出并论证了"适·度"阅读的"三适""三度"假设。所谓"三适"，即适应儿童、适合文本和适切的任务与评价；所谓"三度"，即温度、宽度和深度。同时，提供了丰富的、经实践检验的案例。这样，就使得"适·度"阅读可以走进

"千'校'万'室'",以及"寻常'儿童'家","新探索"也就成为指导儿童阅读的新形态、新常态和新生态。

邵巧治老师的"适·度"阅读,最终指向的是"善读书"。"爱读书,读好书,善读书",虽然三者之间有着内在联系,但是"善读书"既是出发点也是归宿地。"善读书",一方面,包括"爱读书"——不爱读书何以善读书,只是爱读书未必能善读书;另一方面,包括"读好书"——读不好的书如何善读书,只是读好的书也未必能善读书。换言之,"爱读书""读好书"都是必要条件,而不是充分条件。善读书,是喜欢读书、读优质书(特别是适合儿童阅读的优质图书),在读的过程中有方法、有思考、有行动、有成就,逐渐抵达"学思用贯通,知信行统一"的境界。

概而言之,邵巧治老师的"适·度"阅读,既激发儿童阅读的兴趣,又重视培养儿童的阅读理解力;既帮助儿童选择适合的文本、设置适切的任务与评价,又关注新时代和未来发展对儿童的期待,以应对"不确定性"带来的挑战。邵巧治老师的"适·度"阅读,还要求教师要做儿童阅读的"助产士"和"合伙人",共同建设绿色可持续的阅读生态。

总之,"适·度"阅读既承认儿童有独立的生活,又知道儿童的生活,尊重儿童、适应儿童、发展儿童,彰显阅读育人的价值。

让我们去阅读邵巧治老师的《"适·度"阅读——儿童整本书阅读新探索》一书,从中获得"刚刚好"的招数,一起和儿童完成"爱读书,读好书,善读书"这件大事吧。

是为序。

福建省普通教育教学研究室　黄国才

甲辰年初夏吉日于福州

目录

第一章　阅读教学的历史进程及"适·度"阅读的提出

第一节　阅读教学的历史进程…………………………………003

第二节　阅读教学的误读与反思…………………………………006

第三节　"适·度"阅读的提出…………………………………012

第二章　"适·度"阅读的理念及特征

第一节　"适·度"阅读的理论基础………………………………017

第二节　"适·度"阅读的基本理念………………………………023

第三节　"适·度"阅读的基本特征………………………………028

第三章　"适·度"阅读的文本选择与组织

第一节　阅读书目的选取原则……………………………………037

第二节　阅读书目的年级规划……………………………………045

第三节　厦门市阅读书目设计……………………………………052

第四章 "适·度"阅读的基本路径

第一节 重视整本书阅读全过程……065
第二节 加强分类型阅读指导……098
第三节 强化阅读策略实践……123

第五章 "适·度"阅读的典型样态

第一节 课内单元整读推进……133
第二节 微项目式阅读推进……144
第三节 跨学科共读推进……151
第四节 群书主题阅读推进……155

第六章 "适·度"阅读的保障机制

第一节 区域推进措施……165
第二节 学校推进举措……175
第三节 教师推进要素……188
第四节 校外推进方略……191

附录……195

参考文献……248

后记……253

第一章

阅读教学的历史进程及"适·度"阅读的提出

《义务教育语文课程标准(2022年版)》(以下简称《2022年版课标》)首次把整本书阅读列为拓展型学习任务群,这意味着整本书阅读正式成为义务教育阶段的课程内容,是每一位学生的语文必修课。

在固有的应试观念里,课内教学与课外教学之间泾渭分明。课内教学等同于教课本,一学期一本,有教学计划,有考试。课外教学等同于自由选文、选书,自由阅读,无考试,因而学校、班级间落实的差异明显。《2022年版课标》的颁发,无疑开启了一个语文教育的新时代,儿童整本书阅读成了完整的阅读教学中一个绕不过去的话题,一块难啃的硬骨头。

本章通过梳理阅读教学的历史进程,结合近年来国家、省、市义务教育质量监测的要求,指出为促进儿童健康成长、贴合学生核心素养发展需要,应从"适·度"阅读的角度出发,加强儿童整本书阅读指导。

第一节 阅读教学的历史进程

在《现代汉语词典》(第7版)中,"整",当形容词讲时,有"全部在内"的含义。"本",当量词用时,或用于书籍簿册,如5本书;或用于戏,或用于一定长度的影片。"书",当名词用时,指装订成册的著作。因此,"整本书"一词,可理解为"完整的有一定长度的装订成册的著作"。整本书,是在内容、思想、形式上,都具有完整性的图书,它具有内部逻辑结构的连贯性、系统性和完整性,区别于以单篇短章汇集而成的教科书,是具有生命独特意义的"成册著作"。

周益民老师受余党绪老师的启发,提出"整本书,是指具备主体独立性与生命独特性的书"[①]。如《西游记》等作品就是整本书。绘本虽然篇幅短小,但形式上、内容上已具备完整性,也可称之为一本书,适合低年级学生阅读。《中国古代寓言》《伊索寓言》这样的书,由短小的单篇作品连缀而成,形式上满足"成册的书",内容间也有较紧密的关联,也可视之为"整本书"。因此,在实践中,整本书有两种存在形式,一是内容结构连贯一体的,二是由联系紧密的单篇构成的集子。

一 古代的整本书阅读

在我国古代,"四书""五经"等儒家经典著作,就是当时的语文课本,不仅对学生进行书面语言的训练,还进行一些读写训练,在中国教育史上发挥着重要的作用。古人在整本书阅读教学方面不仅有实践活动上的探索,还对整本书阅读经验作出总结。例如,宋代大儒朱熹,在其著作《朱子读书法》中论述了读书之道,提出了"循序渐进、熟读精思、虚心涵泳、切己体察、着紧用力、居敬持志"等读书原则。

南北朝时期,南朝梁昭明太子萧统主持编纂的《文选》成为士人举子必读的文学范本。这是一部囊括诗赋、骈文、散文等文体,很有影响的文学总

---

① 周益民.整本书阅读:基本问题与实践探索[J].语文建设,2021(4):5.

集,精选了从先秦至南朝梁代初期,跨越数百年的130余位作者的700多篇作品。

《文选》的问世,标志着语文教学的一次重要转向,即从单一的经史典籍学习,转向了对文学语言之美的深度挖掘与欣赏。它不仅丰富了教学内容,提升了学生的审美素养,更引导了后世语文教学向重视文学鉴赏与创作能力的方向发展,为中国古代乃至近现代的语文教育开辟了一条新的道路。但无形中,整本书阅读的重视程度被削弱了。

二 近代的整本书阅读

近代以来,语文独立设科,部分学者都主张要阅读整本书,如胡适认为中学国文教材应该有文学的性质。他将主要内容分为三种:小说,白话戏,长篇的议论文和学术文。他不仅提出青少年要看整本的书,还提出要看多少本书,以及看什么类型的书更为合适,对当时的阅读教学有一定的借鉴意义。

第一次正式提出"读整本书"主张的是叶圣陶先生。1923年,他参与了《新学制初级中学国语课程纲要(草案)》和《初级中学国语课程纲要》的拟定,两份纲要中都体现了"读整本书"的主张。随后,他将"读整本书"写入教材,还论述了单篇阅读的局限性和读整本书的重要价值,认为整本书阅读有利于学生养成良好的阅读习惯、扩大学生的知识面。但是,这些要求仅对初中、高中学生提出,没有对小学阶段提出。[①]20世纪30年代,由叶圣陶编写、丰子恺插图的《开明国语课本》也都是单篇选文。可见,语文独立设科之后,单篇阅读的受重视程度明显超出了整本书阅读。

三 现代的整本书阅读

中华人民共和国成立后,不同时期的小学语文教学大纲都提出要引导学生多阅读,如1950年《小学语文课程暂行标准(草案)》提出:"要多方鼓励补充读

---

① 安宁.小学高段整本书阅读教学实践研究[D].西安:陕西师范大学,2020:6.

物的阅读,指导使用字典、词书和参考书籍,以养成好学精神和自学习惯。"[1]由于时代的特殊原因,从1950年到1992年的教学大纲提及的读书指的是读物,且是篇幅较短、内容比较简单的读物,目的是利于小学生阅读。《九年义务教育全日制小学语文教学大纲(试用修订版)》强调了"课外阅读总量五年制不少于100万字,六年制不少于150万字",提出了"对阅读有浓厚兴趣,阅读程度适合的文章,能理解主要内容,体会思想感情,领悟表达的一些方法,注意积累语言材料"。可以看出,文件虽然表明了阅读的重要性,但未强调阅读整本书的要求。

2001年颁布的《全日制义务教育语文课程标准(实验稿)》中,"教学建议"部分有这样的表述,"培养学生广泛的阅读兴趣,扩大阅读面,增加阅读量,提倡少做题,多读书,好读书,读好书,读整本的书"。这是在1949年后制定的语文教学大纲、语文课程标准中,首次出现"读整本的书"的表述。《义务教育语文课程标准(2011年版)》(以下简称《2011年版课标》)再次出现"读整本的书",提出"要重视培养学生广泛的阅读兴趣,扩大阅读面,增加阅读量,提高阅读品位。提倡少做题,多读书,好读书,读好书,读整本的书"。[2]并且,附录提供的书目明显比之前大纲规定的读物更丰富,有叶圣陶的《稻草人》、张天翼的《宝葫芦的秘密》,以及《安徒生童话》《伊索寓言》等。

2019年教育部审定的小学五、六年级统编语文教科书分别将我国古典四大名著、外国儿童成长小说编进了教科书,走入了课堂。从此开启了儿童整本书阅读的新旅程。

---

[1] 课程教材研究所.20世纪中国中小学课程标准·教学大纲汇编:语文卷[G].北京:人民教育出版社,2001:118.
[2] 中华人民共和国教育部.义务教育语文课程标准:2011年版[S].北京:北京师范大学出版社,2011:23.

第二节 阅读教学的误读与反思

整本书阅读与单篇阅读各有千秋。南朝梁萧统编纂《文选》的理念影响深远,他侧重文辞优美之单篇,排斥经史子书。当前,整本书阅读研究在中学活跃,小学起步晚,或因难度、理念滞后,或因应试教育导向。《2019年国家义务教育质量监测——语文学习质量监测结果报告》显示,课外阅读时间与种类丰富度能够显著提升学生语文成绩。尽管"书香校园"建设普遍,但是整本书阅读实践仍被边缘化,阅读教学需反思并加强其在教育体系中的实际地位与落实。

一、阅读教学的误读

语文教学与儿童阅读研究中存在对整本书阅读教学的误读。尽管整本书阅读重要性被认知,但在实践中常被单篇阅读取代,原因涉及历史选编理念、儿童接受度及应试教育导向等。儿童阅读研究虽已兴起,但整本书阅读在小学阶段尤显薄弱,研究起步较晚且面临诸多挑战。教育理念更新与评价体系改革或可破解此困局,推动整本书阅读成为提升儿童语文素养的重要途径。

(一)语文教育教学中的误读

整本书阅读与单篇阅读各有优劣,不同时代它们所居的主次位置不同。在近代,虽然众多教育前辈知道整本书阅读的重要性,但是在语文教育教学中仍以单篇为主。究其根源,或可追溯至选编《文选》的萧统。萧统在《文选·序》中写道,"众制锋起,源流间出,譬陶匏异器,并为入耳之娱,黼黻不同,俱为悦目之玩"。在他看来,所有体裁的作品,如同音乐和图案一样,各式各样,均可供娱乐玩赏,给人以美的享受,也能提高人的欣赏和写作水平。萧统还说,《文选》有几大类作品是不选的,那就是儒家经书、《老子》《庄子》《管子》《孟子》等子书,以及历代史书。他的理由是:经书出于周公、孔子等圣人之手,具有道德教化的重大意义,地位太崇高了,"与日月俱悬,鬼神争奥",因此不能被当作一般文章那样割裂选取编入总集;各种子书"以立意为宗,不以能文为本",意在阐明某种思想主张,而不把文辞的美恶、优劣放在重要地位,所以也不选;史书通过记载事实而寄寓褒贬,与单篇文章不同,当然也不入选。这实际上是说选录时不从经、史、子三类图书中取材,只选集部的文章。所以,最终选的都是文辞优美的单篇文章。

叶圣陶先生在《开明国语课本》的前言中写道:"小学生既是儿童,他们的语文课本必须是儿童文学,才能引起他们的兴趣,使他们乐于阅读,从而发展他们多方面的智慧。"可见,叶老虽然明白整本书阅读的重要性,但是为了儿童的接受程度,特意选取短小的篇章,引导儿童阅读。他的孙女叶小沫在重印序言中写道:"这套课本的课文里,说的都是孩子们的事:上课、开班会、做游戏,去秋游……现在你们读着仍然会感觉非常熟悉……这套课本的课文,从教识字开始,随着课程的进展和年级的递增,让你在不知不觉中渐渐地学会用词,造句,作文;学会写借条、收条、告示……所有这些在日常生活和工作中要用到的文字功夫,从这套课本中都能学会。"[①]

可见,不管是《文选》,还是《开明国语课本》,乃至语文教科书,首先,适应社会所需,学会做事是其最重要的目的;其次,认为小学生是儿童,就适合读短小的单篇。教科书在教学中的作用无可替代,它在发挥语文教育功能的同时,也约束了一代代人的阅读视野,导致整本书阅读被忽视了。

(二)儿童阅读研究方面的误读

从国家第八次课程改革起,儿童阅读研究开始步入高潮,涌现出一大批有特色有质量的研究成果,如徐冬梅的亲近母语研究、窦桂梅的主题阅读、蒋军晶的群文阅读、韩兴娥的海量阅读、周益民的儿童阅读等。

随着《普通高中课程方案和语文等学科课程标准(2017年版)》(以下简称《普通高中语文课程标准(2017年版)》)的印发,以余党绪、李煜辉为主的整本书阅读研究成果颇具影响,研究热潮逐渐波及小学阶段。张晨晖带领她的团队开展了儿童整本书阅读课程化研究,从课内外阅读内容打通、阅读计划管理、四种阅读课型实践、伴随式阅读评价等方面,回归"培养自主阅读者"的价值旨向。黄国才依托书香博士技术平台,推动全省儿童整本书阅读的持续生态开展。周

---

① 叶圣陶,丰子恺.开明国语课本·初小:第1册[M].北京:中国少年儿童出版社,2011:3.

益民等人也开始投入儿童整本书阅读的研究。总体来说,儿童整本书阅读还需付出巨大努力。

在中国知网平台上以"整本书阅读"为主题词检索,从1994年起共查得10 000多条信息,其中2016年起逐步增多,2024年最多。以"儿童整本书阅读"为主题词检索,从2006年起,在不限期刊来源的情况下共检索到500多条相关信息,发文最多的年份是2021年。在经纶知识服务平台上以"儿童整本书阅读"为关键词检索,从2017年起明显递增,其趋势和知网检索结果基本一致。

由此可知,整本书阅读在小学阶段的研究在2017年左右逐步增多,究其原因,可能是受《普通高中语文课程标准(2017年版)》的影响。整本书阅读起步较晚,是整本书阅读难度太大,儿童尚无能力进行整本书阅读?还是语文教育理念更新不足,认为整本书阅读对儿童语文能力的发展作用不大?或者是受应试教育导向的影响,认为目前整本书阅读尚无法正式进入考试,忽略整本书阅读不会影响考试成绩。这些情况值得我们反思。

二、阅读教学的反思

我们在多项质量监测及一线教学实践中发现,课外阅读,尤其是整本书阅读,对学生语文学业成绩及高阶思维发展至关重要。然而,受时间不足、教师阅读力及指导意识薄弱、评价指标模糊等因素影响,整本书阅读在教学中的实施面临诸多挑战,如存在其价值被低估,实践存在虚化、浅化等问题。为提升学生阅读素养及语文课程核心素养,须深入审视阅读教学,加强整本书阅读的专业指导,并有效整合课内外阅读资源。

(一)在各级质量监测中的发现

教育部基础教育质量监测中心发布的《2019年国家义务教育质量监测——语文学习质量监测结果报告》发现,课外阅读时间在15分钟以上的学生语文成绩相对较高。小学四年级语文课外阅读时间在15分钟以上的学生语文成绩在520分及以上,高出从不阅读的学生103分及以上。课外阅读种类丰富的学生,语文成绩相对较高。小学四年级课外阅读种类为6种及以上的学生语文成绩为559分,高出阅读种类仅为1种的学生123分。

《2022年福建省厦门市湖里区语文质量监测结果报告》发现,湖里区小学四年级学生参加国家义务教育质量监测,在语文成绩、语文学业表现、语文学业均衡、语文学习兴趣、语文学习习惯、课外阅读时间、阅读策略运用、语文周课时数等方面均取得10颗星的好成绩。该区小学四年级学生课外阅读种类在3种及以上的比例为83.8%,高于福建全省13.6个百分点,高于全国19.6个百分点。

从以上两份报告可以明显地看到课外阅读对学生学业表现的贡献,尤其是阅读数量和种类有助于提高学业成绩。福建省普通教育教学研究室语文教研员黄国才老师等2018年通过本省的监测统计数据发现,学生总分与每天在课外阅读上花的时间没有太大关系,与课外书的阅读数量则具有显著相关性。具体表现在阅读课外书的数量与学生的总分,特别是检索能力、评鉴能力具有显著相关性。[①]由此他在全省范围内大力推广儿童阅读,特别是整本书阅读,尤其是质量监测成绩不够理想的区县。

《2022年厦门市小学语文五年级质量监测报告》发现,虽然学生经常读的图书类型很多,但是学生的阅读思维习惯并不太好,主要表现在以下方面。其一,能主动预测后续情节的学生占比不高。边读边预测后续情节的约占57.42%,能跳出原文发挥想象后续情节的约占18.87%,偶尔对后续情节进行预测的约占20%,从不猜想后续情节的约占3%。其二,在阅读时做标记的方式不理想。27.57%的学生能在文章空白处写上自己的感受,64.73%的学生能圈画、标记有用的信息,但还有7.7%的学生只标记自然段或从不做标记。其三,教师与学生进行阅读交流的状况也亟须改进。语文教师会经常与学生分享班级共读图书的感受的占82.51%,偶尔分享的占12.39%,从不分享的占5.1%。这些表现都导致学生在阅读领域高阶思维的得分率偏低,只有55.32%左右。

《2022年厦门市小学语文五年级质量监测报告》的监测结果同样反映出整本书阅读对语文学业成绩影响重大,提醒我们要借助整本书阅读促进学生高阶思维发展。整本书的容量大,无形中能促使学生发展更高级的阅读策略和阅读思维,养成良好的阅读习惯。然而,目前还缺乏全面而有深度的活动,区域间发展不平衡,学生阅读思维不够积极,有量无质现象比较突出。整本书阅读应与单篇阅读一样被同等对待,共同提升学生语文素养。

---

① 黄国才,朱乙艺.阅读能力影响因素分析与阅读生态优化[J].语文教学通讯,2018(3):19.

(二)在一线教学中的发现

作者通过近二十年对儿童阅读领域的研究,发现"书香校园"建设在每一所学校都被高度重视,尤其是新办校,包括新办的农村学校,都有溢满书香的图书馆、校园长廊和班级图书角。一年一度的读书节几乎成为每所学校的常规活动。即便如此,整本书阅读依然很少被真正关注到,主要表现在:一是学校的"阅读课"(即课外阅读,不是语文课)的主要任课教师很多都是校领导,因为这门课不用批改作业,弹性大;二是教研组校本教研基本是围着语文课、语文考试进行;三是儿童阅读或整本书阅读多是公开课的点缀,没有真正展开阅读。

为什么整本书阅读难以进入广大教师的视野,自觉在教学中实践呢?综合分析,应该有四个原因。第一,时间不足。大部分教师除了在课内教学之外,已难抽出时间开展整本书阅读,统编语文教科书"快乐读书吧"的落实情况不容乐观。在厦门市的一次区级教材培训会上,当问及小学四年级上册神话故事单元的"快乐读书吧"教学情况,200多人的会场却不到10人举手回应。第二,教师自身阅读力不足。正是由于教师自身阅读力的不足,才导致教师很少和学生分享共读图书的阅读感受。第三,教师指导意识薄弱。大部分一线教师忽视整本书阅读的整体性和系统性,使得整本书阅读教学的教学策略不清晰,教学流程不明确。除了导读课、推进课和展示课三种课型外,学生自读或合作阅读等指导一概不提,没有形成系统的阅读指导,使得整本书阅读的独特魅力没有体现出来。第四,评价指标不清晰。课标评价指标中"了解"和"考察"这种弹性的方式给习惯于应试教育的一线教学留下了过大的空间。

《2011年版课标》在"评价建议"中要求"应根据各学段的要求,通过小组和班级交流、学习成果展示等方式,了解学生的阅读量和阅读面,进而考察其阅读的兴趣、习惯、品位、方法和能力"[①]。其中的评价行为动词是"了解"和"考察",这种弹性的方式给习惯于应试教育的一线教学留下了过大的空间。其带来的后果是教师不对学生整本书阅读情况做评价,或是按课内阅读教学方式的命题考试。由于命题时要考虑难度要求,只能命制提取信息类的单选题或填空题,这就使得整本书阅读失去了思维深度带来的冲击,从而变得无趣。《2022年版课标》在整本书阅读任务群的教学提示中提出的评价要点与方式虽然也依旧保留

---

① 中华人民共和国教育部.义务教育语文课程标准:2011年版[M].北京:北京师范大学出版社,2011:23.

了弹性空间,以表现性评价为主,但在学业质量描述中提示了比较清晰的纸笔测试指标,如对作品主要内容的把握,对作品内涵的理解,初步形成自己的认识和理解等。然而,《2022年版课标》实施时间短,对一线教学的影响还未真正显现出来。

由于上述种种原因,儿童整本书阅读在教学中始终处于无足轻重的位置,存在着虚化、浅化、窄化、功利化等一系列问题,儿童整本书阅读的价值尚未完全被认识,一线实践亟须专业的指导。如何落实《2022年版课标》中整本书阅读任务群的相关要求,打通课内外阅读壁垒,提升儿童阅读素养及语文课程核心素养,使语文教学彻底摆脱"半截子"的尴尬境遇[①],需要以新的视角重新审视中小学的阅读教学,审视儿童整本书阅读。

---

① 温儒敏.忽视课外阅读,语文课就只是半截子的[J].课程·教材·教法,2012,32(1):49.

第三节 "适·度"阅读的提出

"适·度"阅读,旨在帮助学生培养起良好的阅读习惯,提高阅读效率与质量,从而在知识的海洋中稳健前行,逐步构建起属于自己的知识体系与价值观念。英国著名数学家、哲学家怀特海认为:"万物都要经历一个自我形成的过程,学生当然也不例外。教育作为外部施加的训练,应该顺应学生自身所具有的发展潜力的特性。"[1]因此,教育作为外界对学生施加的一种引导性训练,其核心理念应当是尊重并顺应学生内在的发展潜力与个性差异,避免过度干预或忽视学生自我成长的需求。

一 阅读应适合儿童健康成长需要

儿童是一个非常特殊的群体,他们的身心处于快速发展变化的阶段。现代教育学强调从复杂性思维重新审视儿童,认为儿童是一个谜,他生活在一定时空脉络中,极具情境性,不可知且无可限量。儿童既是其自身的儿童,也是社会的儿童、国家的儿童、未来的儿童。

语言作为人类的文化标记,不但是重要的表达和交流工具,更在某种程度上定义、建构了人的生存状态,通过语言我们得以实现、抵达关于人存在意义的洞察与领悟,并由此获得自我存在的重要确认与慰藉,我们"居住"于语言中,如同居住在家园里,充盈,自在,安宁,儿童文学的这种功能尤其重要,并且将长期存留下去。[2]虽然现如今儿童阅读的媒介已更丰富了,语言的形式也随之扩大了它的外延,但阅读对儿童成长的终极价值没有改变。

古往今来,儿童阅读的要义之一就是要维系、保存语言的"居住感"和"家园感"。整本书阅读的独有价值除去显性可见的篇幅之长,更在于其"整体的艺术架构","整体上把握一本书的艺术架构,有助于学生走进其完整的艺术世界,获

---

[1] 怀特海.教育的目的:全译本[M].赵晓晴,张鑫毅,译.上海:上海人民出版社,2018:4.
[2] 方卫平,赵霞.未来视野下的儿童阅读[J].人民教育,2023(Z2):18.

得更为全面、深刻的思考"①。在一次采访中,著名儿童文学作家曹文轩也表达了类似的观点,"大规模的作品,在结构方式上,是与短篇作品很不一样的。短篇作品培养的是一种精巧和单纯的思维方式,而长篇作品培养的是一种宏阔、复杂的思维方式。长篇培养的是一种结构能力","让孩子读整本书,实际上也就是让孩子更加全面地感应世界,感应存在"②。作为未来的儿童,应该在全面感知世界之后才能提出合理有价值的思考,并对世界作出恰当的回应。

为进一步推动儿童青少年阅读发展,2023年3月,教育部等八部门印发《全国青少年学生读书行动实施方案》,对全面推进全国青少年读书行动进行系统布局规划。该方案提出,要根据青少年学生认知规律和身心发展特点,引导青少年学生珍惜大好年华,充分利用阅读黄金期,博览群书、拓宽视野。要坚持服务全面育人。帮助青少年学生增强爱党爱国爱社会主义的坚定信念,提升思想道德素质、科学文化素质,培养独立思考能力、创新创造能力、终身学习能力,促进其全面发展健康成长。

阅读对儿童健康成长、幸福成长至关重要。适合是儿童阅读的逻辑起点。适合,是让儿童阅读更切合个性、符合规律、增强素养的基本遵循。把适合的儿童阅读带进课堂、融入家庭、置于社会生活,不仅是一种阅读方式和内容的带入,还是一种阅读态度、阅读文化的传递,帮助保持心智的活力与成长。正是基于阅读育人的价值诉求,我们更应科学把握儿童的身心特点,着眼于儿童未来发展的需求,提供良好有效的整本书阅读指导。这也正是"适·度"阅读主张提出的理由。

二 阅读应贴合核心素养发展需要

《2022年版课标》对阅读的关切是前所未有的,主要体现在以下三个方面。第一,《2011年版课标》将语文课程内容分为"识字与写字、阅读、习作、口语交际、综合性学习"五个方面,《2022年版课标》则提出了"识字与写字、阅读与鉴赏、表达与交流、梳理与探究"四个方面的语文实践活动。"阅读"与"阅读与鉴

---

① 吴欣歆.培养真正的阅读者:整本书阅读之理论基础[M].上海:上海教育出版社,2019:38.
② 转引自周益民.整本书阅读:基本问题与实践探索[J].语文建设,2021(4):5.

赏"不只是字面上的差别,更是内在意涵的区别,是对阅读主体思维发展、思维成果的重视。第二,《2022年版课标》从不同的整合程度制定基础型学习任务群、发展型学习任务群和拓展型学习任务群。其中发展型学习任务群包含了实用性阅读与交流、文学阅读与创意表达,以及思辨性阅读与表达等三种学习任务,是从不同的阅读功能与表达目的出发进行的细分,这有助于教师清晰定位阅读指导的方向,提高阅读成效。拓展型学习任务群分为整本书阅读和跨学科学习,要求在阅读、梳理、探究、交流等活动中,在综合运用多学科知识发现问题、分析问题、解决问题的过程中,提高语言文字运用能力。第三,语文课程核心素养凝练为文化自信、语言运用、思维能力和审美创造等四个方面,它们虽然是一个整体,但语言运用是基础,学生个体语言经验发展离不开大量阅读,更离不开经典阅读、离不开整本书阅读。

　　《2022年版课标》修订组组长郑国民教授曾说本版课标有四个重要变化,其中之一就是构建素养型课程目标,培养学生的文化自信、语言运用、思维能力和审美创造。"文化自信"强调培养学生认同中华文化,对中华文化的生命力有坚定信心;"语言运用"强调培育学生感受语言文字的丰富内涵,对国家通用语言文字具有深厚感情;"思维能力"强调培养学生好奇心、求知欲,崇尚真知,勇于探索创新;"审美创造"强调涵养高雅情趣、健康的审美意识和正确的审美观念。[1]显然,单靠教材中的单篇已无法帮助学生发展其语文课程核心素养,无法落实本版课标建构素养型课程目标的理想愿景。

　　余党绪和叶开在《为什么我们都主张"整本书阅读"?》一文中提到:"《阿Q正传》,若只读'优胜记略''续优胜记略'两节,你得到的阿Q形象,差不多是一个精神失常的人……这算不算焚琴煮鹤呢?"

　　2016年教育部审定的统编语文教科书在课后链接了不少阅读资料,在单元末编入了"快乐读书吧",介绍单元选文出自的书目,就是为了引导教师和学生在更宽阔、更完整的视野中深入理解节选的片段,汲取更多的营养,明确自己如何才能成长为一位德智体美劳全面发展的社会主义建设者和接班人。因此,儿童整本书阅读势在必行,在"适·度"阅读的视域下,将能更充分地发挥其育人功能,协助学生提升语文课程核心素养。

---

[1] 郑国民.强化语文课程的育人价值取向:《义务教育语文课程标准(2022年版)》的四个重要变化[J].人民教育,2022(Z2):22.

第二章

"适·度"阅读的理念及特征

"适·度"阅读是什么？我们可以把"适·度"理解为"三适"和"三度"。所谓"三适"，指的是适应儿童、适合文本、适切的任务与评价，它们之间关联紧密，以"适应儿童"为首要，以"适合文本""适切的任务与评价"为两翼，"三适"是方法、是路径。所谓"三度"，指的是温度、宽度和深度，其中的温度最重要，它是基础，由它带动宽度和深度，"三度"是阅读的目标。

我们在具体实施中则重视将"目标—评价—任务与活动—反思"四者连成一体，逻辑推进，共同完成阅读目标。"适·度"阅读的主旨追求是阅读育人，让每个儿童在多读书、善读书之后，眼睛都能发出七彩光芒，让每个儿童的内心都是幸福的，昂扬的。

第一节 "适·度"阅读的理论基础

"适·度"阅读教学主张的提出,借鉴了儿童哲学、具身认知理论、建构主义理论等观点,以探索儿童阅读,尤其是儿童整本书阅读的独特魅力与内在规律,从学理的高度,这一理念不仅剖析了儿童在阅读过程中的特殊需求与偏好,还阐明了"适·度"阅读所蕴含的核心意义与鲜明特征,旨在促进儿童在知识与情感的双重维度上实现均衡而适宜的成长与发展。

一 儿童哲学

儿童是什么?在卢梭以前,人类社会尚未系统地发现儿童与成人有什么根本的不同,因而儿童实质上是被看作"微型成人"。1762年,卢梭借《爱弥儿》向世人说明了什么是儿童,什么是以儿童为中心的教育。卢梭说,"我们对儿童是一点也不理解的:对他们的观念错了,所以愈走就愈入歧途。最明智的人致力于研究成年人应该知道些什么,可是却不考虑孩子们按其能力可以学到什么,他们总是把小孩子当大人看待,而不想想他还没有成人哩。我所研究的就是这种问题……"[1]。

在中国,在这方面作出贡献的人是周作人。1920年10月26日,周作人在北平孔德学校以"儿童的文学"为题做演讲,其中就有涉及儿童观的内容:"第一,我们承认儿童有独立的生活,就是说他们内面的生活与大人不同;第二,我们又知道儿童的生活,是转变的生长的。"[2]

在儿童的生活中,自我与外部世界、有生命的与无生命的、现实的与梦想的、认识与审美、游戏与艺术、过去和现在及未来,可以水乳交融浑然一体。儿童的世界是艺术的、梦想的、游戏的,是生机勃勃的多彩多姿世界,是比成人的

---

[1] 转引自刘晓东.儿童是什么:儿童"所是"之多维描述[J].湖南师范大学教育科学学报,2020,19(4):21.
[2] 转引自刘晓东.儿童是什么:儿童"所是"之多维描述[J].湖南师范大学教育科学学报,2020,19(4):21.

客观世界还要宏富的充满无限趣味的世界。儿童拥有宝贵的天性资源,他们是天生的探索者、哲学家、思想家、艺术家、建设者。因此,认识儿童,发现儿童,跟从儿童,以儿童的成长为取向的立场才是现代教育学的基本立场。

"哲学"的本意是"爱智慧",来源于好奇和惊讶。儿童天生的好奇心和求知欲以及对于世界发出千奇百怪的提问,在某种程度上更接近哲学"爱智慧"的本质。儿童哲学大家马修斯认为儿童哲学就是"儿童的哲学",儿童是天生的哲学家,成人要与儿童平等对话,欣赏儿童,尊重儿童。另一位儿童哲学大家李普曼认为,儿童哲学是为儿童设计的哲学探究计划,或针对儿童的思维技巧及推理训练,即"给儿童的哲学"。虽然二者的角度不同,但二者都看到了儿童的本质:儿童天生的好奇、求知和探索天性。儿童可能没有成人对手的丰富信息和老道的语言能力,但是他们的想象、他们的困惑和发现意识,他们对不和谐、不恰当的敏感,他们认识事物的急切热望,都特别有利于哲学思考。[1]

语文教学局限于以课堂为主,以单篇为主,重视普遍的和基础性的学习目标的达成,忽视了语文巨大的生活外延与语文阅读的巨大领域,自然忽略了其中儿童哲学训练的元素。整本书阅读的实施必须以学生独立的课外阅读为主,课内学习时间主要是用来讨论阅读任务、交流阅读方法、分享阅读收获的,学习内容和结果也都有很大的选择性和开放性。这恰恰给儿童哲学训练提供了空间。我们不单要培养、发展儿童对整本书阅读的兴趣和习惯,还要引领儿童做广泛的阅读和思考,在儿童探索天性的驱动下,尝试更多的发现与发展,为完善自身奠定良好基础。

作家冰心七岁就开始读《三国演义》,从一知半解开始到越读越明白,哭关羽的死,哭诸葛亮的亡,还因为喜欢《三国演义》这样的章回体小说而又喜欢上了《水浒传》,认为《水浒传》的人物形象丰富生动。"适·度"阅读教学主张,强调的就是要看到儿童的这种智慧与力量,要尊重儿童、适应儿童,然后发展儿童,彰显阅读育人的价值。

我们在照顾儿童阅读兴趣的同时,也要重视其阅读理解的水平与方式。温度、宽度、深度的设定,既看到了当下的儿童,更看到了未来的儿童,倡导儿童发表自己的见解。适应儿童、适合文本、适切的任务与评价,则关注了儿童独有的

---

[1] 刘晓东.美国哲学家加雷斯·皮·马修斯的儿童哲学研究[J].外国教育研究,1995(5):34.

阅读与学习方式,促进其健康持续发展。通过阅读,儿童可以发现自己以外的精彩世界,进一步发现独特的自己,从而实现自己身心两方面的进步。

二 具身认知理论

20世纪90年代兴起的"具身认知理论"是包括莫里斯·梅洛-庞蒂在内的多位学者就传统的"身心二元论"存在的缺陷所作的反思与批判,他们提出要突出身体在认知中的地位和作用,改变传统的认知与身体无关的认识。他们认为,在认知实践中,身体既是运动器官,又是认识器官。身体在接受刺激的同时,也感受着物体的形状、轻重、冷暖等属性。因此,基于具身认知理论的学习观认为,"学习既不是认知主体对信息进行简单的心智加工,也不是认知主体所处的自然环境对机体行为的机械作用,而是认知主体充分整合所处的自然环境与机体内部的生理资源,促进知识建构发生的过程,即促使身体与认知对象、环境发生有效的互动并达到动态平衡的过程"[1]。

美国认知语言学家乔治·莱考夫认为,使用具身这个词意在突出两点:第一,认知依赖于经验的种类,这些经验来自具有各种感知运动的身体;第二,这些个体的感知运动能力自身内含在一个更广泛的生物、心理和文化的情境中。莱考夫的这一观点不仅强调认知主体的身体在场,而且还将身体在空间中的移动以及身体与其所处的那个具体空间的状态与属性有力地关联起来。[2]

我们可以借助具身认知理论再一次明确儿童的特点,明确儿童哲学在儿童发展中的作用。由于天生的好奇心,儿童会自觉地用身体和言语去接触世界和认识世界,即开展哲学化的思考活动,从而形成与自身生理成熟度相适应的"哲学体系"。此外,具身认知理论也提示我们,在儿童整本书阅读中一定要积极创设丰富的情境,打破"从文字到文字"的固有阅读模式,唤醒身体经验,把阅读转变为身体参与的建构性理解,以身体的发展逐步带动思维的提升,丰富和完善认知经验。

---

[1] 范文翔,赵瑞斌.具身认知的知识观、学习观与教学观[J].电化教育研究,2020,41(7):24.

[2] 支宇,赵越."心智转换"与"具身认知":"广义认知诗学"的两大学科范式与理论进路[J].湘潭大学学报(哲学社会科学版),2022,46(2):143.

"适·度"阅读教学主张中强调设计适切的任务,旨在引导儿童在阅读目的的指引下,在日常生活、文学体验、跨学科学习等特定的情境中,展开具体的阅读过程,经历真实的阅读实践,并借助多样的成果展示,反思检查自我阅读效能。教师作为儿童整本书阅读的指导者,必须根据儿童需要和文本特点设计适切的阅读任务,重视为学生完成任务提供必要的策略支持,学生在阅读实践中需要投入的感官越多,感官运动的要求越高,群体与个体的关联要求越多,阅读的效果也就越好。

江苏省常州市武进区牛塘中心小学就开设了一门"阅·读"课程,他们认为"阅·读"不仅仅是从"视觉材料(文字、图片、符号、公式图表等)中获取信息",还要调动全身所有感官去感受成长中的喜怒哀乐,让儿童认识真实的世界,发展思维,获得自我的审美体验。"阅·读"课程不是一般意义上的阅读,还有阅历、经历之意。这个实践对"适·度"阅读教学主张就非常具有启发意义。

三 建构主义理论

建构主义是认知主义的进一步发展,它不是一个学习理论,而是众多理论观点的统称,其主张主要包含建构主义的知识观、建构主义的学习观、建构主义的学生观和建构主义的教师观。

在建构主义的知识观上,建构主义者在一定程度上质疑知识的客观性和确定性,一般强调知识的动态性,认为知识是学习者在一定的情境即社会文化背景下,借助其他人(包括教师和学习伙伴)的帮助,利用必要的学习资料,通过意义建构的方式而获得的。

建构主义者认为,学习的实质是学习者主动地对外来信息进行选择加工,从不同背景、角度出发,在教师和他人的协助下,通过独特的信息加工活动,建构自己对现实世界意义的过程。这样的学习最符合学习的本质,最有利于开发人脑的潜力,最能促进人的整体、可持续性发展。建构主义者强调,学生并不是空着脑袋走进教室的,在日常生活中,在以往的学习中,他们已经形成了丰富的经验,这些经验是学生解释新获得的经验的基础、进行逻辑推理的前提。所以,教学要把儿童现有的知识经验作为新知识的生长点,引导儿童从原有的知识经验中"生长"出新的知识经验。

同时，由于经验背景的差异不可避免，学习者对问题的看法和理解通常千差万别，在学生的共同体中，这些差异本身就是一种宝贵的学习资源。所以，建构主义的学生观认为，学生要成为意义的主动建构者，在学习过程中就要努力做到以下三点：一是用探究和发现的方法去建构知识的意义；二是主动搜集分析有关的数据和资料，对所学习的问题提出各种假设并努力加以验证；三是把当前学习内容所反映的事物尽量和自己已经知道的事物建立关联，把思考的过程与协商的过程结合起来，提高效率和质量。

建构主义的教师观提倡教师是意义建构的帮助者、促进者，而不是知识的提供者与灌输者，教师应重视学生自己对各种现象的理解，乐意倾听学生的看法，思考学生这些想法的由来，并以此为据，引导学生丰富或调整自己的解释。因此，在建构主义者看来，未来的教学主要是给学习者提供建构的知识框架、思维方式和有关线索，而不是知识的多少。学习者依据这些知识框架、思维方式和有关线索，在适合的学习情境中不断建构新的知识，以此形成与发展他们的自主学习和创新能力。[①]

建构主义所主张的知识观、学习观、学生观和教师观与"适·度"阅读主张相契合。首先，教师的阅读指导要适应儿童，依儿童的身心发展特点选择适合的阅读图书、阅读活动和方式。其次，教师的阅读指导要适合文本，根据不同类型的文本特点，不同的阅读情境，设计适切的阅读任务和阅读评价，从而开展一系列适宜的阅读活动、进行合适的阅读成果展示，激发学生持久的阅读兴趣，养成良好的阅读习惯。最后，还强调在各阅读阶段嵌入适时的阅读评价，通过及时有效的反思和评价，促进学生自我更好的发展，促进教师更新指导策略，充分发挥教师、学生各自的主观能动性，不断地建构意义，不断进步。

阅读与建构，在有目的的阅读实践中建构意义，在有方法的建构中提升阅读素养，在多元多样的建构中实现自我成长。

四 国际大型测试评价

国际阅读素养进展研究项目（简称PIRLS）测试和国际学生评估项目（简称PISA）测试，它们坚持的阅读素养定义和阅读素养测试框架也都在一定程度上积极影响着"适·度"阅读教学主张。

[①] 伍新春.儿童发展与教育心理学：第2版[M].北京：高等教育出版社，2013：168-171.

PIRLS测试将阅读素养界定为"理解和运用社会需要的或个人认为有价值的书面语言形式的能力"。这一界定侧重将阅读看作是与各种形式的文本材料相互作用并主动建构意义的过程。学生在建构过程中习得、调整并运用语言技能以及认知和元认知策略，提倡"通过阅读来进行学习"，"参与学校中和日常生活中的阅读者群体并进行娱乐"，突出阅读的目的性以及在学校和生活中的重要性——不仅是为了消遣娱乐，还是为了获取信息，更重要的是保持积极的阅读态度。这一界定指向清晰，强调阅读目的与意义建构，很好地贴合了学生的阅读实际。

PISA测试则是指学生为了达到个人目标、增进知识、发展潜能，以及参与社会活动，而理解、运用、反思书面材料的能力以及投入阅读的状况。他们认为在阅读中，阅读投入（阅读的动机态度和行为特点）和元认知（一个人如何思维和怎样使用思维策略的意识和理解）扮演了更为重要的角色。

这两大国际大型测试虽然在表述上有所差别，但本质追求是一样的。它们都鲜明地强调学生阅读主体的地位和作用，鲜明地强调阅读目的的引领作用，鲜明地强调在阅读过程中阅读主体所产生的积极且复杂的心智活动，以及阅读和生活应用的密切联系，鲜明地强调多样文本的阅读功能。

从一般的阅读规律来讲，整本书阅读与篇章阅读、片段阅读并没有本质的不同。其特殊之处在于，整本书阅读对于人的认知能力和思维品质的要求更高，其价值难以估量。

"适·度"阅读教学主张中的"三度"与"阅读素养"的追求相契合。阅读素养中追求学生的高投入、高参与，在学校和日常生活中的阅读群体中获得参与的乐趣，与"温度"相契合；追求拓宽阅读视野，适应不同的阅读目的，与"宽度"契合；追求经历四个理解过程，达到最高阶，获得深刻的文学体验或运用文本信息解决问题，与"深度"契合。

两大国际测试的测评框架及问卷关注点还启发我们做好"适·度"阅读教学主张中的"三适"规划，如多元多样态的测试文本就启发我们制订合适的阅读书目，并通过适配的阅读情境和适宜的阅读活动引导儿童展开阅读。重视多种阅读策略的运用和意义建构的多种途径就启发我们扎实开展阅读实践，关注儿童阅读中的策略使用和自我监督、自我成长等。

第二节 "适·度"阅读的基本理念

针对儿童阅读,我们提出"适·度"阅读教学主张,即先定"度"(温度、宽度、深度)再求"适"(适应儿童、适合文本、适切的任务与评价),旨在通过精准目标导向和适配策略,激发儿童阅读兴趣,拓宽阅读面,促进深度理解,提升阅读素养。

一 "适·度"阅读的内涵

近年来,研究者们聚焦于"教师指导—学生获得"这一单向视角、线性顺序,思考如何实施优质的儿童阅读。大家虽也取得了不少成果,但我认为,以终为始,先厘清儿童整本书阅读的目标追求和可观测的具体指标,再采取相对应的指导措施才会得到更好的实践效果。我所提炼的"适·度"阅读教学主张包含"三适"与"三度"两部分,"适"是手段,"度"是目标。

(一)"三适"意蕴及关系

儿童阅读指导者应到儿童阅读中去观察,寻找适合儿童阅读的好方法、好措施,引领儿童阅读高效发展,做到"三适",即适应儿童、适合文本、适切的任务与评价。三适之间紧密关联,阅读指导者应先适应儿童、适合文本,才能拟定适切的任务与评价,指导后续阅读活动的顺利开展。

适应儿童指所有的指导措施必须符合儿童发展的规律、符合儿童阅读的规律,以期达成阅读"三度"。适合文本指不同类型、不同领域、不同呈现形式的文本各有其独有的价值与特点,指导时必须仔细解读,精准把握其价值和特点,采用适切的阅读方式方法引导儿童获得文本的营养精华。适切的任务与评价,指根据儿童阅读特点、文本特点和学校实际,制订适切的阅读任务,引导儿童积极投入阅读,在文本与自我、生活、社会之间建立关联,获得深度理解,并且根据适切的阅读任务,明确儿童阅读达标的关键表现和具体表现,使儿童在阅读中真正获得成就感。

美国文化人类学家哈维兰说过,"好的阅读对于心灵就像优质的眼镜对于眼睛一样,它可以让你看到生活的细微之处",按照我的理解,所谓好的阅读就是"适·度"的阅读。

具身认知理论使我们认识了儿童阅读发生的可能方式,从而可以设计适宜的阅读活动,采取适切的阅读方式,指导学生选择适当的阅读策略沉浸到阅读中去。建构主义理论则提醒我们要积极应用"情境""协作""会话""意义建构"等四大要素引导学生主动阅读、积极建构,提升阅读素养的同时,整体提升认知水平、丰富个人的精神世界。

(二)"三度"意蕴及关系

所谓"三度"是指阅读的温度、宽度和深度。温度指学生喜欢阅读,能持久阅读,认可阅读的价值,能根据阅读目的和兴趣选书,建构属于自己的精神世界。简言之,阅读有了温度之后,学生就会有兴趣,有强大的动力推动自己自主阅读。宽度指学生能阅读不同文体、不同领域和不同呈现形式的文本(含名著)。阅读中能讨论自己感兴趣的任何话题。简言之,阅读有了宽度,学生的阅读面广了,思路宽了,阅读积累就多了。深度指学生能对文本中感兴趣的内容有逻辑地深入探究,有自己的独到见解,能帮助自己解决个人学习、生活和成长中的问题。简言之,阅读有了深度,学生的理解就更到位,能形成个人的独特见解,更有助于迁移运用。

人工智能时代,如何更多更快地获取信息,更深刻地剖析信息、运用信息解决问题,关乎着每个人的命运。宽度和深度恰是信息获取与运用的两个重要维度,而温度则是影响信息关注度的首要关口。"三度"中,温度是基础,宽度和深度是两翼,三者互为推动,共同引领儿童整本书阅读走向新的高点。

《2022年版课标》整本书阅读任务群针对不同学段制订了不同的学习内容,也在"教学提示""学业质量"部分提出了阅读的要求,其中就涉及阅读的宽度和深度。整本书阅读已纳入国家课程内容,这必然需要学生达到规定性的目标,如阅读什么类型、什么难度的图书,是要求把握整本书的主要内容,使用思维导图等方式呈现整本书内容,还是要与同学交流主要人物形象以加深理解。兴趣是最好的老师,自带难度的整本书阅读更应考虑激发、保持儿童阅读的兴趣,并将之置于行动的首要目标。

我们完全可以相信,儿童整本书阅读需要达到这"三度",也可以完成这"三度",不同学段的学生,面对不同难度的文本可以选择要到达的"三度"。下面根

据SOLO分类评价法,对"三度"的具体指标框架规划如下(见表2-1):

表2-1 "三度"的表现性指标

维度	温度	宽度	深度
单点结构	喜欢阅读	读完整的文本	有感兴趣的内容
多点结构	持久阅读	读不同类型文本	与人讨论时有见解
关联结构	有目地阅读	能关联不同类型文本	与人讨论时见解独到
拓展结构	专题阅读	能与生活联结展开阅读	能运用见解解决问题

这个评价指标框架可以很简洁地提醒教师采取适切的阅读指导方式,设计适宜的阅读活动。

(三)"适·度"阅读的意蕴与价值

有研究者指出儿童整本书阅读存在三难,即选书难、议题难、课堂管理难。那么,要怎么解决这三难呢?教师需要发挥重要的作用:教师要多阅读,站在儿童视角选择适合集体研读的书;教师要精于预设,设计适合儿童思维的议题;教师要善于管理,依照儿童自主阅读情怀适时指导。

周益民将整本书阅读划分为自然意义的整本书阅读和课程意义的整本书阅读两类。前者指阅读者自发的阅读,带有更多的个体自由色彩,其价值取向也因个体差异而呈现多元化;后者则带有课程设计者一定的价值设定、规定路径等,具有某种规定性、方向性。

温儒敏主张语文课程增加阅读量,将课外阅读课程化,他提出过一个观点,即让学生"连滚带爬"地读书。他说语文阅读教学应当采取"1+X"的模式,比如讲一篇精读的古文,同时配上三到五篇古文,让学生自主阅读,甚至可以鼓励学生"连滚带爬"地读,允许学生"似懂非懂"地读,并引导学生运用浏览、跳读、猜读、检索阅读等多种方法阅读。[1]

这些观点都可以帮助我们理解"适·度"阅读这个教学主张,看待整本书阅读不必如临大敌,"1"可视为课程意义上的阅读,主要完成深度要求,"X"可视为自然意义上的阅读,主要完成宽度要求。有了"1"的引导,"X"可以让学生自由自主发展,"1"促进"X","X"又反哺"1",如此良性循环,阅读的宽度自然就有了,且能持久拥有。

---

[1] 温儒敏,贾彦琪.语文教学要"立足根本,返璞归真":温儒敏教授对语文教育的几点看法[J].小学语文,2017(12):5.

若要顺利实施"适·度"阅读的教学主张,关键要抓住儿童整本书阅读的重要节点。一方面从阅读育人的价值追求着手,明确儿童整本书阅读的发展目标,以温度、宽度和深度来引领师生自我监测阅读效果。另一方面从儿童这一特殊的阅读行为主体入手,探寻儿童—文本—任务—活动—评价之间的关联,有效解决儿童整本书阅读的实际操作困难。正如登山,有了前进的目标,脚下再使一把劲,登顶的希望指日可待。

"适·度"阅读就是遵循儿童的特点与发展需求,选择或组织适合的文本,拟定合适的目标来制订任务与评价,在适宜的阅读环境中开展阅读活动,引导儿童运用适当的阅读策略展开阅读,从而使儿童有阅读兴趣,能坚持多阅读,并主动分享个人阅读收获,提高阅读素养,丰富精神世界。

二、"适·度"阅读的理论模型

"适·度"阅读以阅读育人为宗旨,"三适""三度"为左右两轮,互为驱动,共同合力,引领学生不断发展。"三适""三度"这两个大轮里又各有三个小轮,底轮先驱,带动上面两个小轮有序运转。(见图2-1)

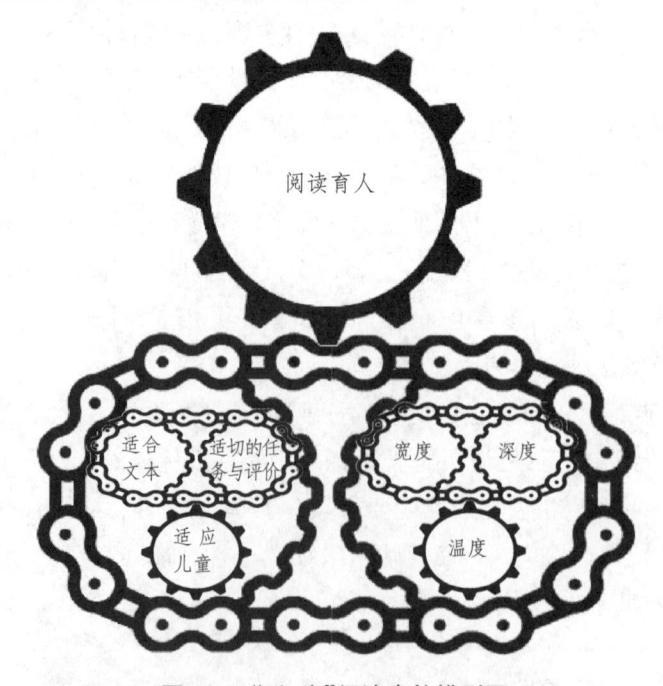

图2-1 "适·度"阅读齿轮模型图

借鉴逆向设计教学观念,我们先设定好"三度",再设定"三适"。"适·度"阅读的实践路径呈现出"目标—评价—任务(活动)—反思"有序循环,螺旋递进,简洁易操作。(见图2-2)

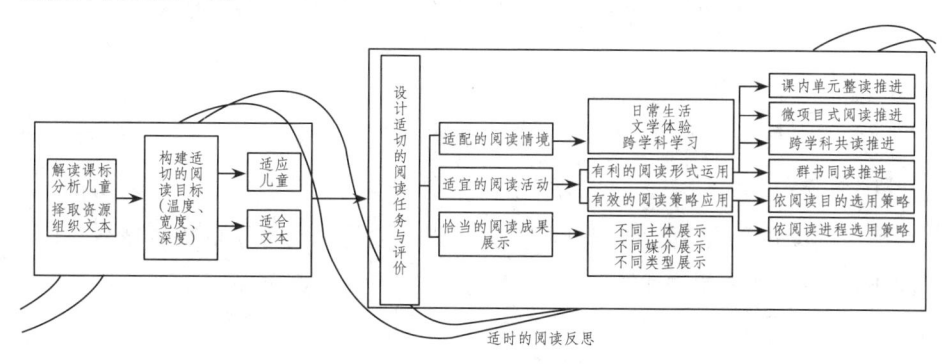

图2-2 "适·度"阅读实践路径图

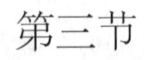

第三节　"适·度"阅读的基本特征

"适·度"阅读主张儿童整本书阅读需以儿童为中心，强调沉浸式学习与阅读共同体建设，通过"三适""三度"促进深度阅读；主张长程规划与多元课型结合，确保阅读过程有序循环、螺旋递进，实现阅读目标与评价的深度融合，让儿童在阅读中感受乐趣与成就。

一　儿童化立场

"适·度"阅读教学主张下的儿童整本书阅读，不管在选书环节，还是阅读过程的各个阶段，都需要时刻以儿童为中心，让儿童在具有高度安全感的环境和氛围里投入阅读，感受阅读的乐趣和成就。

（一）从自己喜欢的书读起

阅读首先应该满足娱乐要求，然后才是接受挑战，不管哪个年级的学生，都应如此。尽管，整本书阅读纳入了课程标准，有了统一的要求，但教师在指导的过程中还是应尽量照顾学生的个人兴趣。

学生在阅读《安徒生童话》时，其中的《卖火柴的小女孩》虽然经典，但全班55位学生中却只有1位学生喜欢。大多数学生喜欢的是《皇帝的新装》《笨汉汉斯》这种好笑的故事。教师不必担心，那就先从这两篇搞笑的故事读起，引导学生领悟"好笑的是什么""背后不好笑的是什么"，此后再读《卖火柴的小女孩》的时候，他们就会明白这个故事"一点儿都不好笑，却成为经典"的原因。

将学生的阅读由浅层娱乐提升至高阶启示，在尊重学生阅读喜好的基础上，激发学生的求知欲望，将有挑战的图书变成自己的挚爱。在丰富多彩的图书世界里，教师有义务引领学生找到可以陪伴他们成长的那一本或那一些书。

(二)从自己想谈的地方谈起

经典图书往往都蕴藏丰富的内涵,儿童无法也无需全面、深刻地理解并表达出来,个体间的阅读本就存在差异,要让学生爱上阅读,一定要从他能谈的、想谈的地方谈起,让他感受到自己的见解是有价值的,是受到他人重视的,他才会更有勇气深入阅读,深入交流。

儿童阅读研究者蒋军晶老师一直倡导"聊书",他在对儿童进行阅读指导时,不管是单篇阅读、群文阅读还是整本书阅读,课堂中展现出来的状况就是和每一位学生亲切、自然地畅聊读书的感受。《说来听听:儿童、阅读与讨论》的作者艾登·钱伯斯是英国儿童文学家、儿童阅读推广者,他在书中同样提倡要与儿童像聊家常一样聊聊读书的困难与收获,他认为每位儿童都是天生的评论家。"适·度"阅读就是要尊重儿童,从他们喜欢的,他们需要的书读起,"温度"是基础,由它生发、驱动"宽度"和"深度"。

二 沉浸式阅读

无论是儿童哲学观,还是具身认知理论,都提醒我们儿童学习的特点是要身心一体投入,是沉浸式的学习,在所有感官充分展开的时候,效果最好。因此,我们主张从选书开始,就要有意识地考虑到是否能帮助学生沉浸于阅读中。在制订阅读任务,创建阅读情境,开展系列阅读活动时,也需要充分关照儿童的参与感。PIRLS测试非常强调儿童参与学校或日常生活中的阅读者群体并获得乐趣。PISA测试之所以选用多种类型、多种形式、多种情境的文本,也是试图吸引学生高投入地沉浸阅读。

(一)多样态阅读

"适·度"阅读教学主张下的儿童整本书阅读一般不只是进行文字上的阅读,只关注对图书主要内容、主要人物形象、主要情节或主要思想等,还会设计多种阅读活动,引领学生通过别的途径达成阅读理解的宽度和深度。比如,在请学生归纳图书的主要内容时,我们不仅是用一段文字加以归纳概括,我们还会引导学生制作思维导图,指导学生制作"飞行棋"式的游戏模型等,一边玩一边回顾书中有趣的情节与关键人物,通过不同的"飞行棋",检验不同学生的阅读水平,检验小组间的合作状况。

所谓"读万卷书,行万里路",随着图书类型的变化,学生阅读需求的增加,我们还将文字阅读与研学实践相结合。如在阅读《中国古代神话》时,可与参观博物馆相结合,看看古人的生活场景,理解他们的思维特点。阅读科普类的图书可与参观科技馆相结合、与做科学实验相结合、与欣赏科普专题片相结合,将抽象的知识转化为具体的活动。在阅读红色经典时,则与参观革命英雄纪念馆等红色旅游相结合。

多种途径、多种形态的阅读方式,引发学生多种感官的参与,将静止的文字转化为看得见或听得到、可触摸的事物或活动,从而加深理解,增加体验的厚度。即使是常见的文学作品阅读,我们也会增加有感情诵读、讲故事或角色扮演等活动,使学生更能理解作品中的人、事、物。

(二)多媒介展示

采取多样态的阅读活动,必然带来多形式的阅读成果,我们可以通过不同媒介的展示推广,使阅读者获得更多的阅读成果。特别是互联网的普及化,网络媒介的新颖、丰富、及时,有利于推动学生投入阅读,有利于家庭和社区参与阅读,共同引领学生阅读的高质量发展。

厦门市在开展儿童整本书阅读活动时,教师会运用学校申请的企业微信平台,及时发布学生的阅读情况,也会使用学校的公众号及时推出学生比较成熟的阅读成果。市、区层级的教研机构则会进一步汇集优秀成果推荐到报刊发表,或用公开课和比赛等方式来进行展示。

多媒介展示这种方式反过来也影响学生多感官地投入阅读。如厦门市音乐学校指导学生阅读《西游记》时,他们决定做一场课本剧表演,每一班选择一个感兴趣的情节表演,表演节目要制成录像发布到年级家长群里,学生们非常积极,从台词、道具、服装、音乐、背景PPT等都进行了充分的准备,同学们对《西游记》中人物、情节等的理解有了质的飞跃,取得了非常好的效果。

三 合作化阅读

根据建构主义的学习观,他人的帮助是学生建构意义的有力支持。因此,我们在尊重个人阅读的基础上,还会组建读书共同体,从而增加阅读交流的对象,增强阅读交流的真实性,帮助儿童在社会性互动中增加对文本的理解与鉴赏,也使阅读真正产生温度。

(一)读书共同体自由组建

读书共同体的组建是为方便读书交流,因此共同体组建并不需要强调特别的规则,如固定的人数、分工等,可以按需而定。有时两个人就可以组成一个共同体,根据不同的书目,不同的阅读喜好,也可以重新组建共同体。另外,可以临时组成读书共同体,也可以形成相对固定的读书共同体。教师和学生之间也应建立读书共同体关系,彼此平等交流,更易激发学生的阅读热情和阅读智慧。不管哪种形式,都要贯彻落实共同体的本质追求——交流、合作,碰撞出更多更亮的思维火花,产生更多更有意思的阅读成果。让学生以共同体为依靠,人人有机会,大胆发表自己的见解。

(二)阅读交流常态化

"适·度"阅读教学主张下的儿童整本书阅读强调以儿童为中心,以儿童发展为旨归,因此在儿童独立阅读的基础上,阅读交流必须常态化,不限制交流的对象与人数,不限制交流的时间与场合,也不硬性要求交流的质量,但强调交流的频率。

对于整本书阅读来说,一本书的内容那么丰富,每天读一部分,总有感兴趣或者讨厌的地方,及时与同学和师长交流,才能互相启发,拓宽思考的路径,加深理解的深度。作为教师,应有意识地关注每位学生,巧妙提问,督促他们参与到交流之中。

四 长程化实践

整本书阅读本身就不是短时间能完成的,"适·度"阅读教学主张下的儿童整本书阅读,为做好"三适",达成"三度",更需要有较长的一段时间、较大的一个空间,协助儿童沉浸式阅读。当然"长程"的具体长度因书的不同和学生的差异而不同,做好"长程"阅读规划是重点,不要急于求成。

(一)遵循学段特点,合理设置"长程"

低年级的学生,注意力不够稳定,他们难以对一本书保持较长时间的阅读热情,也难以对一本书展开多维深层的挖掘、理解。所以,即使低年级的整本书阅读常以游戏或者角色扮演等活动进行辅助阅读,一本书的阅读时长最好也不要超过两周。如果是系列丛书,可允许学生同时阅读其他册次,或不按序跳读,而且丛书阅读的时长还可以稍微拉长一些。

高年级的学生,图书的篇幅加长,难度增加,阅读总时长可以延长至一个月或一个半月,以不超过两个月为宜。时间拉长,能把阅读和实践融为一体,增进理解,但学生间的阅读差异也会进一步拉大,并不有利于阅读的整体推进。儿童整本书阅读可以在基本目标完成之后,戛然而止,留下一些疑问点,留下一点任务供感兴趣的个别学生进一步探究。

(二)遵循图书类型,科学设置"长程"

一般来说,文学类图书重在品读文本,赏析人物和情节。这样的整本书阅读在校内就能完成,且以语文教师为主要指导力量。社科类图书、艺术类图书则需要增加社会实践、跨学科学习等活动,且需要其他学科教师及家长的协助指导才能完成阅读任务,这样的阅读时长就需要延长。当然,这样的图书阅读,可以安排在假期进行,课内先开展几节要点导读,指引学生明确阅读任务和路径,假期自由阅读和实践,开学后再利用几节课的时间进行总结。这样的"长程"就显得丰富多彩了。

长程化实践,教师需要在"宽度"和"深度"间做好平衡,合理定位好整本书阅读的"宽度"和"深度",才能规划好该本书阅读的"长程"。此外,教师具备良好的跨学科思维,也有助于规划好整本书阅读"长程",能使整个阅读规划更适应图书特点、适应儿童需求,不至于单调、乏味、冗长。

五　结构化推进

根据"适·度"阅读教学主张的理论模型,"三适""三度"是互为驱动推进的,而实践路径图则呈现出"目标—评价—任务(活动)—反思"有序循环、螺旋递进的过程。因此,在整本书阅读具体指导中,我们不局限于导读课、推进课、交流课或展示课这样的课型设定,而是不断追问,这本书的阅读目标是什么？最后的评价指标是什么？以什么样的成果呈现？如果要达成评价指标,需要设计什么样的任务、什么样的活动流程来协助？所有这些都够了吗？学生喜欢吗？这样的追问依托四个主要环节来落实:基础阅读—要点导读—精彩分享—成果展示。这四个环节环环相扣,互相促进,有时也互相交错着进行。

(一)确保环节间的一致性与连贯性

在整本书阅读的长程化实践中,维护好各个环节间的一致性至关重要。阅读活动的设计应当紧密围绕既定的教学目标和任务展开,确保从阅读起始、深入探索到最终总结反思的每一个环节都紧密相扣,不偏离主题。面对学生个性化的阅读需求,教师可以通过灵活调整阅读策略和指导方式,而非改变核心目标,来满足这些需求。同时,活动设计虽追求多样性和趣味性,但必须明确每一项活动都是为了更好地服务于阅读目标,避免形式大于内容,导致最终成果难以整合和提炼。通过建立清晰的阅读路径图,定期回顾学习进展,可以有效防止阅读过程变得随意零散,帮助学生形成系统性的知识结构和深刻的阅读体验。

(二)将评价机制深度融合于阅读过程

遵循《2022年版课标》关于整本书阅读评价的理念,我们强调在阅读过程中自然融入多元化、多维度的评价体系。这不仅包括设计科学合理的评价量表,用于量化学生在阅读理解能力、批判性思维、情感态度等方面的成长,更重要的是,将师生间的互动交流视为过程性评价的宝贵资源。通过提问、讨论、分享等形式,教师可以及时了解学生的阅读困惑和收获,给予及时反馈,促进学生自我调整与提升。同时,鼓励学生进行自主阅读反思,记录阅读过程中的感受、思考和疑问,这种自我对话的过程本身就是一种表现性评价,能够深刻反映学生的阅读深度与广度。此外,教师自身的反思也是评价体系中不可或缺的一环,它有助于教师不断优化阅读规划,提升指导能力,从而推动整本书阅读活动的持续进步和整体发展。

(三)强化评价对阅读进程的促进作用

将评价嵌入阅读过程,不仅仅是为了评估学生的阅读成果,还是通过评价来推动阅读活动的深入进行。评价结果的及时反馈,能够帮助学生明确自己的优点与不足,激发他们进一步探索和挑战的热情。同时,评价过程中产生的建设性意见,也为教师提供了调整教学策略、优化阅读材料的依据。通过这种动态的、双向的评价互动,整本书阅读不再是一个孤立的学习活动,而是一个充满生机与活力的学习生态系统,其中,评价成为推动系统良性循环的关键力量,促进了学生阅读素养的全面提升。

第三章

"适·度"阅读的文本选择与组织

"适·度"阅读教学主张是以教育部印发的《中小学生课外读物进校园管理办法》和教育部等八部门印发的《全国青少年学生读书行动实施方案》为指导，遵循儿童发展个体需求和儿童发展普遍需求，借鉴统编语文教科书关于整本书阅读书目编排及教育部基础教育课程教材发展中心发布的《中小学生阅读指导目录(2020版)》（以下简称《阅读指导目录》），以及《2023亲近母语分级阅读书目(0-12岁)》，提出低、中、高三个学段的阅读图书选择建议。

"适·度"阅读教学主张下的书目规划呈现出多文本多类型合理搭配，适当地分级阅读层层进阶等特点，符合儿童阅读预期，有助于儿童阅读能力的发展。

第一节 阅读书目的选取原则

2021年3月,教育部印发《中小学生课外读物进校园管理办法》。办法强调,除教材和教辅之外,进入校园供中小学生阅读的正式出版物(含数字出版产品)应符合以下基本标准:

第一,主题鲜明。体现主旋律,引领新风尚,重点宣传习近平新时代中国特色社会主义思想,传承红色基因,弘扬民族精神、时代精神、科学精神,彰显家国情怀、社会关爱、人格修养,开拓国际视野,涵养法治意识。

第二,内容积极。选材积极向上,反映经济社会发展新成就、科学技术新进展,以及人类文明优秀成果,具有较高人文、社会、科学、艺术等方面价值。选文作者历史评价正面,有良好的社会形象。

第三,可读性强。文字优美,表达流畅,深入浅出,具有一定的启发性、趣味性。

第四,启智增慧。能够激发学生的好奇心、想象力、创造力,增长知识见识,提升发现问题和解决问题能力,增强综合素质。

2023年3月,教育部等八部委印发的《全国青少年学生读书行动实施方案》中提出,要"引导激励青少年学生爱读书、读好书、善读书,立志为中华民族伟大复兴而读书,切实增强历史自觉和文化自信,着力培养德智体美劳全面发展的社会主义建设者和接班人"。

这两份文件为儿童整本书阅读的书目选择确定了基本方向。此外,我们为儿童整本书阅读的书目选择还应进一步考虑儿童发展个体需求、儿童发展普遍需求,以及文本类型的合理搭配、分级阅读的适当性等。

一 儿童发展个体需求

儿童阅读的兴趣十分广泛,上至浩瀚无垠的天文知识,下至丰富多彩的地理奇观,他们的小小世界因阅读而无限延展。不同学段的学生,随着认知能力的提升,阅读偏好逐渐分化;不同性别,在图书选择上展现出独特的性别色彩;而家庭背景的差异,更是为他们的阅读喜好增添了多元与个性的色彩,使阅读的喜好千差万别。

在厦门市历年小学五年级学生语文质量的监测问卷中,当问及"你最经常读哪些类型的书"时,学生的选择都非常广泛,价值取向总体积极向上。以2022年为例,历史故事人物传记约占71.59%,古今中外经典名著约占69.55%,军事、科普读物约占47.21%,儿童文学作品约占42.05%,诗歌散文约占40.39%,消遣性读物约占30.5%,其他约占32.06%。

厦门市深田小学为鼓励每一位儿童爱上阅读,在每年的世界读书日都会开展一项活动——"我为书田里图书馆选书"。这一天,家长带领学生到市区最大的书店选书,并附上推荐理由,然后由学校统一购买。进入校园图书馆的图书会贴上选书者的班级和姓名,一年以后,学校根据这些书的借阅率评选最佳图书。此举极大激发了全校学生的读书热情。

美国《儿童与家庭阅读报告》(第7版)显示,89%的儿童认为他们最喜欢的书都是自己挑选的。对于自己挑选的书,更乐意读完且会产生成就感。对于儿童来说,阅读目的主要是4种,即好故事、为了快乐、探索未知世界、想要熟悉。大多数的儿童都认为他们应该多读些书来获得快乐,从2010—2018年这一比例都基本维持在46%~60%之间。但是,其中9岁是一个关键节点,9岁及以后的儿童为了快乐而读书的频率就开始下降。

《窗边的小豆豆》中的小林校长让学生每天从他最喜欢的那门功课学起,以此激发并维持每个学生的学习热情。黑柳彻子正是因为非常怀念她这段在"巴学园"的上学时光,非常感谢这位小林校长,才满怀深情地写下了这本《窗边的小豆豆》。

因此,儿童整本书阅读也应从儿童最喜欢阅读的书读起,满足儿童的个体需求,然后逐步引导,培养起儿童们更加广泛的阅读兴趣。

二 儿童发展普遍需求

2016年9月,教育部发布了中国学生发展核心素养的阶段性成果,其中提到中国学生发展核心素养应以"全面发展的人"为核心,分为文化基础、自主发展和社会参与三个方面,综合表现为人文底蕴、科学精神、学会学习、健康生活、责任担当和实践创新六大素养。根据这一总体框架,可针对学生年龄特点进一步提出各学段学生的具体表现要求。

课程意义上的儿童整本书阅读就是为了实现儿童普遍发展的需求,为了实现该年龄段儿童核心素养发展的需求。那么,教师选书时就应该在考虑儿童兴趣的基础上更加重视儿童教育的价值,并努力构成一个体系。作品的经典性、育人功能的价值性,与语文课程的贴合性成为选书的必要原则。

在这方面,统编语文教科书已给出了很好的示范。现把统编语文教科书中"快乐读书吧"中的内容整理成表格(见表3-1)。

表3-1 统编语文教科书"快乐读书吧"内容一览表

年级	书名	作品类型	主要阅读要求	整本书阅读方法	单元语文要素及典型选文
一年级上册	—	—	体会读书的快乐	和家人、同学一起读,借助拼音读	—
一年级下册	《读读童谣和儿歌》	童谣和儿歌	背诵积累喜欢的童谣和儿歌	背诵积累,和同学交流图书	—
二年级上册	《小鲤鱼跳龙门》《小狗的小房子》等	童话	学会看封面,每天读书20分钟,爱护图书	从封面寻找主要信息,看书名猜故事	—
二年级下册	《神笔马良》《一起长大的玩具》《七色花》等	故事	了解故事中的人物	学会看目录	—
三年级上册	《安徒生童话》《稻草人》《格林童话》等	童话	通过故事人物的经历发现童话王国中的爱与美	发挥想象,领略童话魅力;把自己想象成童话中的人物	感受童话丰富的想象 单元选文《卖火柴的小女孩》

续表

年级	书名	作品类型	主要阅读要求	整本书阅读方法	单元语文要素及典型选文
三年级下册	《中国古代寓言》《伊索寓言》《克雷洛夫寓言》	寓言	读寓言故事,明白其中的道理;感受寓言故事的趣味和智慧	先读懂内容,再体会道理;联系生活实际理解道理	读寓言故事,明白其中的道理。单元选文《鹿角和鹿腿》《池子和河流》、阅读链接《北风和太阳》
四年级上册	《中国神话传说》《世界经典神话与传说》	神话	感受神话中神奇的想象和鲜明的人物形象	三要素把握故事主要内容;了解神话产生的背景;发挥想象,感受神奇	感受神话中神奇的想象和鲜明的人物形象。单元选文《盘古开天地》《女娲补天》《普罗米修斯》
四年级下册	[苏联]米·伊林的《十万个为什么》,以及中国科普作品精选	科普作品	增长知识,感受趣味。了解相关领域最新成果,探索科学世界的奥秘	运用多种方法推测科技术语的含义;带着问题阅读	阅读时能提出不懂的问题,并试着解决 单元选文《房间旅行记》《灯的故事》《灰尘的旅行》
五年级上册	中国民间故事精选,欧洲、非洲等各国民间故事	民间故事	感受民间故事的结构特点——固定类型和重复段落;体会民间故事所寄托的人们朴素的愿望	了解课文内容,理解人物形象,创造性复述故事	了解课文内容,创造性复述故事 单元选文《牛郎织女》《猎人海力布》

续表

年级	书名	作品类型	主要阅读要求	整本书阅读方法	单元语文要素及典型选文
五年级下册	《西游记》《三国演义》《红楼梦》	中国古典名著	走近这些人物，品读精彩故事；评价人物；写读后感	了解章回体小说的特点；借助回目标题猜出故事内容；不懂的地方猜读；对比他人观点，尝试评价人物	初步学习阅读古典名著的方法。每本名著选一个经典片段作为单元选文
六年级上册	《童年》《小英雄雨来》《爱的教育》等	成长小说	厘清小说中的人物关系，了解生动的故事情节和性格各异的人物，感受成长，勇敢面向未来	读小说，关注情节、环境，感受人物形象	读小说，关注情节、环境，感受人物形象
六年级下册	《鲁滨逊漂流记》《尼尔斯骑鹅旅行记》《汤姆·索亚历险记》《爱丽丝漫游奇境》	外国名著	了解作品梗概，就印象深刻的人物和情节交流感受；感受世界名著的魅力	沉下心来读名著；了解名著的写作背景，边读边做读书笔记	借助作品梗概，了解名著的主要内容；就印象深刻的人物和情节交流感受 单元选文节选名著片段或梗概

细读上表，可以看出"快乐读书吧"的书目编选及阅读要求有以下几个方面的特点：第一，顺应儿童语言文字学习的需要，低年级以童谣、儿歌、小故事为主，承接儿童已有的口头表达经验，然后逐渐深入书面语言学习；第二，书目的内容丰富，育人价值饱满，有利于学生核心素养发展；第三，遵循学生接受水平，由易到难，篇幅逐渐加长，难度逐渐加大，对学生的批判性思维也逐步提高要求；第四，注重阅读习惯培养，从爱护图书、做阅读计划到与人交流、做笔记、静心阅读克服困难，层层提升，为提高阅读质量提供帮助；第五，注重阅读方法指

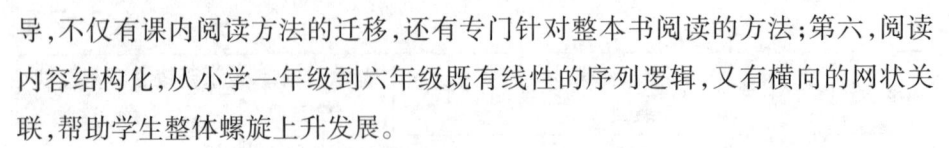

导,不仅有课内阅读方法的迁移,还有专门针对整本书阅读的方法;第六,阅读内容结构化,从小学一年级到六年级既有线性的序列逻辑,又有横向的网状关联,帮助学生整体螺旋上升发展。

统编语文教科书除了在"快乐读书吧"栏目安排整本书阅读的内容外,还通过口语交际、习作、课后阅读链接等栏目推荐书目,为学生学习营造了浓厚的整本书阅读的氛围。

2022年3月,《义务教育课程方案(2022年版)》和《2022年版课标》发布。新版课程方案和课程标准更鲜明地要求"着力发展学生核心素养",而统编语文教科书在儿童整本书阅读方面就已经充分考虑了学生核心素养发展的需求。当然,受课程总量的限制,同时也考虑到全国不同地域学生的发展可能性,在实际操作中,教师可以根据本地实际适当增减,以使计划阅读的书目更切合实际,与"适·度"阅读主张更加契合。

三 文本类型选择

从国际两大阅读素养测试(PIRLS和PISA)来看,学生需要阅读多种类型、多种呈现方式、多种组合方式的文本,以达成某种阅读目的,适应未来社会工作和个人发展的需要。因此,儿童整本书阅读的文本选择应兼具多种类型、多种样态,为学生提供宽广的阅读视野。

文本类型划分,可从文本内容和文本表现形式两个维度来进行划分。文本内容比较容易理解,可分成人文社科、文学、自然科学和艺术四类。教育部基础教育课程教材发展中心发布的《阅读指导目录》就是按文本内容进行划分的。

在各个年级段中,人文社科类的如《毛泽东传》《我的父亲邓小平:战争年代》《习近平讲故事:少年版》等,这类作品主要描写重要历史人物和英雄模范人物。文学类的如中国文学名著、世界文学名著等,在语文教科书所选的作品中以文学类居多。自然科学类的如《十万个为什么》《昆虫记》等,当代中国作家的原创科普作品《三体》《海错图笔记》等,这类作品可以培养学生的科学探索精神。艺术类的如《京剧欣赏》《启功给你讲书法》《建筑艺术的语言》等,可以帮助学生了解和鉴赏传统戏曲、书法和古代建筑等,培育和提高学生审美能力。在小学段中,人文社科类图书约占20%,文学类图书约占50%,自然科学类图书约占20%,艺术类图书约占10%。

从适合儿童阅读的角度看,文本表现形式也非常重要。如绘本就是一种非常适合低年级儿童阅读接受的文本表现形式。绘本中的图是无声的文字,也是能讲故事的,不论构图、造型、色彩及表现手法都是插画家精心创作的。中年级的桥梁书就是考虑儿童的接受水平,在文字之外,插图的比例仍较大。又如我国古典四大名著专门为青少年准备了青少版。当然,这些都还属于连续性文本,我们还应增加非连续性文本形式,如《中国儿童百科全书》《大地中国》等,这类书里面的表格、目录、地图、广告等比较多,是典型的非连续性文本,能培养儿童应对未来生活的能力。

不同类型的文本适合不同的阅读目的、阅读需要,反过来也能促进学生有目的地阅读,培养其应对不同情境的能力。美国加利福尼亚州语文课程标准要求小学四年级学生每年要阅读50万字的作品,包括与年级水平相当的故事和说明文(如古典的和当代的文学作品、杂志、报纸、网上资料),从小学一年级起学生就要朝着这个目标努力。[1]

同时,也有研究者指出,在学生阅读文本结构方面,应跨越单一教科书形态,加强阅读语料库的建设。如借鉴美国Wonders教材"主教材+文学赏析教材+四级泛读教材"的结构体例,让儿童接触不同题材和体裁的阅读材料,使其阅读认知结构更为组织化和层次化。他认为通过选文内容的留白,加上后续单元设计的留白、任务练习的留白,引导学生挑战"没有正解的问题"[2],有利于培养学生真正的学习力。可见,推荐给学生阅读的图书应高度关注文本类型的多样化。

四 适当分级安排

2019年,在第十五届中国儿童阅读论坛上,亲近母语创始人徐冬梅老师在演讲中说,儿童分级阅读是指根据儿童的认知水平和阅读能力,为每个儿童提供适合的读物,并给予适当的建议和指导,以提升他们的阅读能力和阅读素养,

---

[1] 董蓓菲.全景搜索:美国语文课程、教材、教法、评价[M].上海:华东师范大学出版社,2009:36.
[2] 马艳,李学斌.儿童观视角下小学语文课程目标的百年演进[J].中国教育学刊,2022(7):96.

促进他们的人格发展和精神成长。徐冬梅老师整合了作家、儿童文学专家、名师等团队,进行了课程书目和学生自读书目的梳理。根据每个年级学生的基本认知水平给出了具有经典性、儿童性、教育性、课程性的丰富书目。

2020年,教育部基础教育课程教材发展中心组织来自国家教材委、有关高校、研究机构和中小学校的110多人的专家团队,经过基础研究、专业推荐、深入论证、精心遴选形成《阅读指导目录》。该指导目录根据青少年儿童不同时期的心智发展水平、认知理解能力和阅读特点,分为小学、初中、高中三个学段,分别推荐110种、100种和90种,共推荐图书300种。考虑到小学阶段不同年级学生身心发展区别较大,小学阶段再分为低、中、高三段,分别约占小学推荐书目的20%、30%和50%。

我国儿童整本书阅读分级主要以"科学+经验"为标准。统编语文教科书中"快乐读书吧"书目的编排也是按此标准制定。一线教师在制定本校的阅读书目时可以参考这个标准,或直接在《阅读指导目录》、统编语文教科书"快乐读书吧"书目的基础上进行增删。

当然,儿童整本书阅读并不一定严格按儿童认知水平和阅读能力来区分、推荐。儿童若感兴趣,跨越层级进行囫囵吞枣式的阅读也是可以的、有益的。作家冰心回忆童年读书时就是始于一知半解地读,但就是这样的读,却引领她走上了终身阅读,成为作家的道路。温儒敏教授也提倡让学生"连滚带爬"地读。其实,阅读目的决定阅读方式,决定评价结果。"适·度"阅读主张推崇的是适当分级设置,给学生留出弹性生长的空间。

第二节 阅读书目的年级规划

梅子涵先生认为,儿童文学的诞生是给童年的一个现代性幸福。人类用了几千年的时间写那些让长大的人兴高采烈、泪流满面的书,后来才恍然大悟,也应该写一些让儿童兴高采烈、泪流满面的书,既合乎他们的兴趣,又引领他们走向更远的地方。我们认为不管哪一类图书,都应该能召唤出儿童的灵性,让他们感受到阅读的幸福。

对比统编语文教科书中"快乐读书吧"的书目、《阅读指导目录》和《2023亲近母语分级阅读书目(0—12岁)》[1],我们发现一份适合儿童阅读发展的整本书阅读书目具有一个明显的共同特征,体现学段整体主要特点,即低年级非常突出角色游戏,中年级开始启发学生进行社会探究,高年级则开始加强思辨创新。下面结合以上三种目录,选取其中共同或相近部分加以解析,然后展示厦门市的阅读书目规划,供大家参考。

一 低年级阅读书目选择

低年级阅读书目选择应以绘本表现形式为主,内容涵盖人文社科、文学、自然科学和艺术,学生借助绘本阅读展开游戏,通过游戏帮助阅读理解,培养阅读兴趣和阅读能力,养成爱阅读的好习惯(见表3-2)。

表3-2 低年级阅读书目列举

序号	类别	书名	作者/译者/编者/绘者
1	文学	儿歌300首	金波,郑春华等 著
2	文学	小巴掌童话	张秋生 著
3	文学	我有友情要出租	方素珍 著/郝洛玟 绘

---

[1] 亲近母语研究院.2023亲近母语分级阅读书目(0—12岁)[EB/OL].[2024-06-01]. https://www.qjmy.cn/edu/book/category/.

续表

序号	类别	书名	作者/译者/编者/绘者
4	文学	月亮的味道	［瑞士］麦克·格雷涅茨 著
5	文学	没头脑和不高兴	任溶溶 著
6	人文社科	读图识中国	人民教育出版社地图编辑室 编
7	自然科学	趣味数学百科图典	田翔仁 编著
8	自然科学	来喝水吧	［澳］葛瑞米·贝斯 著
9	艺术	京剧脸谱	傅学斌 著

这些书非常适合师生间或亲子间、同伴间一起表演或游戏，在游戏中体验阅读。比如《我有友情要出租》是台湾资深儿童文学作家方素珍的代表作。方素珍是一位热心撒播故事精灵的"花婆婆"，她喜欢阅读、喜欢旅行，善于从生活中观察，获得写作灵感。她的儿子胖石头就成为绘本《胖石头》中的人物，非常有趣。她的作品很多，有大家熟悉的《明天要远足》《不学写字有坏处》《外婆住在香水村》《一只母鸡叫葱花》，还翻译了不少外国优秀绘本，如《花婆婆》《故障鸟》等。《我有友情要出租》本是一篇童话故事，后来请插画家郝洛玟画画后，就变成了大人小孩都喜欢的绘本。

《我有友情要出租》讲述了一个很特别的故事。森林里的大猩猩没有朋友，总是感觉很寂寞，它想把自己的友情租出去。小女孩咪咪觉得很有趣，每天都来租大猩猩的友情，他们一起玩耍。大猩猩感受到了友情的美好，想和咪咪成为永远的好朋友，可是咪咪却因为搬家离开了。这个故事不仅有趣，符合儿童现实生活状况，而且书中插图非常传神，可爱的大猩猩和小女孩咪咪玩剪刀石头布的场景像极了现实生活中儿童玩耍的样子。

阅读这样的书时，除了图文结合一起读之外，角色扮演也是很好的阅读方法。故事中除了大猩猩和咪咪，还有一只可爱的布娃娃，它和咪咪长得很像。一只小不点老鼠，它好像一直在旁边当观众。还有藏在树后面的狮子、斑马、犀牛……它们随着故事情节的发展变化，也各有不同的表现，不同的心情。一本小绘本可以变成一台童话剧，大人小孩一起演，非常有意思。

《来喝水吧》是由全球知名的儿童绘本作家葛瑞米·贝斯创作的。整个故事核心画面是一个水洼，许多动物来这里喝水。动物多了，水却少了。水没了，动物就走了。下雨了，有水了，动物们又回来了。随着故事的发展，这片水洼被赋予了重要的象征意义，寥寥数笔，告诉了儿童关于生命循环的永恒主题。

作者用新颖、细腻的笔触，描绘世界上的飞禽走兽、花鸟鱼虫，非常吸引儿童。这背后又蕴藏着气候与水资源保护的宏大主题，旨在唤起读者节约用水、保护水资源、守护地球生命的意识，非常有教育价值。本书还蕴涵着语文、美术、科学和劳动实践等教学价值，是对学生进行全科阅读的优质文本。开展阅读活动时，教师可以引导学生仔细观察，圈画出图中各种动物的图像（包含隐藏的小动物）。请科学教师帮助介绍，并一起思考下面这些问题：这些不同的动物它们与这水洼有什么关系？它们之间发生了什么事？这本书到底要告诉我们什么？初步读懂文本后，还可以请美术教师指导学生制作动物图卡，还可以请戏剧教师指导表演故事，通过多种形式加深理解文本主旨。

二 中年级阅读书目选择

随着中年级学生识字量急剧增加，他们渴望通过阅读了解外面世界的愿望更加强烈。在他们阅读的图书中，文字逐渐增多，插图逐渐减少，虽然文学类作品依然占比较大，但是人文社科和自然科学类图书明显增加，这有助于引导学生积极主动探索书本外的世界（见表3-3）。

表3-3　中年级阅读书目列举

序号	类别	书名	作者/译者/编者/绘者
1	文学	中国古代寓言	曹文轩 陈先云 编
2	文学	中国神话故事集	袁珂 著
3	文学	宝葫芦的秘密	张天翼 著
4	文学	爱的教育	[意]阿米琪斯 著/王干卿 译
5	人文社科	林汉达中国历史故事集	林汉达,雪岗 编著
6	人文社科	哲学鸟飞罗系列	[法]拉贝 著/[法]加斯特 绘
7	自然科学	十万个为什么	[苏联]米·伊林 著

续表

序号	类别	书名	作者/译者/编者/绘者
8	自然科学	神奇校车·图画书版	[美]乔安娜·柯尔 著/[美]布鲁斯·迪根 绘
9	自然科学	中国国家博物馆儿童历史百科绘本	中国国家博物馆 著
10	艺术	父与子	[德]埃·奥·卜劳恩 著
11	艺术	人民音乐家:冼星海	郭冰茹 著

虽然小学生都喜欢听故事,但低年级学生对故事的感知是模糊的,对故事中人物与现实的联系与区别也是不清楚的。而中年级学生的认知水平已经有一定的提高,具有较为清晰的辨识需求,需要较为具体的探究引导。因此有明显类型区分的阅读就进入了他们的阅读视野。同样是故事就有了寓言故事、神话故事、童话故事、历史故事的区别。

著名儿童文学家严文井曾说,寓言是一个魔袋,袋子很小,却能从里面取出很多东西来……读着这样的故事,能帮助儿童学会正确处理生活中的问题。寓言故事篇幅短小,故事有趣,与生活紧密相关又有一定的距离,具有较强的概括性和典型性。如《亡羊补牢》,说的是羊丢了,赶紧修羊圈就不会再丢了。这就教育儿童在生活中要有错及时改,尽量弥补前面犯下的错误,这样进步就会更快一些。《守株待兔》,说的是农夫因为一次好运气,以为可以一直有好运降临,就守在木桩边等待兔子,结果荒废了庄稼。这就教育儿童在生活中不要存有这样侥幸心理,要从中吸取教训,养成脚踏实地的好习惯。

不同国家、不同地域都有类似寓言故事这样的作品,或口耳相传或搬上舞台表演,用以劝诫教化当地百姓,如《伊索寓言》和《克雷洛夫寓言》。《伊索寓言》包含很多古希腊的民间故事,如吃不到葡萄反而说葡萄酸的狐狸,咬死救命恩人的蛇……在读《克雷洛夫寓言》时,我们会发现,很多故事都似曾相识,却被赋予了新的意义。阅读寓言故事能激发学生联系个人生活、周边社会现象进行思考,学生普遍喜欢阅读寓言故事,也容易接受寓言故事所传达的教育意义。

苏联作家米·伊林写的《十万个为什么》是本科普类的作品,这本书不仅内容有趣,语言也非常生动。这本书包含房间旅行记、灯的故事、时钟的故事、书的故事,带着我们了解生活中与我们息息相关的各种物件的特性、功能和发展历史。尤其是"房间旅行记"部分,对自来水龙头、炉子、餐桌和炉灶、锅架、餐具柜、衣柜等都提出了许多看似简单,却不那么容易回答的问题,极大地激发学生阅读的兴趣和探索的欲望。

这本书的应用很广泛,在语文课上,教师可以引导学生制作思维导图,梳理图书主要内容,品味作者幽默有趣的表达。在科学课上,教师可以结合科学教科书上的知识引导学生思考一些问题:书上说的一定对吗?如何动手验证书本的内容是否正确?学生在亲历"大胆质疑→寻找证据→推理分析→得出结论"的求真过程中进一步激发科学探究的热情,生活中的事物也变得生动起来,万事万物都变成了学生探索的对象,也和学生建立了紧密的关联。这样多学科联动的图书就很受学生欢迎。

由此可见,同样是科普类作品,《十万个为什么》明显比《来喝水吧》丰富复杂,表现形式也由绘本变为以文字为主的图书。

三 高年级阅读书目选择

高年级学生的阅读书目对学生的思维挑战明显加大,这些图书试图从各个方面打开学生的阅读视野,综合发展学生的理解能力,为中学学习打下基础(见表3-4)。

表3-4 高年级阅读书目列举

序号	类别	书名	作者/译者/编者/绘者
1	文学	安徒生童话	[丹麦]安徒生 著/叶君健 译
2	文学	草房子	曹文轩 著
3	文学	汤姆·索亚历险记	[美]马克·吐温 著/张友松 译
4	文学	城南旧事	林海音 著
5	文学	一个孩子的诗园	[英]罗伯特·路易斯·斯蒂文森 著/漪然 译
6	文学	小王子	[法]圣·埃克苏佩里 著/柳鸣九 译

续表

序号	类别	书名	作者/译者/编者/绘者
7	人文社科	梦圆大地：袁隆平传	姚昆仑 著
8	人文社科	写给孩子的哲学启蒙书	[法]拉贝，[法]毕奇 著
9	自然科学	小学生食品安全知识读本	刘烈刚，杨雪锋 主编
10	自然科学	昆虫记	[法]让-亨利·法布尔 著
11	自然科学	空间简史	[意]托马斯·马卡卡罗，[意]克劳迪奥·M.达达里 著
12	自然科学	万物简史	[美]比尔·布莱森 著
13	艺术	我的第一本古典音乐启蒙书	[英]吉纳维芙·赫斯比 文/[英]詹森·查普曼 图/张晨辰 译

这个书目中的《安徒生童话》，其中的很多篇目虽然小学生早已熟悉，但他们大部分并不能读懂故事中的深意。叶君健先生在译者前言中曾写道，安徒生的童话适合1—99岁的人阅读，他的童话至今仍为全世界的儿童（也包括成年人）所喜爱。他的童话具有一种"使命感"，童话在他的笔下，就被提到与成年人文学同等的高度，甚至有所超越。

比如《皇帝的新装》，这篇童话写了一个愚蠢的皇帝被两个骗子愚弄，穿上了一件根本不存在的"新装"，赤裸裸地举行游行大典的闹剧。这个滑稽可笑的故事背后却引人深思，我们是故事中的那个皇帝？还是那些大臣们？还是跟着看热闹的百姓们？谁能做那样的小孩，率直地说出真话？一般来说，寓言都是短小的，但安徒生的童话则在较长的篇幅里，借着人物形象告诉人们深刻的道理。再比如《一个豆荚里的五粒豆》，五粒豆的不同选择正预示着人们对自身价值的不同定位，前面四粒只想着飞得远，飞到广阔的世界里去，至于为什么要飞那么远则缺乏考虑。最后一粒则随遇而安，即使落在长满青苔的裂缝里，像囚犯一样，它也努力生长，为生病的小女孩带去快乐。

《梦圆大地：袁隆平传》是姚昆仑编著的一部传记类著作。作者以大量的一手采访资料、水稻种植史料和杂交水稻的知识为铺垫，突出反映了袁隆平的超人魄力、求是精神、创新方法、人生哲理和高尚情操,既让读者近距离接触杂交水稻,为我国科技的进步而自豪,更为袁隆平先生的执着探索精神而折服。在没有读此书之前,大家只知道袁隆平很厉害,是"杂交水稻之父",并不知袁老先生一路研究的艰辛和他坚强的意志力。阅读传记对人的成长非常有益,孔子曰:见贤思齐。传记里的主人公就是那位贤者,指引后辈前进的道路,指点后辈们思考:我该成为什么人,我该怎么做才能实现梦想?阅读本书时还可以配合欣赏电影《袁隆平》,在片尾曲《希望》的音乐声中接受灵魂洗礼。

高年级阅读书目难度提升,但追求理解的阅读才是关键。阅读给予的精神营养,远超娱乐带来的片刻欢愉,助力学生全面发展。

第三节 厦门市阅读书目设计

2013年厦门市就制定了全市小学生阅读选书的原则和第一版阅读书目[①]。如今看来,整体上还是很符合当下提倡的教育理念,下面就简单介绍一下厦门市小学生阅读选书的原则和第一版阅读书目。

一、选书原则

第一,依据课标所提倡的人才标准进行推荐。凡有利于培养小学生人文素养和科学素养的优秀儿童文学作品可纳入书目推荐表里。

第二,需求原则。凡是适合该年龄段小学生阅读的优秀儿童文学作品可纳入书目推荐表里,不一定都是获得国际大奖的。

第三,适合原则。根据不同类型的作品对不同年龄段学生阅读品质与写作品质的影响程度,适当筛选,分年级推荐。

第四,发展原则。某一类型的作品虽在某一年级集中推荐,但在其他年级仍会分散推荐,以便学生延续阅读。尊重学生间的差异,允许不同层次、不同喜好的学生完成不同的阅读量和不同的篇目。

第五,尊重实际原则。鉴于当前的课程设置与课时安排实际,教师一周最多只能腾出一节课的时间用于学生自由阅读、交流。因此必须控制进入推荐书目表里的篇目数量,力求以点带面,辐射阅读。

二、第一版阅读书目

《厦门市小学生阅读书目指南》由厦门市教育科学研究院、厦门市教育学会小学语文教学专业委员会和"提升小学生阅读素养的策略研究"课题组联合发布(见表3-5)。

---

① 邵巧治.小学生阅读素养的提升策略[M].南京:江苏凤凰教育出版社,2016.

表3-5　厦门市小学生阅读书目

年级	书目	书名	作者/译者/编者/绘者	出版社
低年级（一、二年级）	基本书目	玛蒂娜故事系列（第1辑）	[比利时]吉贝尔·德莱雅 文/[比利时]马塞尔·马里耶 图	湖北美术出版社
		神笔马良	谢长伦 编绘	湖北少年儿童出版社
		世界金典儿童诗集：中国卷	韦苇，谭旭东 主编	福建少年儿童出版社
		第一次发现丛书：濒临危机的动物	法国伽利玛少儿出版社 编/[法]雨果 绘/王文静 译	接力出版社
		神奇校车（第一辑）	[美]乔安娜·柯尔 文/[美]布鲁斯·迪根 图/蒲公英童书馆 译	贵州人民出版社
		小学优秀古诗背诵指定篇目（75篇）	杨春俏，徐德琳 注释	人民文学出版社
	扩展书目	小黑鱼	[美]李欧·李奥尼 著/彭懿 译	南海出版公司
		逃家小兔	[美]玛格丽特·怀兹·布朗 文/[美]克雷门·赫德 图/黄迺毓 译	明天出版社
		鳄鱼怕怕牙医怕怕	[日]五味太郎 著	少年儿童出版社
		点	[加]彼德·雷诺兹 著/邢培健 译	南海出版公司
		咕噜牛	[英]朱莉娅·唐纳森/文/[德]阿克塞尔·舍夫勒 图/任溶溶 译	外语教学与研究出版社
		圣诞老人的王国	[日]松本智年，[日]一色恭子 原著/[日]猿渡静子 译/[日]黑井健 图	南海出版公司
		小熊温尼·菩	[英]A.A.米尔恩 著/潘缦怡 译	长春出版社
		青蛙和蟾蜍	[美]艾诺·洛贝尔 著/潘人木，党英台 译	明天出版社
		属鼠蓝和属鼠灰：魔法苹果筐	朱自强，左伟 文/甜果实 图	明天出版社
		不一样的卡梅拉：我想去看海	[法]克利斯提昂·约里波瓦 文/[法]克利斯提昂·艾利施 图/郑迪蔚 译	二十一世纪出版社
		没头脑和不高兴	任溶溶 著	浙江少年儿童出版社
		弟子规	[清]李毓秀 原著/朱凤译注	福建少年儿童出版社
		安野光雅"美丽的数学"系列	[日]安野光雅等 著/艾茗 译	中国城市出版社

053

续表

年级	书目	书名	作者/译者/编者/绘者	出版社
中年级（三、四年级）	基本书目	爱的教育	[意]亚米契斯 著	湖南师范大学出版社
		昆虫记	[法]法布尔 著/王光 译	作家出版社
		安徒生童话精选	[丹麦]H.C.安徒生 著/叶君健 译	译林出版社
		伊索寓言	韦苇 译	长春出版社
		"下次开船"港	严文井 著	湖北少年儿童出版社
		长袜子皮皮	[瑞典]阿斯特丽德·林格伦 著/[瑞典]英格丽德·尼曼 画/李之义 译	中国少年儿童出版社
		一千零一夜	方平等 译	上海译文出版社
		中国古代寓言故事	邶笪钟 编写	人民文学出版社
		中外神话传说（增订版）	田新利 选编	人民文学出版社
		西游记	吴承恩 著	人民文学出版社
		世界经典儿童诗集·外国卷	韦苇，谭旭东 主编	福建少年儿童出版社
		小牛顿科学馆(1-6)	台湾牛顿出版公司 编著	贵州教育出版社
		启功给你讲书法	启功 著	中华书局
		《森林报》系列	[苏联]维·比安基 著/王汶 译	二十一世纪出版社
		笠翁对韵	[清]李渔 著/金新，朱伯荣 主编	浙江古籍出版社
	扩展书目	花婆婆	[美]芭芭拉·库尼 著/方素珍 译	河北教育出版社
		有个性的羊	[德]达尼拉·楚德芩思克 著/王星 译	湖北美术出版社
		爱心树	[美]谢尔·希尔弗斯坦 著/傅惟慈 译	南海出版公司
		小房子	[美]维吉尼亚·李·伯顿 著/阿甲 译	南海出版公司

续表

年级	书目	书名	作者/译者/编者/绘者	出版社
中年级（三、四年级）	扩展书目	三只小猪的真实故事	[美]谢斯卡 文/[美]史密斯 图/方素珍 译	河北教育出版社
		北纬36度线	[日]小林丰 著/金海曙 译	二十一世纪出版社
		宝葫芦的秘密	张天翼 著	湖北少年儿童出版社
		豆蔻镇的居民和强盗	[挪威]托比扬·埃格纳 著/叶君健 译	湖南少年儿童出版社
		乌丢丢的奇遇	金波 著	江苏少年儿童出版社
		中外神话传说（增订版）	田新利 选编	人民文学出版社
		傻狗温迪克	[美]凯特·迪卡米洛 著/傅蓓蒂 译	新蕾出版社
		格林童话	[德]格林兄弟 著/魏以新 译	长春出版社
		查理与巧克力工厂	[英]罗尔德·达尔 著/[英]昆廷·布莱克 绘/任溶溶 译	明天出版社
		小狐狸阿权	[日]新美南吉 著/周龙梅,彭懿 译	长春出版社
		时代广场的蟋蟀	[美]乔治·塞尔登 著/[美]盖斯·威廉姆斯 绘/傅湘雯 译	新蕾出版社
		海底两万里	[法]儒勒·凡尔纳 著/杨松河 译	上海译文出版社
		佐贺的超级阿嬷	[日]岛田洋七 著/陈宝莲 译	南海出版公司
		洋葱头历险记	[意]贾尼·罗大里 著/任溶溶 译	新蕾出版社
		丛林之书	[英]吉卜林 著/文美惠,任吉生 译	长春出版社
		写给孩子的哲学启蒙书	[法]碧姬·拉贝,[法]米歇尔·毕奇 著/潘林,王川娅 译	广西师范大学出版社
		让孩子着迷的101本书	阿甲,萝卜探长 著	时代文艺出版社
		图说中国节	大乔 编著	中国社会科学出版社

续表

年级	书目	书名	作者/译者/编者/绘者	出版社
高年级（五、六年级）	基本书目	假如给我三天光明	[美]海伦·凯勒 著/林海岑 译	译林出版社
		绿山墙的安妮	[加拿大]露西·莫德·蒙哥马利 著/郭萍萍 译	译林出版社
		草房子	曹文轩 著	江苏少年儿童出版社
		三国演义	罗贯中 著	长春出版社
		鲁滨逊漂流记	[英]笛福 著/郭建中 译	中国对外翻译出版公司
		夏洛的网	[美]E.B.怀特 著/任溶溶 译	上海译文出版社
		居里夫人传	[法]艾芙·居里 著/贾文浩等 译	北京燕山出版社
		童年	[苏联]高尔基 著/姜希颖,傅霞 译	商务印书馆
		红岩	罗广斌,杨益言 著	中国青年出版社
		城南旧事	林海音 著	陕西师范大学出版社
		格列佛游记	[英]斯威夫特 著/张健 译	人民文学出版社
		林汉达中国历史故事集	林汉达 著	中国少年儿童出版社
		艺术原来可以这样看	[法]弗朗索瓦·芭布-高尔 著	中信出版社
		古今名人读书法	张明仁 编著	商务印书馆
		蟋蟀	任大霖 著	中国少年儿童出版社
	扩展书目	石头汤	[美]琼·穆特 著/阿甲 译	南海出版公司
		雪花人	[美]杰奎琳·布里格斯·马丁 文/[美]玛丽·阿扎里安 图/柯倩华 译	河北教育出版社
		世界为谁而存在	[英]汤姆·波尔 文/[澳大利亚]罗伯·英潘 图/刘清彦 译	湖北少年儿童出版社
		团圆	余丽琼 文/朱成梁 图	明天出版社
		铁丝网上的小花	[意]克里斯托夫·格莱兹,[意]罗伯特·英诺森提 著/[意]罗伯特·英诺森提 绘/代维 译	明天出版社
		水浒传	施耐庵 著	长春出版社
		新月集·飞鸟集	[印度]泰戈尔 著/郑振铎 译	中华书局

第三章 "适·度"阅读的文本选择与组织

续表

年级	书目	书名	作者/译者/编者/绘者	出版社
高年级(五、六年级)	扩展书目	狄金森诗选	[美]艾米莉·狄金森 著/蒲隆 译	上海译文出版社
		毛毛	[德]米切尔·恩德 著/李士勋 译	二十一世纪出版社
		狼王梦	沈石溪 著	浙江少年儿童出版社
		草原上的小木屋	[美]罗兰·怀德 著/伍厚恺 译/毕生工作室 绘	天地出版社
		安妮日记	[德]安妮·弗兰克 著/朱碧恒,高小斐 译	中央编译出版社
		呼兰河传	萧红 著	陕西师范大学出版社
		福尔摩斯探案全集	[英]亚瑟·柯南·道尔 著/王知一 译	天津教育出版社
		钢铁是怎样炼成的	[苏联]尼·奥斯特洛夫斯基 著/梅益 译	人民文学出版社
		汤姆·索亚历险记	[美]马克·吐温 著/张建平 译	上海译文出版社
		八十天环游地球	[法]儒勒·凡尔纳 著/陈筱卿 译	译林出版社
		亲爱的汉修先生	[美]贝芙莉·克莱瑞 著/柯倩华 译	新蕾出版社
		中国小品建筑十讲	楼庆西 著	生活·读书·新知三联书店
		每天一堂非遗文化课	杨素梅 主编	中国华侨出版社
		牛津艺术史:中国艺术	[英]柯律格 著/刘颖 译	上海人民出版社
		一画一世界:教你读懂中国画	罗淑敏 著	广西师范大学出版社
		中国书法	陈廷祐 著	五洲传播出版社
		万物简史(彩图珍藏版)	[美]比尔·布莱森 著/严维明,陈邕 译	接力出版社
		如何阅读一本书	[美]莫提默·J·艾德勒,[美]查尔斯·范多伦 著/郝明义,朱衣 译	商务印书馆

057

厦门市2013年第一版阅读书目,分三个学段推荐,学段越高阅读书目量越多,书目的篇幅、难度也越大,需要哲学思辨的书目增加。书目分基本书目和拓展书目,给学生、学校留下弹性空间。推荐的书目中包含四大类:文学类、社科类、科普类、艺术类。其中文学类有诗歌、童话、故事、小说、绘本等,社科类的还包含本市报刊。

值得一提的是,我们重视读书方法的学习,特别推荐了《古今名人读书法》《如何阅读一本书》等,把理性学得的读书方法与感性的阅读实践相结合,启发学生发展自己的读书方法,积累自己的读书经验。同时也推荐了《让孩子着迷的101本书》这种工具书类型的图书,该书作者从古今中外适合当代儿童阅读的读物中,精选出100余种,分为古典名著、图画书、童话、历险奇遇故事、动物故事、侦探故事、科普科幻故事、魔幻故事、成长故事、漫画故事等十大类,这本书以随想的形式,详细介绍了作品的内容和背景,漫画阅读时的生动感觉,并努力探究这些作品让儿童们着迷的原因。通过阅读此书,找不到好书的学生可以找到自己喜欢的书,已经阅读这些书的学生可以从中找到共鸣,分享读书经验。

多样的书目构成有利于不同层次、不同喜好的学生发展阅读兴趣,提升阅读素养,这样的实践正是"适·度"阅读主张的直观体现。

三 小学生语文阅读风采大赛书单

2022年,厦门市开展小学生语文阅读风采大赛,小学三年级学生用将近一年的时间准备,小学四年级上学期初开展比赛。组织者提供了一份书单,供所有学生使用,资格赛和决赛笔试都是以这个统一书单命题内容和范围。同时,学生还需自备一份自己的书单,决赛面试时会考查学生两份书单的阅读关联情况。统一书单如表3-6。

表3-6 2022年厦门市小学三年级语文阅读风采大赛书单

序号	书名	类别	来源
1	安徒生童话	文学	统编语文教科书三年级"快乐读书吧"书目
2	格林童话	文学	统编语文教科书三年级"快乐读书吧"书目
3	稻草人	文学	统编语文教科书三年级"快乐读书吧"书目

续表

序号	书名	类别	来源
4	中国古代寓言	文学	统编语文教科书三年级"快乐读书吧"书目
5	伊索寓言	文学	统编语文教科书三年级"快乐读书吧"书目
6	昆虫记	科普	《阅读指导目录》小学段
7	寄小读者	文学	《阅读指导目录》小学段
8	优秀诗文背诵推荐篇目1~30首	诗歌	《2022年版课标》
9	雷锋的故事	社科	《阅读指导目录》小学段
10	厦门日报	社科	2022年6月起的当地报刊

学生自备书单要求:(1)不少于6本(一种报刊连续阅读一个月为一本),不能与统一书单重复;(2)不少于3种类型(文学、科普、历史、军事、报刊等)。

2023年根据2022年的使用反馈,组织者调整部分书目,书单如表3-7。学生自备书单要求不变。

表3-7 2023年厦门市小学三年级语文阅读风采大赛书单

序号	书名	类别	来源
1	安徒生童话	文学	统编语文教科书三年级"快乐读书吧"书目
2	格林童话	文学	统编语文教科书三年级"快乐读书吧"书目
3	稻草人	文学	统编语文教科书三年级"快乐读书吧"书目
4	中国古代寓言	文学	统编语文教科书三年级"快乐读书吧"书目
5	伊索寓言	文学	统编语文教科书三年级"快乐读书吧"书目
6	十万个为什么	科普	统编语文教科书四年级"快乐读书吧"书目
7	陈嘉庚:华侨之光	社科	—
8	优秀诗文背诵推荐篇目1~30首	诗歌	《2022年版课标》
9	雷锋的故事	社科	《阅读指导目录》小学段
10	厦门日报	社科	2023年5月起的当地报刊

2023年书单的变化主要是将难度较大的《寄小读者》和《昆虫记》换成更贴近学生的《陈嘉庚：华侨之光》和《十万个为什么》。陈嘉庚先生是本土先贤，他的纪念馆里有大量直观生动的资料帮助学生读懂《陈嘉庚：华侨之光》这本书。学生也通过阅读这本书，参加学校组织的研学，进一步熟悉爱国华侨陈嘉庚先生。《十万个为什么》里介绍的都是生活中能接触到的，尤其是"房间旅行记"部分，书里涉及的科学知识也与该年级的科学课相关度较高，学生能学以致用。不同类型的文本互为参阅，非常有助于学生打开思维，加深理解。

我们在参加过2022年、2023年厦门市小学生语文阅读风采大赛的部分学生中进行了问卷调查。参与问卷的总共72人，其中参加2023年比赛的有51人，约占70.83%。而这72人中获得市级奖项的约占87.5%，获得区级奖项的约占5.56%，获得校级奖项的约占2.78%，没有获得任何奖项的约占4.16%。

问卷结果显示，统一阅读书单里的任何一本书（统计时将古诗文、报纸也视为一本书），都有学生喜欢。《安徒生童话》最受欢迎，约占62.5%，排第二位的是《格林童话》约占58.33%，第三是《中国寓言故事》约占56.94%。《雷锋的故事》约占45.83%，《陈嘉庚：华侨之光》约占29.17%，《十万个为什么》约占38.89%，《昆虫记》约占33.33%。喜欢"优秀诗文背诵推荐篇目1~30首"的最少，约占2.78%。

其中"你觉得最难读懂的书是什么？"排首位的是《寄小读者》，约占41.67%，第二位是《厦门日报》约占40.28%。《昆虫记》约占31.94%，《陈嘉庚：华侨之光》约占29.17%，《十万个为什么》约占22.22%，《稻草人》约占16.67%。

在"学生参加市级比赛时介绍的一本书是什么？"选择介绍《雷锋的故事》的学生最多，约占23%；第二位是选择《安徒生童话》和《陈嘉庚：华侨之光》，占比约为15.4%；第三位是选择《稻草人》，约占13.4%；《中国寓言故事》《伊索寓言》《十万个为什么》约8%；还有约4%的学生选《昆虫记》，约4%的学生选《寄小读者》，约1.9%的学生选《格林童话》。

从以上数据可以发现，学生喜欢某一本书最主要的原因是故事性和难易程度。学生喜欢了，不觉得困难了，他就有信心与他人交流读后感受。当然在比赛场合，也有学生选择比较难懂的书或不那么喜欢的书进行介绍，或许是为了不与他人"撞车"，这属于比赛策略的选择。不管怎样，这份问卷结果都提示我们,给学生提供书单时应注意学生阅读接受水平、该年龄段的阅读喜好。

尽管教师的教育心血未必能被学生全然领悟,但为了引领他们跨越成长的阶梯,教师依然需要深化其指导力度,特别是在面对诸如《厦门日报》《昆虫记》《陈嘉庚:华侨之光》《十万个为什么》《稻草人》等难懂的书时,更应耐心引导,确保每位学生都能在知识的海洋中扬帆远航,茁壮成长。

第四章

"适·度"阅读的基本路径

整本书阅读为什么难以落实？其实施突破口又在哪里？首先，通过阐释整本书阅读的全过程，包括基础阅读、要点导读、精彩分享、成果展示四个阶段，旨在引导一线教师科学、系统地认识整本书阅读中学生思维发生的流变，从而改变无目的、无序指导所带来的低效。其次，通过举例进一步说明不同书目类型的特点及其阅读指导定位、方式路径，引导一线教师提升阅读指导的有效性。最后，通过介绍八大阅读策略的内涵与使用要点，明确"适·度"阅读中方法、策略的合理使用，助力学生建构文本意义，使整本书阅读真正拥有温度、宽度和深度。

第一节 重视整本书阅读全过程

整本书阅读只有重视全过程指导，才能帮助学生克服阅读的困难，才能让学生有坚持阅读的信心，才能挖掘出图书的真正趣味，激发学生阅读兴趣。周益民老师将整本书阅读划分为自然意义的整本书阅读和课程意义的整本书阅读两类。而整本书阅读基本路径是基于课程意义上的整本书阅读，学生从课堂所学得的整本书阅读方法和经验，将有利于他迁移到自然意义的整本书阅读中去。

《如何阅读一本书》的作者认为阅读有四个层次：一是基础阅读，弄明白书中每个字、每个句子在说什么；二是检视阅读，在一定的时间之内，抓出一本书的重点；三是分析阅读，阅读者要对自己所读的东西提出许多系统的问题，追寻理解，不断地咀嚼消化，直至这本书成为他自己的知识；四是主题阅读，也叫比较阅读，阅读者会读很多书，并能架构出一个可能在哪一本书里都没提过的主题分析。这四个层次中任一高层级阅读都包含低层级的阅读。这四个层次是阅读者个体阅读一本书时要经历的全过程，正如阅读单篇课文时，一般也要经历"初读感知—精读赏析—整体领悟—拓展阅读"这样的过程。[①]

从教师指导的角度，教师作为学生阅读的指导者、协助者，应充分认识个体阅读的全过程，然后有针对性地协助学生完成。因此，根据实际，我们提出整本书阅读指导的基本流程，即基础阅读—要点导读—精彩分享—成果展示。基础阅读就是完成《如何阅读一本书》中所提的第一层次和第二层次，通过书名、目录、书中要点及前言后记等内容大致掌握图书主要内容。要点导读就是教师选取图书主要内容或主旨要点，引领学生深入阅读，获得感悟。精彩分享就是教师引导学生将自己的阅读收获以合适的方式和同伴交流，互相启发，加深理解。要点导读和精彩分享试图让学生完成《如何阅读一本书》中所提的第三层次。成果展示其实也是一种分享，是一种比较成熟、完整的分享。同时，此阶段也讲究成果展示的方式与媒介，是"精彩分享"的进一步。儿童整本书阅读不追求达到《如何阅读一本书》中所提的第四层次，但也不排斥给学生留足发展空间。

[①] 艾德勒,范多伦.如何阅读一本书[M].郝明义,朱衣,译.北京:商务印书馆,2004:19-21.

一 基础阅读

由于整本书篇幅较长，儿童完成阅读需要花费较长时间，教师一般布置学生课外自己阅读，通过填写阅读记录卡、阅读计划表，或者网络打卡的方式督促学生完成阅读。

阅读记录卡一般包含以下六个要素：阅读日期、图书基本信息（书名、作者）、阅读页码数、阅读时长、阅读感受、家长签名等。（如表4-1）

表4-1 _____年级阅读记录卡

阅读日期	书名、作者	阅读页码数	阅读时长（分钟）	阅读感受	家长签名

阅读记录卡随学段递升而增加要求。低年级一般只需记录阅读页码数和阅读时长。中年级一般要求摘抄好词、好句、好段，并提问题、做批注，写初步感受或对人物、情节等要点进行初步评价。高年级一般要求阶段性写段读后感，旨在及时小结阶段阅读的内容，为后续整本书内容的回顾整理铺垫。一本书一张小报，合订成册集成一套个人专属的阅读记录卡，他人翻阅时也能得到很多启发。如某校小学四年级某班的林同学，在阅读《十万个为什么》和《格林童话》时做的阅读小报很有特色。小报分成三个栏目：一是内容简介，二是阅读感受，三是好词佳句。如《十万个为什么》的阅读感受抄录如下：

有人喜欢扣人心弦的小说，有人喜欢天真烂漫的童话，而我喜欢充满智慧的《十万个为什么》。这本书中包含许多让人费解的生活中的疑问。我最感兴趣的一个问题是为什么蜜蜂蜇人后会死去？原来蜜蜂尾巴上的毒针连着它的毒腺和内脏。如果叮了人，倒钩会钩住人的皮肤，一使劲，就会把内脏拉出来。这样蜜蜂就必死无疑了。世界上有很多没解开的谜题，我们要多读书来解答。

这样的阅读感受很真实，很有价值，能启发自己和他人继续阅读探索。像这样的阅读记录卡，有的称之为阅读存折，也有人称之为阅读导学单或阅读日记等，名称改变但功能不变。

教师应以边读边记录的形式引导学生完成基础阅读，但是实践中，我们却发现学生完成程度不均，自觉程度不同的学生阅读速度存有较大差异，以及学生理解水平不均，有的学生只能囫囵吞枣读个大概，影响后续全班交流活动的开展的情况。因此，在此阶段，需要教师设置更清晰的阶段性目标加以引领，并持之以恒地进行及时交流监督,帮助学生如期完成基础阅读。下面是一些教师的做法。

(一)制作阅读卡、阅读单或阅读手册

厦门市槟榔小学吕珈臻老师利用每周一节的阅读课带领小学三年级学生做阅读记录卡。吕老师让学生用活页纸做记录,每读一本新书,她就让学生在顶格先写上书名、作者,然后随着阅读展开,或画人物关系图、故事情节图;或评价人物特点、情节特点、语言表达等;或提几个问题;或写一段读后感。学生可以在课上写,课外也可继续完成,然后定期展示。吕老师还带领学生们在班级学习园地里画一棵大大的"阅读树",每位学生贴一片属于自己的树叶,每读完一本书就在叶脉上写下书名,等到期末,谁的树叶多,谁读的书就多,就被评为"阅读小明星"。

还有的教师根据不同阶段设计不同的阅读单或阅读手册。如在《鲁滨逊漂流记》初读前,教师用诗一般的导语,或从文本中选取一个生动的场景、几个鲜明的形象,或通过对作者的介绍来激起学生对阅读产生兴趣。

例1:《鲁滨逊漂流记》读前阅读单

这本书的作者笛福被称为"英国现代小说之父",《鲁滨逊漂流记》是他受到一个真实故事的启发而创作的:1704年苏格兰水手赛尔科克在海上与船长发生争吵,被船长遗弃在荒岛上,四年后被救回英国。赛尔科克在荒岛上并没有作出什么值得颂扬的英雄事迹,但笛福塑造的鲁滨逊却成了当时人们心目中的英雄人物,成为欧洲文学史上不朽的文学形象,这究竟是什么原因呢?赶快翻开书本,和鲁滨逊一起去漂流吧![1]

> 同学们,假如你孤身一人流落到一座荒岛上,你会怎么办?如果求救无望,你将怎样开始你的"新生活"?读一读这本书,看看你从鲁滨逊身上能得到什么启发。

阅读中,依任务设置不同的阅读单,比如读中阅读单。

---

[1] 吴建英.引领孩子走进儿童文学的殿堂:谈《阅读手册》课程资源的开发[J].江苏教育,2008(22):13.

例2：《鲁滨逊漂流记》读中阅读单

鲁滨逊的日记和你的日记一样吗？鲁滨逊依靠写日记为自己找到了活下来的勇气，小说中还有哪些地方是关于日记描写的？请一起来读一读，思考自己的日记可以写些什么？（见表4-2）

表4-2 《鲁滨逊漂流记》读中阅读单

日期	鲁滨逊遇到的困难	鲁滨逊采取的解决办法	鲁滨逊得到的结果

学生正式进入阅读后，教师还必须跟进，方式不限，讲求实效为主。如有的教师在布置小学五年级学生共读《西游记》时，每天布置具体、细致的阅读任务。具体从哪一集到哪一集或读至多少页，第二天的课前五分钟，就抽出其中一个部分，让所有学生动笔写一写主要内容或故事梗概。他有时是让学生口头说说所读部分的主要内容，有时让学生出题互相考一考。两周左右，即使整本书还没读完，图书的主要内容也能印在学生脑海里，并激发学生坚持读完。

（二）阅读记录和写日记结合

福建省普通教育研究室教研员黄国才老师提倡，把阅读记录和语文教科书中小学三年级开始要求的写日记结合起来，以"阅读日记"这一方式为阅读思考存证，为精神成长留痕，这种要求并不高，一般学生都能达成。阅读日记写作时，第一行可以遵循日记格式，第二行记录所读图书的基本信息，如书名、作者或译者、出版社和出版时间等。由于这些信息直到读完这本书、进入下一本书的阅读时才会更新，因而同一本书后续的阅读日记就无需再标注此类信息，只要写上与所记内容相关的图书页码即可，这样的标记也是为日后文献调用作准备。基本信息记录后，每篇阅读日记的内容可以自主拟写，无特殊规定。以下是黄老师撰写的一篇阅读日记，抄录如下。

12月18日　　星期日　　晴

《月亮和六便士》　[英]　毛姆著　傅惟慈译　上海译文出版社　2006年版

翻开书读到译本序，便发现了一个惊人的秘密，大开眼界！现原文照抄如下：

"月亮"和"六便士"究竟有什么含义？一般人的解释（我过去也一直这样认为）是：六便士是英国价值最低的银币，代表现实与卑微；而月亮则象征了崇高。两者都是圆形的，都闪闪发光，但本质却完全不同，或许它们就象征着理想与现实吧！但笔者的一位海外好友——也是一位毛姆的研究者——有一次写信来却提出一个鲜为人知的解释。他在信中说："据毛姆说，这本小说的书名带有开玩笑的意味。有一个评论家曾说《人性的枷锁》的主人公（菲力普·嘉里）像很多青年人一样，终日仰慕月亮，却没有看到脚下的六便士银币。毛姆喜欢这个说法，就用《月亮和六便士》，作为下一本小说的书名。"可惜我这位朋友没有告诉我这段文字的出处，我想大概是记载在国外无数毛姆评价中的某一本书吧。①

——《译本序》第3页

以上范例属于将"阅读"与"日记"结合的最基本方式。黄老师认为阅读日记的内容可以是"抄书"（摘抄），可以是"批书"（批注），可以是"改书"（改变情节、改变体裁等），可以是"问书"（提问题），可以是"议书"（议论书中的人物、事件、观点等），可以是"悟书"（联系生活体验或阅读经验，体悟书中的道理，类似读后感一类），可以是"续书"（续写），可以是"反思书"（反思自己读书的方法、态度、习惯等）。

不管哪种形式，关键是记录自己真实的阅读思考和体验，即使是抄，也应有理由，如上文范例中，"发现了一个惊人的秘密，大开眼界！"就是抄录者的真实体会和抄写理由。日记要天天记，或者至少两三天要记一次，随着阅读展开，阅读思考逐渐丰满，整本书的基础阅读也就完成了。

早在1927年，在国内外享有盛誉的教育家、社会活动家、史学家、美术家王森然先生基于六年中学国文教学实践撰写了《中学国文教学概要》，书中提到"学生只有充分自读，才能发现问题，探讨问题，避免游谈无根"。为保证自读效果，王森然先生采取了一系列措施。第一，阅读前确定问题。学生以填表的方式明确阅读本书要解决的具体问题，以任务驱动避免阅读的随意性。教师的核定既便于有针对性地备课和指导，又能引起学生的重视。第二，阅读中有监控。制定《阅书进程表》，让各自填写，一周后交教者评阅，培养自我管理的能力。摘抄、整理，记为读书录，轮收批阅，随时指示读书门径，并检查阅读状况，以检查

---

① 黄国才.阅读日记：为阅读思考存证，为精神成长留痕[J].福建教育，2023(23)：24.

熟悉程度和理解水平。第三，阅读后要有创见。通过"质疑和提出精彩段落"，培养问题意识，提升鉴赏能力和表达能力。[①]

王森然先生的举措已超出基础阅读的层次要求，延伸到要点导读和精彩分享，虽然他的实践是针对中学生的，但他带着问题阅读和过程监控的做法值得我们借鉴，这样的做法能确保基础阅读充分完成。

（三）建立阅读激励机制

基础阅读需要利用课外时间，由学生自主完成，也要经历较长的一段时间，因此，适当的激励机制非常必要。

高林中心小学位于厦门市湖里区东部，毗邻碧波荡漾的五缘湾。这是一所位于城乡接合部的学校，有24个教学班，60%的生源是外来务工人员随迁子女，外来务工人员整天忙于生计，根本顾不上孩子的学习，更不用说课外阅读，只有少数父母在家有阅读报纸或者图书的习惯，有培养学生阅读习惯的意识。所以，学校学生的阅读能力与语言表达能力相对于城区学生来说差距比较大。

高林中心小学面对这样的生源，要达到在小学阶段培养学生养成良好的阅读习惯，阅读量不少于400万字的课标要求，这给学校出了很大的难题。经过多年的摸索与尝试，学校形成了"以读促写、厚积薄发"的阅读指导模式，喊出了"我读书，我快乐"的口号，并积极实践。从2009—2010学年度第二学期开始，学校建立了《高林中心小学关于培养学生阅读习惯的试行办法》，以此为推手，激发学生的阅读兴趣，逐步培养学生的阅读习惯。

具体来说，就是班主任根据学生的阅读表现盖小扬帆章，每天仅限一个，集满十个小扬帆章可到图书馆兑换一个大扬帆章，得到大扬帆章的同学可在之后两周的午读时间凭"扬帆阅读记录本"到图书馆自由阅读或在班级借阅时多借一本书。每学期集满八个大扬帆章的同学可填写本学期阅读情况小结，附上采蜜本参评"阅读之星"。评上"阅读之星"的同学除获得荣誉奖状外，还可获赠一枚"阅读之星"奖章。学校每学期将颁发一种颜色的奖章，集满四枚不同颜色奖章的同学可晋级为"阅读小硕士"，获银色奖章和相应奖品一份（一本书）。集齐

[①] 张志强.王森然整本书阅读教学实践及其示范价值[J].语文建设，2023(3):57.

两枚"阅读小硕士"的同学可晋级为"阅读小博士",获金色奖章和相应奖品一份(两本书)。有了这样的阶梯奖励推进,学生们不仅午读时间认真阅读,平时下课,也常常看到学生们手捧图书认真阅读。

高林中心小学通过阅读激励机制营造了全校整体、持续的读书氛围,构建了爱书、读书、奖书的良性循环模式,培养了学生的阅读习惯。

(四)提供思维可视化工具

阅读思维可视化工具主要是帮助学生梳理整本书内容脉络,包括人物关系、情节发展路线,还有易被忽视的问题链条等。学生在自由选用阅读思维可视化工具时,能充分发挥个人主动性,保持阅读兴趣。运用阅读思维可视化工具还可以帮助教师快速了解学生的基础阅读情况。

在实践中,我们将阅读思维可视化工具简称为学习地图,根据不同目的选用不同类型的学习地图形式。目前,我们以吕珈臻老师为主的研究团队开发的学习地图主要有五种。

1.并列式学习地图

并列式学习地图,能帮助学生阅读整本书时初步厘清主要人物有哪些,主要内容是什么。

(1)气泡图(见图4-1)

气泡图用于描述事物性质和特征,可帮助学生学习知识、描述事物。围绕中心词的各个部分是并列关系。用气泡图描述书中关键人物的性格特征、描述书中人物关系等都非常直观、便捷。

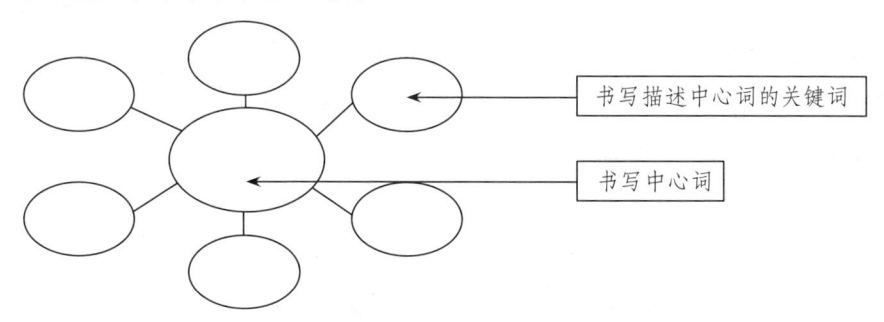

图4-1 气泡图

(2)圆圈图(见图4-2)

圆圈图与气泡图有类似,小圆圈记录中心词,大圆圈记录与中心词有关的信息。

图4-2　圆圈图

2.承接式学习地图

承接式学习地图帮助学生弄清先后顺序,明白层层推进的关系,阅读整本书时,可以边读边填写这种学习地图,初步梳理故事情节或人物表现变化。承接式学习地图分为火车图和情节梯。

(1)火车图(见图4-3)

小学语文教科书中有很多课文呈板块分布,内容清晰明了。小学阶段阅读的整本书故事情节也较简单,火车流程图就适合体现这种故事情节发展的关系。

图4-3　火车图

(2)情节梯(见图4-4)

写人记事的课文和故事,情感变化线是贯穿课文始终的明线或暗线,变化式学习地图能帮助学生厘清情感变化,透析变化的原因,能较清楚地把握文章主要内容及主旨。情节梯运用几种色块、几根线条,把看不见的心情"视觉化",清楚表达作者情感变化过程。

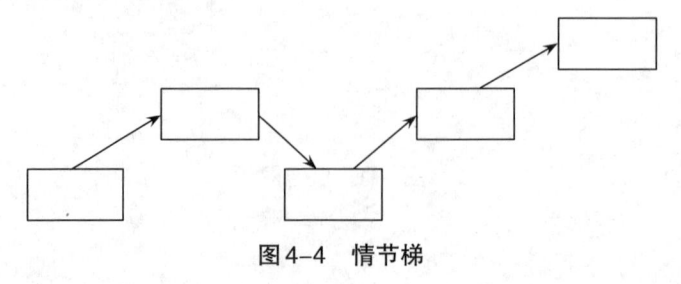

图4-4　情节梯

3.对比式学习地图——维恩图(见图4-5)

对比式学习地图帮助学生对两个事物作比较和对照,找到它们的差别和共同点。对比式学习地图又名维恩图或范氏图,图中两个圈表示子集合,中间的集合就是共同兼具的内容,两边则表现不同点。这种地图适合表达人物间的对比、情节间的对比、故事内容的对比等。这种对比在要点导读中更会被学生关注到,基础阅读时,可引导学生借此先提出疑问或自己的看法,留待要点导读时解决。

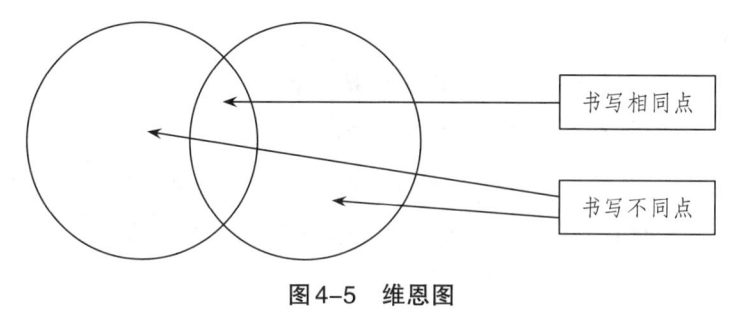

图4-5 维恩图

4.分类式学习地图

分类式学习地图主要用于分组或分类,分为树状图和括号图。

(1)树状图(见图4-6)

树状图能够清晰展示主题、一级类别、二级类别等等,帮助学生整理归纳核心知识。

图4-6 树状图

(2)括号图(见图4-7)

括号图利用括号将相关主题的内容进行层级的分类,结构明晰,便于梳理知识体系。

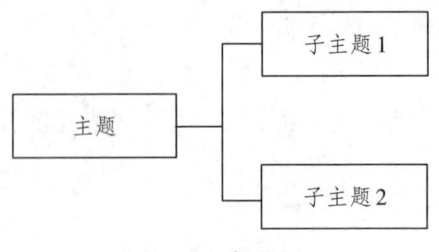

图4-7 括号图

5.归纳式学习地图——鱼骨图(见图4-8)

鱼骨图由日本管理学大师石川馨发明,又称为石川图或因果图。在具体应用中,可以根据使用目的进一步分为整理问题型鱼骨图、原因型鱼骨图和对策型鱼骨图。

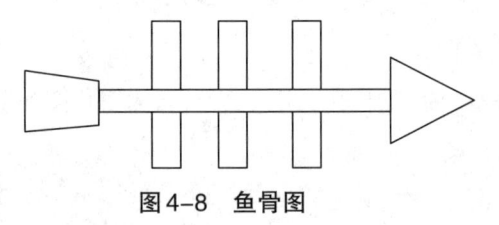

图4-8 鱼骨图

分类式学习地图和归纳式学习地图特别适合学生梳理整本书主要内容或阅读收获。当然,学生可以先局部梳理,随着阅读进程展开再逐渐完善。这两种学习地图也可以在使用气泡图、情节梯的基础上做进一步梳理时运用。

这五种学习地图的基本模式,并不是一成不变的,学生可以根据自己的需要不断创新。教师还可以鼓励学生在学习完每一种模式后自主创新,根据文本的内容、特点,加上图画和颜色,创造"蝴蝶式""荷花式""火车式"等形式的学习地图,让学习地图变成一幅幅美丽的图画,进一步激发探究的欲望,激活学生结构性思维。

(五)思维可视化工具的具体应用

《哈利·波特与魔法石》中的许多人物不是单一、扁平的。利用气泡图指导学生感受同一人物的多面性。(见图4-9)

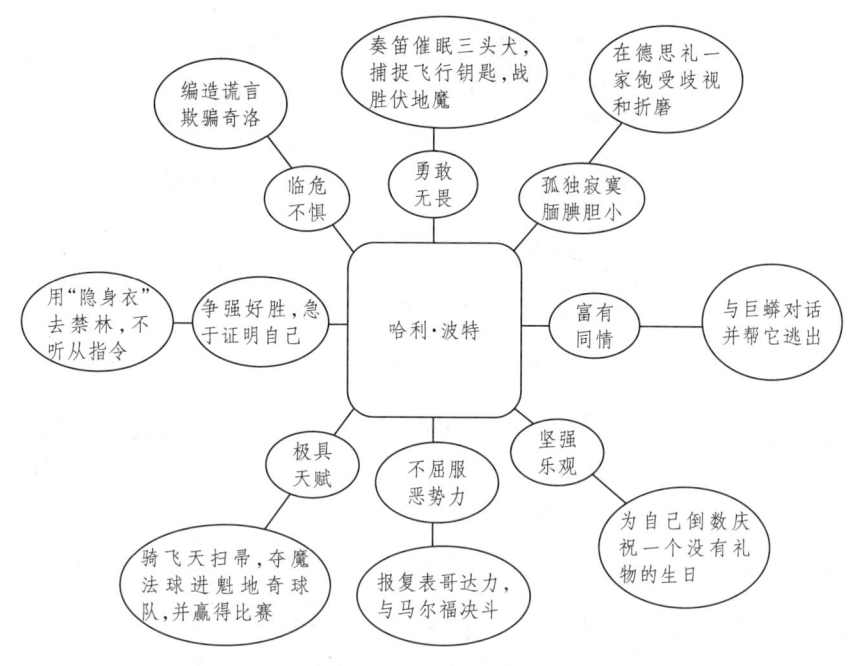

图4-9 《哈利·波特与魔法石》人物特点图谱

《哈利·波特与魔法石》书中人物众多,但每个人物的性格特点都是独一无二的。这时就可以运用"双重气泡图"的方法。通过比较分析来加深学生对人物形象的理解,在不同人物的对比之中发现每个人物的特点。(见图4-10)

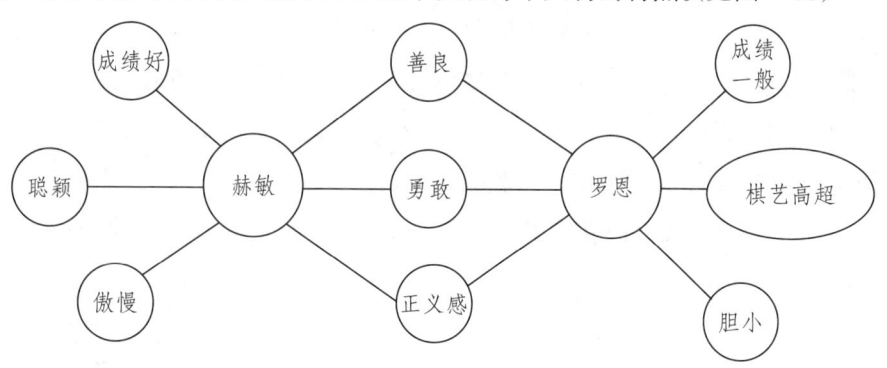

图4-10 《哈利·波特与魔法石》人物对比图

《哈利·波特与魔法石》书中,主人公哈利·波特生活在一个麻瓜世界与魔法世界并存的魔幻世界里。这两个世界相互独立,但又有着千丝万缕的联系。教师可以抓住书中对叙事场景的描写,引导学生利用"维恩图"将两个世界进行对比。(见图4-11)

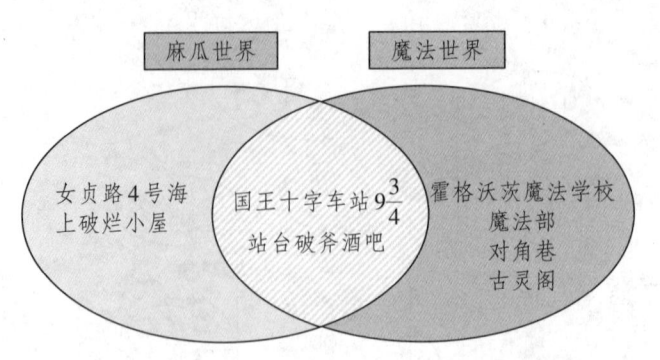

图4-11 《哈利·波特与魔法石》不同世界对比图

各种思维导图的运用如今已成为厦门市小学生完成基础阅读的必备工具。在《关于小学生语文阅读比赛书目的问卷调查》中有一题问及："帮助你读懂一本书最有效的办法是什么？请举一个例子简要说明。"除了反复多读几遍，批注思考之外，学生认为最有效的办法就是思维图法。比如在阅读《陈嘉庚:华侨之光》这本书时，有学生会用时间轴思维图法来记录书本内容，帮助自己快速地理解阅读，以及进行内容梳理和记忆。当然，基础阅读中不能要求学生将思维图画得很完整、很精确，应引导他们在后续阅读交流中不断修正。

作者以及出版社为了帮助读者读懂或喜欢上某本书，常在封面、封底、前言、后记以及扉页、腰封等处介绍图书的主要内容、主要特色及价值，有的甚至还提示阅读方法、精彩部分。这些资料对帮助学生完成基础阅读有明显的作用，但我们不应止步于此，应指导学生利用这些资料快速进入文本，验证整本书的真实面貌。将资料视为"骨架"，将作品视为"血肉"；或将资料视为"导游"，将作品视为"风景"，二者相结合，才能品出阅读的趣味。

基础阅读是一个耗时费力的工程，教师可以借助一些技术手段协助了解学生的阅读动态，及时表扬优秀的学生，鼓励暂时落后的学生，同时了解学生阅读的兴趣点和困难点。如借助企业微信平台可以了解每位学生每天参与阅读的时长、阅读量，以及通过简单答题了解阅读质量。暑期阅读时，教师可以引导学生使用超星阅读平台，通过学生的答题通关情况了解其阅读参与和浅层理解情况。

二 要点导读

要点导读,顾名思义即选择主要的内容指导学生阅读,使之破解阅读障碍,获得感悟。

(一)以主要内容、主要特色为要点

课题组阮宇航老师早些年曾经听过一节小学一年级的校本阅读课《母鸡萝丝去散步》,课堂上的几个镜头引起了她的关注。

镜头一:上课伊始,教师出示绘本实物,然后指着封面提问:"同学们,谁来说说书写'母'字要注意什么?"学生答:"要注意横折钩要写到下面,和竖折有交叉。"教师点头感到满意,接着在黑板上预备好的田字格小磁板上板书"母"字,边板书边让学生唱笔画,并提示笔画顺序不要错误。接着,教师出示生字卡片"萝",提问:"你们有什么好办法可以记住'萝'这个字?"学生答:"这个字就是胡萝卜的'萝'。"又有同学答:"我妈妈姓罗,在她的姓上面加草字头,就是'萝'。"教师对学生的表现感到非常满意。

镜头二:教学《母鸡萝丝去散步》的"母鸡萝丝走过院子"时,教师首先提示学生:"学习绘本要学会猜。"(板书'猜')接着,教师翻开"母鸡萝丝走过院子"这一页,指着"院子"两个字让学生齐读三遍。然后提问:"你们觉得狐狸会扑过来吗?它会吃掉母鸡萝丝吗?"学生对教师的提问有的愣了一下,有的对提问兴趣不大,有的转头和同学小声议论,个别学生举手准备发言。教师感觉课堂气氛不够热烈,课堂有点"散",于是提高声调又重复了一遍问题。可是学生的积极性仍然没有被调动起来,只有零零落落的几个学生想要发言。

镜头三:教学"母鸡萝丝绕过池塘"时,教师在"绕过"两个字上加强了语气。接着提问:"'绕过'这个词用得好吗?能不能说'绕过院子'?"学生摇头表示不能。教师接着说:"作者在写故事的时候是很注意动词的使用,刚才我们说的'绕过''走过'就用得很准确。等下我们继续讲故事的时候,大家要注意作者是怎么用动词的。"

这堂课,教师的主要问题就在于把校本阅读课上成了语文课。一节短短的阅读课,教师念念不忘语言文字的训练,学生又要认字、又要读词、又要写字、又要品读词语,阅读附加的任务太多,以至于冲淡了本来应该达到的目标。学生的阅读兴趣被这些识字、写字、造句、仿说等等任务给削弱,反而对文本疏离了。

尽管教师调动了课堂管理手段，可是学生依然不买账，懒洋洋地应付了事，没有感受到文本带来的乐趣，阅读的积极性较为低弱，教师上起课来也是兴味索然。

整本书阅读中，尤其是绘本阅读，在图文结合的帮助下，学生基本能读懂故事大意，只是无法体会完整故事的内涵与趣味。因此要点导读要重在图书主要内容、主要特色、主要价值上。识字学词这些只是旁枝末节，不必置于首要位置。我们还是以绘本《母鸡萝丝去散步》为例。

《母鸡萝丝去散步》这个绘本为我们讲述了一只又憨又傻的母鸡萝丝在庄园里散步的故事。她半眯着眼，踱着不紧不慢的步子，穿过院子，绕过池塘，越过干草堆，经过磨坊，穿过篱笆，钻过蜂房……却完全不知道，身后跟着一只对它垂涎三尺的狐狸，上蹿下跳的狐狸与气定神闲的萝丝，倒霉的猎食者与幸运的猎物，简单的文字与充满喜剧效果的图画，种种对比之下，成就了这一本经典之作。但是，这本书并没有讲什么深奥的人生道理，作者只是想为小朋友们讲述一个"幸运的弱者"和"倒霉的强者"之间的故事。从小朋友的角度来说，他们在体型和心理上也和母鸡萝丝一样，与成人相比处于劣势。那么，孩子们何尝不希望生活来点剧情的变化，让"强者"也"倒霉"一把？

教师在进行阅读教学时要把握这本绘本的三个特点：第一，如上所说的多重对比之下产生的喜剧效果；第二，文字叙述与图画紧密结合进行叙事，在这本书里，如果单单从文字上看，是无法感受到故事的精彩的，但是，文字加上精彩的图画就值得花时间去慢慢赏读；第三，叙事上的平行结构，母鸡萝丝每次悠然自得地散步，狐狸往前扑的一瞬间，总有各种意外发生，弱者意外地受到了保护，强者灰头土脸甚至于抱头鼠窜。因此，绘本中的图和文是互相补充完成叙述的关系，教师切不可以只简单地把文字念出来就算完成了任务，要指导学生认真观察图画，把画上的信息内化为自己的语言，和书上的文字一起共同讲述完整的故事。

教师的导读重点就是图文互补、图文结合。如，教师在开始教学正文的时候可以提问："仔细观察画面，看看绘图者画出了哪些这一页的文字没有讲出来的内容？"学生经过提示，开始认真观察画面，发现图上有一只狡猾的狐狸，躲在母鸡萝丝的后面对它垂涎三尺，那样子好像随时都会往前一扑，把母鸡叼走呢！可是母鸡萝丝一点都不知道，头也没回，一直踱着步子经过院子。它半眯着眼睛，好像还挺悠闲的。像这样，学生将画面的叙述和文字的叙述通过语言内化结合起来，就能够抓住这个故事的重点了。

不同的图书,导读的侧重点有所不同。一般来说,绘本的封面、封底、扉页都很有讲究,很有意思,能令小学生一拿到书就不忍释手。此时,封面、封底、扉页就可以成为导读的内容和出发点。有的绘本插画的材料、技法很特别,如《云朵面包》用各种纸张制作的人偶、人偶身上的布片衣,以及利用日常废旧用品搭建的实景,温暖的灯光设计都以独特的亲切感和温情打动着读者。它不像布艺画、树皮画那样用一两种、两三种材料拼贴而成,而是用了许许多多不同的东西做成拼贴,然后加工成一幅插画。总之,抓住这本书最大的特点,就能产生最佳的导读效果。

(二)以学生困难处为要点

导读的关键点不应完全依赖于教师探寻,学生同样拥有敏锐的洞察力。他们自行捕捉到的精彩之处,以及在学习过程中遇到的困惑与挑战,实际上构成了导读过程中不可或缺的重要元素。

厦门实验中学小学部三年级的学生在阅读《稻草人》《安徒生童话》《格林童话》《伊索寓言》《中国古代寓言》《雷锋的故事》《陈嘉庚:华侨之光》等书时,提出了很多很好的问题。如针对《稻草人》中的故事《一粒种子》,"这篇文章我不太明白为什么前面商人、国王、富人都细心地照顾这粒种子,而种子却一直没有发芽,但是最后一个农民,他就按正常的方式对待它。为什么却发芽开花了?"这样的问题粗看是关于文章内容的理解,仔细思考之后,发现这是关乎文章主旨内涵的。还有学生问"《稻草人》象征着什么呢? 他与现实中的事物有什么关联?《稻草人》表达了叶圣陶先生对当时的社会环境的一种怎样的感情呢?"还有学生关注到文体特征,关注到叶圣陶童话故事的时代特色,比如问"《稻草人》里的故事都是编造出来的,但故事里却没有像西方童话里的王宫、树林和幸福的王子、美丽的公主还有魔法,讲的却是一些悲伤却富有哲理的故事,那这本书到底是不是童话呢?"

"《安徒生童话》里的《海的女儿》在别的版本里为什么又叫作《人鱼公主》或者《小美人鱼》呢? 这有什么含义?"你看,这就涉及翻译的问题。

"《克雷洛夫寓言》和《伊索寓言》里面有一些寓言的故事情节是重复的,那为什么要分开编著呢?"这些问题涉及寓言故事的起源与发展。

"《雷锋的故事》写的为什么都是雷锋做好事呢? 为什么没怎么介绍他的日常生活呢?"这些问题涉及人物传记的写作问题。

"《福尔摩斯探案集》中的主人公福尔摩斯工作那么忙,他还能通过学习变得博学而多才多艺,我们小学生如何才能做到这么高效?"这是把书与自我成长相联系的问题。

在一线教学中,我们往往把导读作为一种课型,只把学生初次接触或阅读某本书之前所做的引导称为"导读课",学生进入阅读后的指导称为推进课,阅读完成后称为展示课或交流课。导读课的基本环节是:"激趣导入—读故事梗概—读目录—读精彩片段"等,旨在激发学生的阅读欲望。推进课主要采用"阅读思考单""画学习地图"的形式,教给学生一些阅读的方法,如"画情节图"厘清故事线索、"画人物关系图"厘清人物关系、"制作人物档案""画人物名片"把握主要人物特点等方式,引导学生不断深入阅读。展示课或交流课采用话题设计的形式,引导学生通过话题的讨论交流,升华情感,提高能力。

从课型的角度,这样设计导读是可以理解的。但若从学生阅读需要的角度,从学生阅读进程真实发展的角度看,导读应基于学生的疑问,师生合作,从阅读开始到阅读结束,根据不同阶段产生的不同难点进行有针对性的指导,指导的方式也可以多样,指导的课可以多个课时,多种样态。真正把"导"落实到位,而不是单纯用"推进课"代替"导读课",一味地"推",忘了根本的"导",损失的是学生阅读的宽度和深度。

《安徒生童话》是学生接触最多的故事,统编语文教科书小学三年级上册第三单元的"快乐读书吧"专门安排了这本书的阅读,主要目标是了解故事人物,体会童话王国的奇妙,阅读方法是发挥想象和角色沉浸。厦门市音乐学校阮宇航老师在解读教材和学情后,做了一次导读设计。(详见附录一)

阮宇航老师的导读聚焦了学生的阅读困难,如梳理长篇幅的主要内容,童话故事阅读的图像化策略等,引导学生勇于开启安徒生原作品的阅读之旅。同时留了一点悬念,把故事中的变与不变,和作者安徒生的经历联系起来,激发学生新的阅读期待。其实,若从整本书的角度看,《丑小鸭》和单元课文《卖火柴的小女孩》都是安徒生童话的经典,代表了安徒生童话的一类风格,单篇作品的阅读可以帮助学生阅读其他作品,从而对安徒生童话留下印象。大部分学生在幼儿园时期就接触过安徒生童话作品,包括动画片和音视频故事,并不完全陌生。因此,每一次的导读必须聚焦一个重点问题。

(三)以整体性为要点

要点导读还应关注一个关键点——顾及整本书的整体性。整体性是单篇与整本书最大的区别所在,也是小学生最难以顾及的。短篇合集作品的整本书阅读教学尤其需要有意识地关注,并体现整本书的共性。比如,教师在教学《格林童话》时,就有必要引导学生发现格林兄弟在搜集整理民间童话共有的艺术表现形式。卡尔维诺在评论《格林童话》时说:"凡是出现了恶魔的故事,我们会发现总是有人和他订立条约;我们还会看到,在童话的世界里,与传说故事不一样的是,恶魔的条约总是会导致坏蛋的失败。"[1]

同样,在不同节选版本的《安徒生童话》中总会出现那几个经典故事,比如《丑小鸭》《野天鹅》《海的女儿》《卖火柴的小女孩》《拇指姑娘》《皇帝的新装》等。这些单篇之间有什么相同点和不同点?安徒生写这些故事要告诉人们什么?当教师有意识地将不同故事进行关联指导阅读时,学生就能对安徒生童话留下整体印象:人物总是向往美好,不懈追求;写作风格是有大量描写,像诗歌一样优美;作者的想象丰富,情节曲折吸引人。

因写作时间段不同,叶圣陶在创作童话集《稻草人》的过程中观念发生了改变,导致前后作品在内容和风格上都有重大变化。教师在指导阅读时就可以带领学生去发现它们的差异,从而加深对作品的理解。

学生面对整本书丰富、复杂的信息时,必须进行处理、分析、整合,在此基础之上,才能建构出有意义的整本书结构。若要分析作品的结构,就必然要看到它的整体。采用整体性阅读方法阅读整本书,可以将对故事结构的分析与对作品的主题、人物形象等的理解有机结合起来。比如《汤姆·索亚历险记》,汤姆·索亚的历险过程也是他的成长过程,小说的故事情节一波三折,结构复杂,阅读时可以通过导读梳理使之变得清晰。

学生在阅读时往往无法自觉顾及图书的整体性,这就需要教师有意识地以任务为驱动,以问题为指引。如怀特的《夏洛的网》,其主题是威尔伯与夏洛生死相依、一诺千金的友情,而这样的友情正浓缩在结尾的这段话里。教师可用纲举目张法,从这本书结尾处的一段话切入,引导学生思考作品的主题。

---

[1] 卡尔维诺.论童话[M].黄丽媛,译.南京:译林出版社,2018:105.

整个冬天,威尔伯看守着夏洛的子囊,好像保护他自己的孩子一般。他特地在牛粪堆里,靠近栏杆的地方,为那小包挖了个坑。在寒夜,他就躺着,使自己的呼吸,正好温暖它。对威尔伯来说,生命中没有比这个小圆包更重要的东西了。其他一切都无关紧要。他耐着性子,等待冬天结束,期待小蜘蛛的出现。

针对结尾这段话,教师可提出以下问题引导学生思考:"为什么本来很贪吃的威尔伯为了呵护夏洛的子囊宁肯自己吃得少、吃得不好?"这样,学生在深入思考主题的时候就必然要对《夏洛的网》进行整体回溯和梳理,自然就产生了纲举目张的效果。

三 精彩分享

"精彩分享"的关键词是分享,即学生将自己的阅读收获以适合的方式和同伴交流,互相启发,加深理解。分享的主体是学生,当然也可以是教师,教师作为平等的一员加入学生分享的行列里。而精彩,并不是严格意义上理解到达了一定的高度和深度,而是学生自己认为有启发、有触动、有意思的阅读感受。

如果说前面的基础阅读、要点导读对学生而言主要还是处于输入阶段的话,那么到了本阶段,就要求学生进行输出了,整本书阅读的效果评价也就可以开始启动了。为此,我们提出了"交流即评价"的做法[1],通过评价意识的渗透,评价行为的介入,引导学生提升整体阅读质量。

(一)"交流即评价"的内涵与价值

交流,顾名思义即与他人交换各自的想法、意见等。阅读是一项极具个性的学习活动,内隐性非常强,交流可以将内隐的个人的思考所得外显,传递给他人,或接收、或欣赏、或评判,他人的态度反映及自身的反思就是一种评价。因此,在儿童整本书阅读中积极创设交流的机会与平台,在交流中观察、记录、分析儿童的阅读行为、阅读表现,可视为一种既朴素又有效的阅读评价。

---

[1] 邵巧治."交流即评价":"整本书阅读"评价路径转向[J].福建教育,2024(10):34.

第四章 "适·度"阅读的基本路径

"交流即评价"的理念在《2011年版课标》中就已经非常鲜明。表现为以"课外阅读"之名统摄"整本书阅读",在"实施建议"部分对阅读教学时提出:"要重视培养学生广泛的阅读兴趣,扩大阅读面,增加阅读量,提高阅读品位。提倡少做题,多读书,好读书,读好书,读整本的书。关注学生通过多种媒介的阅读,鼓励学生自主选择优秀的阅读材料。"在"评价建议"部分对阅读教学时提出:"要通过小组和班级交流、学习成果展示等方式,了解学生的阅读量和阅读面,进而考察其阅读的兴趣、习惯、品位、方法和能力"。《2022年版课标》则进一步明确这一评价指向,并有所细化,如提出,"根据阅读目的和兴趣选择合适的图书,制订阅读计划,综合运用多种方法阅读整本书;借助多种方式分享阅读心得,交流研讨阅读中的问题,积累整本书阅读经验,养成良好阅读习惯,提高整体认知能力,丰富精神世界"。

英国儿童文学家、儿童阅读推广人艾登·钱伯斯在《说来听听:儿童、阅读与讨论》一书中援引班上一位8岁孩子莎拉的发言,指出:除非我们将读过的书拿出来讨论,否则我们无法真正明白自己对一本书的看法。在艾登·钱伯斯看来,儿童就是天生的评论家。他认为儿童的阅读讨论可分为三种:一是分享热情,将彼此对图书的喜欢或不满之处拿出来分享,点燃继续阅读的热情;二是分享困惑,在分享并解决阅读中所遇到的困惑时,发掘出这段文字对自己而言有什么意义;三是分享关联性,通过对自己过往生活和阅读过的作品的记忆,发现书中各类元素的关联性,把握其中的叙述模式,建构文本世界。[①]

美国哲学家加雷斯·皮·马修斯认为,儿童是天生的哲学家,成人要与儿童平等对话,欣赏儿童,尊重儿童。儿童可能没有成人的丰富信息和老道的语言能力,但是他们的想象力、他们的困惑和发现意识,他们对不和谐、不恰当的敏感,他们认识事物的急切热望,都特别有利于哲学思考。通过阅读交流讨论,将儿童的这些敏感、热望表达出来,非常有利于他们的后续发展。

反观当下的语文教学,我们不难发现学生更希望教师帮助他们说清楚自己要表达的事情,而不是替他们发言。陈述一部作品的意义就是交代自己阅读感触的过程。因此,在"整本书阅读"中,交流讨论是最鲜活、最有效的办法,它能直接引导学生弄清自己对一本书的看法,建构属于自己的精神世界。当学生的阅读动力被激发,进入良性的阅读循环,那么,良好的阅读习

[①] 钱伯斯.说来听听:儿童、阅读与讨论[M].蔡宜容,译.北京:北京联合出版公司,2016:10-16.

惯、宽广的阅读面、不断增加的阅读量、高水平的认知能力的形成就指日可待了。

细读《2022年版课标》关于"整本书阅读"的相关表述,我们可以发现一些意思相近的词汇反复出现,带有特别的意味,如"喜欢"与"快乐""感兴趣";"自己喜欢的"与"自己获得的启示""自己感受到的""自己整本书阅读的经历、体会和阅读方法""独到见解""自己的阅读理解""自己擅长的方式";"分享"与"交流""研讨";"朗诵"与"讲述""评析""推荐""表演"。这些用词非常清晰地肯定学生在"整本书阅读"中的主体地位,强调交流讨论在整本书阅读活动中的主导形式,同时也指明了交流讨论的内容与结果表现。

于是,我尝试将《2011年版课标》《2022年版课标》和艾登·钱伯斯、加雷斯·皮·马修斯的观点结合起来,发现蕴含于阅读交流讨论中的评价关键指标竟出奇地一致和简单——阅读兴趣和自己的阅读发现。"整本书阅读"评价的功能主要在于诊断、反馈与改进,而非甄别、选拔。因此,秉持"为了阅读的评价"立场,把评价嵌入交流讨论之中,以"交流即评价"理念指导整本书阅读活动的开展,完全符合阅读规律和儿童身心特点。

(二)"交流即评价"的实践方式

艾登·钱伯斯认为,"说来听听"的阅读讨论和闲话家常一样,没有严谨的架构组织,也不是全面性论述。它不需要特定的发问程序,也没有打算追究出精确的答案。阅读讨论就是表达被文本激发的想法和热情——作者发布了精心制作的信息密码,读者就以自得其乐的方式解说个中奥秘。这一观点似乎不符合评价应有的科学严谨,但他始终强调:"阅读讨论中的只字片语都弥足珍贵,插科打诨也是。这些笑料有时往往出人意料地将我们带入问题的核心,别低估了笑话的作用。"因此,艾登·钱伯斯总是鼓励儿童大声说出自己对文本已经了解的部分,要求指导者不要急于发表"成人的见解",而是注重观察一本书能被儿童讨论到什么程度。

受此启发,我们认为在"整本书阅读"过程性评价中,教师必须思考选择什么评价工具、采用什么评价方法、评价主体是谁,以及定性评价与定量评价的综合使用问题。《2011年版课标》在"评价建议"中提到,"要坚持定性评价和定量评价相结合,全面反映学生语文学习的状态及水平。评价方法除了纸笔测试以外,还有平时的行为观察与记录、问卷调查、面谈讨论等各种方法",在此基础上,我们结合实践经验,进一步总结出以下几种行之有效的方式。

1.有声交流

有声交流包括朗读、讲述、推荐、表演等。低年级多选择优美的童诗或童话故事、儿童绘本作为阅读材料。教师可鼓励学生通过朗读的方式来表达自己的理解或情感体验。比如,绘本《猜猜我有多爱你》后面部分的文字非常唯美,插画也温馨感人。

大兔子把小兔子放到用叶子铺成的床上。他低下头来,亲了亲小兔子,对他说晚安。然后他躺在小兔子的身边,微笑着轻声地说:"我爱你一直到月亮那里,再从月亮上回到这里来。"

类似这样的语段,让学生个别读、合作读,或师生分角色读,效果都很好。此时的评价重点在于观察学生是否积极参与,教师可以列表统计参与人数。定性评价以宽松为主,不要求朗读的情感表现技巧。教师可用语言引导,暗示评价:小兔子,你安心地睡着了吗?大兔子,你把小兔子哄好了吗?一学期观测结束,教师就可以统计出参与交流的人次,区别出不同学生参与的积极性高低,以及学生交流的质量,教师依此给予不同的奖励。

随着年级升高,整本书的内容变丰富、复杂,故事讲述、课本剧表演的交流形式可以增加。定性评价与定量评价可以进一步综合运用,评价重点也逐步转移到交流中的"独到见解""独特表现"。比如,一位小学六年级学生在短剧表演中朗诵安妮救治邻居患喉头病的小孩片段(《绿山墙的安妮》)。学生的独特选材令人惊讶,因为这个片段与安妮奇特的想象相比,似乎并不那么经典,但学生的神情与声音令我们发现这个安妮已不是一个只会搞古怪做法的野丫头,她已经在长大的路上了,这显然是为后文安妮的勇敢、负责埋下伏笔。可见,学生读懂了这本书,读懂了这个人物的发展。而在学生的朗读声中,表达者和聆听者已经完成了一次交流。

2."无声"交流

课堂时间不足是制约"整本书阅读"的重要因素,因此,有声交流的实践无法经常开展,更无法顾及全体学生。面对这样的情况,"无声"交流就显得尤为重要。阅读日记、读书笔记等形式在近几年一直得到提倡。不管记载的内容是摘抄好词好句这种简单的要求,还是书写学生自己的阅读感受这种有点难度的要求;不管记载的形式是最普通的笔记本,还是有点花样的手抄报,其中最为关键的是要改变日记或读书笔记的批改方式,或者说交流方式,把日记或读书笔记这种书面的交流由"无声"变为"有声"。这其实是要求学生在记载时应有一定的对象意识,可以是自己,也可以是同伴、教师或是其他人。教师同样可以变换不同的角色视角,积极参与到学生阅读日记或读书笔记的阅读交流中,增加个性化批语。每个人都是评论家,学生的阅读日记或读书笔记就变成师生交流读书心得的"无声"场地。

比如,学生读完《绿山墙的安妮》的第一章,在读书笔记上抄写了一些好词好句,却没有写出自己的感受,教师就批注:"你选的第二句,我也很喜欢。通过对小溪的描写,让我感觉到了连小溪都畏惧林德太太,说明她是个很厉害的人。"这样的批语既没有损伤学生的自尊心,又能以教师的阅读感受启发学生。同时,教师还可以让学生在两周左右互相交换一次读书笔记,互相提意见,可以口头提出也可以写在笔记的空白处。倘若学生读了一本书之后想把自己的心得告诉大家或想向大家推荐某一本书,教师还可鼓励他们写在纸上或制作一张海报张贴在教室"学习园地"里,凡是读过这些材料并表示认可的学生就在上面签个名,想提意见或咨询的同学也可以直接找制作者聊一聊等。一个月后,教师可以根据签名数量及他人评价评出优秀者,再更换新的作品。当然,教师也可以让学生直接把读书笔记挂在"学习园地"里参评。这样的交流比较灵活省时,更有益于提升学生的参与积极性。

教师在整个评价过程中应注重两个方面:一是表达者应"有自己的见解,能有证据地说明",二是评价者"应积极评赏他人作品,提出自己的意见"。由此,学生在交流中不断激发新的思考,自觉实现阅读可维持化,不断提高阅读的质量。

3.笔试交流

阅读交流评价的另一个难点是信度。一位教师最多面对两个班级的学生,评价结果难以在更大范围运用,其信度也容易受到质疑。厦门市近两年尝试笔试命题与阅卷标准改革,通过情境化试题和SOLO分类评价,引导学生在近似真实的交际语境中,发表阅读见解,完成真实任务,帮助教师科学地考查学生的阅读能力水平。

例题1:中秋佳节即将来临,请你从小学四年级阅读风采比赛推荐的8本书中选择1位角色,为这个角色设计一份独特的、专属于他(她、它)的礼物。

要求:(1)为这份礼物取个名字。(2)绘制这份礼物的设计草图。(3)写清楚礼物的设计理由。(4)写段祝福语送给这位角色。(评分标准见表4-3)

表4-3 SOLO分类理论下的评价标准(中秋专属礼物)

SOLO水平	礼物名称(2分)	设计草图(2分)	设计理由(4分)	祝福语(2分)
前结构	0分:没写或者所写与礼物内容毫不相关	0分:没画或者胡乱涂鸦,毫无图形感	0分:没写或者所写内容与礼物、角色、节日毫不相关	0分:没写或者所写内容与角色、中秋节、祝福语毫不相关
单点结构	0.5分:写出一个词,所表达意思较宽泛,与礼物内容稍许相关	0.5分:画出一个图形,所表达意思与礼物内容稍许相关	0.5分:能写出一点礼物设计理由 1分:能写出一点礼物设计理由,表达清楚	0.5分:能写出简单的节日祝福
多点结构	1分:写出一个短语或者对词语有所修饰和界定,所表达的意思指向较为清楚、具体,与礼物内容较为相关	1分:能画出礼物的大体外形,能让人大体猜出想送的礼物	1.5分:能写出两三点礼物设计理由,并与礼物或角色特点、节日分别建立联系 2分:能写出两三点礼物设计理由,并与礼物或角色特点、节日分别建立联系。表达清楚	1分:能根据角色性格、特点,送出中秋祝福语
关联结构	1.5分:能写出一个具体指向礼物内容的短语	1.5分:能画出礼物的关键设计之处,能让人很清楚地知道所要送的礼物	2.5分:能写出两点以上礼物设计理由,并能表达与礼物、角色特点、节日之间的有机联系 3分:能写出两点以上礼物设计理由,并能表达与礼物、角色特点、节日之间的有机联系。表达清楚	1.5分:能根据角色性格、特点,结合所送礼物,送出适切的中秋祝福语

续表

SOLO水平	礼物名称(2分)	设计草图(2分)	设计理由(4分)	祝福语(2分)
抽象扩展结构	2分:所表达意思具体清楚,有寓意,与礼物内容很契合。能适当运用谐音修辞等方式取题目	2分:能设计出有专属于某个角色的标志性LOGO的礼物,与所送角色的性格、特点契合度高	3.5分:礼物有创意,能关联节日,契合所送角色的性格、特点,也符合自己的身份、个性等;表达清楚、生动,能用上一些修辞手法 4分:礼物有创意,能关联节日,契合所送角色的性格、特点,也符合自己的身份、个性,关联到自身生活、成长经历等;表达清楚、生动,能用上一些修辞手法	2分:能结合自己设计的礼物,表达在这中秋节对某角色专属的祝福。祝福语有创意

4.特殊交流

阅读交流的场合不同,对学生阅读素养的考验难易程度也不同。同伴之间的交流、师生之间的交流比较轻松、随意。面对不熟悉的师长、陌生的学友,该如何发表自己的见解?为了解决这一问题,也为了切实提高学生的阅读交流水平,厦门市在组织优秀学生阅读答辩时采用了特别的形式。

一是围绕自己最熟悉的一本书提出问题与评委现场交流,然后评价评委的回答,再完整发表自己的见解。评委主要依据以下三条标准进行评判:①临时实在想不出问题来和评委们讨论;②提出了问题,但听到评委的解答后,无法做出自己的回应;③提出了问题,还能积极地与评委互动,甚至认为评委的回答"不够完整"或者"不够准确",和评委能够有理有据地探讨。

二是与陌生选手临时组队,合作完成一项任务。先选择某一本学生阅读笔记,再评判该笔记的优劣,说明理由,最后选择一处进行修补完善。评委主要依据以下三条标准进行评判:①仅能简要说出评价的等级和宽泛的理由。修补的内容没有新意,内容雷同;②能分别从笔记的内容、呈现形式进行说明,能从不同角度举出例子进行关联说明。修补的内容体现出对图书的进一步理解,记载方式不烦琐、可行性强;③能分别从笔记的内容、呈现形式进行说明,能从不同角度举出例子进行关联说明,能体现出对阅读笔记作用的合理认识,修补的内容体现出对图书的个性化理解,记载方式新颖有趣,可行性强。

以上两种形式,本质上都指向学生个性化的深度阅读与思考,并且都是在一个非常真实的情境下指向一个非常具体的任务。倘若以后出现类似的学习任务或者测试,不仅学生可以更为自如地表达,而且教师也能对不同程度的阅读结果进行合理评价。

通过问卷调查和访谈,我们再次印证了"阅读交流是提高阅读质量的真正法宝,是学生永葆阅读热忱的最佳助推器。"2022年厦门市小学生语文阅读大赛比赛过后,我们组织了一次问卷调查。304名参加问卷的学生中,有98.03%的学生表示今后能坚持整本书阅读了,73.36%的学生能在读后主动与家人或教师、同伴交流,72.04%的学生敢于挑战有难度的书。无独有偶,在比赛现场接受采访的学生中,在谈到他们为什么能这么优秀,能参加市级比赛时,他们的答案如出一辙,不管家长是从事教育行业还是其他行业的工作,他们都一样重视阅读,能给孩子做表率,能经常与孩子分享阅读心得。学生们的回答与家长问卷得到的数据很相近,66.67%的家长表示自己不专业,不会指导,但自己会关注孩子所读的书,经常与孩子聊一聊书里的内容。家长们对孩子的表现既感到惊喜又觉得是在意料之中。90.21%的家长还肯定地表示孩子今后会比以前更喜欢阅读。目前,书香校园、书香班级在厦门市已全面铺开,家长参与的质量正在稳步提升,亲子阅读的关键节点已经显现。

"交流即评价"的实践方式有多种样态,不同文本、不同读者群、不同实施条件可以有选择地运用。若以布卢姆教育目标分类学中的评价理念予以对照,以上"交流即评价"的实践方式已全部落实知识维度和认知维度的考查,真正把整本书阅读做成了一个动态的、生成的和个性化的过程。

(三)"交流即评价"改变教师指导模式

"交流即评价"的理念也改变了教师阅读指导的方式。教师能自觉根据图书特点和学生需求,开展有针对性地阅读指导活动的,往往效果更好。如阅读《陈嘉庚:华侨之光》时,有的学校会邀请作者李秋沅女士进校与学生交流,通过作者对创作缘起、创作历程以及丰富的创作素材的介绍,学生加深了对陈嘉庚先生的认识。有的学校则组织学生利用周末或节假日到集美陈嘉庚纪念馆、集美学村、厦门大学等富有嘉庚气息的场馆参观、研讨,在真实的历史时空里唤醒沉静的文字,触摸并思考嘉庚精神,对嘉庚精神留下了深刻印象。

教师们还会自觉地在不同的图书之间、图书与生活之间架起关联的桥梁,提醒学生思考,学生们也由此冒出了很多令人意想不到的问题,如《十万个为什么》告诉了我们那么多知识的由来,对我们现代生活有什么作用呢?这个问题不仅关注到图书内容的编排,也涉及作者的创作意图。《十万个为什么》是一本科普读物,作者不仅要介绍那么多科学原理,还要介绍它们的发展历史,从而使科学与生活建立更加密切的关联,引发人们对科学的好奇与热爱。

此外,"交流即评价"理念还纠正了师生对阅读标准答案的误解。教师和学生都不再纠结于某一问题的答案是什么,而是关心自己是否有足够的证据解释某一问题的答案,是否有足够的证据说服别人认可你的答案。这对发展学生的阅读思维极为重要,同时真正点燃阅读激情。教师们非常赞赏采用SOLO分类评价理论描述评分标准。他们认为好的题目还要配上好的评分标准,这样才有助于区别学生答题的思维含量,让真正读书、思考的学生冒出来。这样的评价理念促使教师们在平时指导学生开展整本书阅读时,不再像以往那样按部就班,拘泥于一章一节固定的解读,而是像艾登·钱伯斯那样放手让学生大胆表达。厦门市音乐学校小学五年级期末阅读汇报演出时,一出"孙悟空三借芭蕉扇",六个班级六种表演,童趣十足。

"整本书阅读"的精彩分享阶段需要"交流即评价"这样的指导理念与操作模式,它不仅使交流、分享呈现出丰富的多元景观,也使全体学生都接受了不同方式的评价,在评价中收获阅读成就。

四 成果展示

整本书阅读时间较长,学生的阅读成果比较丰富,但也可能比较零碎,需要教师有意识地指导、引领。以往在开展整本书阅读时,基本是围绕主要人物形象理解、主要写作特色品评进行讨论展示,或者是做一份手抄报展示等等,这样的成果梳理比较简单,学生不需经过多少深入思考,也无需同伴间或家人间彼此合作,更无需与生活关联,就可以完成,因此留下的印象也不够深刻、持久。在《2022年版课标》的引领下,在"适·度"阅读教学主张的指导下,我们主要以项目式任务为驱动,引导学生逐步加强阅读,取得较完整、较高质量的阅读成果,然后通过多种媒介予以展示、激励。

(一)《红岩》的整本书阅读成果展示

厦门市音乐学校小学六年级开展革命文化经典《红岩》的整本书阅读。这本书描写了解放战争时期,重庆国民党反动派镇压地下党革命,残酷迫害共产党员,但中共地下党最终以大无畏的英雄气概获得斗争胜利的一段历史。学生在此单元学习了《我的战友邱少云》《七律·长征》《狼牙山五壮士》《灯光》《金色的鱼钩》等课文,小学五年级时也学过《军神》《青山处处埋忠骨》等描写革命英雄的课文,学生已能感受到英雄人物的高贵品质、英雄气概。学生在小学五年级也接触到章回体长篇小说,小学六年级的学生已具备独立阅读《红岩》这本小说的能力。但由于战争的硝烟已经远去,学生在理解革命英雄人物形象方面还是比较表浅。为拉近学生与小说人物的时空差距,唤起学生内心的真实情感,学校以举办一场线上、线下相结合的"我心目中的革命英雄"展览为项目任务,在广大教师、学生、家长群体中营造浓厚的"红色经典"阅读氛围,引发广大观展者崇尚英雄、感恩英烈、感怀祖国的情感共鸣。学生也在任务驱动下,展开做中读、用中读、创中读的实践性跨学科学习活动。

围绕这场展览,学生任务细化如下:①设计展览展出时间、时长、展出的地点等;②向校领导申请举行本次展览活动;③根据展出地点的环境、面积等因素,构思展板的数量、形式;④测量展板大小,计算展品数量,优化展板设计;⑤在搜集历史资料的基础上,统计分析同学们最为敬佩的革命英雄;⑥概括革命英雄的事迹,抒写自己的感言,绘制展品,进行布展;⑦完成活动评价,进行活动小结。

教师根据学生个人意愿分为8个小组,各组均有学科教师在学生提出疑问的时候给予指导。

1.沟通组:讨论展览展出时间、时长、地点等。撰写活动申请书,再进行交流、讨论、修改、誊清,最后提交给校领导申请举办展览活动。

2.历史组:查找抗战以来的革命英雄资料,包括《红岩》中的英雄原型以及其他革命英雄;查找解放战争时期中共西南局在重庆一带的战斗史料;线上参观"红岩革命纪念馆"等。

3. 数学组：运用数学统计知识，统计各班最敬仰的革命英雄，并做到各班不重复；用量尺测量展板的面积，计算每个展品的面积；利用黄金分割法或其他几何美学知识，进行总版面设计。

4. 语文组：撰写英雄人物的事迹、自己的感言，创作总版面的前言、后记。

5. 美术组：商量各班绘制的作品绘画风格，并进行英雄正面肖像艺术创作。

6. 音乐组：选择《红岩》中自己最喜欢的革命诗篇进行谱曲，绘制曲谱并演唱。

7. 信息组：制作前言、后记电子海报和线上展览电子书。

8. 后勤组：张贴实物展品，完成布展。

这样的成果展示对学生们而言是极大的挑战，不仅需要完成一份完整度和质量都较高的展板，成果的展示形式还涉及不同形式、不同媒介。但是，挑战带来动力，学生们以极大的热情和令人惊喜的智慧完成了。下面是部分成果展示。

赵一曼英雄海报的构图非常有特色，显眼的镣铐一头接着赵一曼铁骨铮铮的革命誓言，一头接着她刚毅的肖像。（见图4-12）

图4-12 《红岩》阅读成果1——英雄人物海报

厦门市音乐学校六年级(1)班的叶芃萱同学还引用小说中的革命诗抄，加上自己的作曲，唱成一首《红岩诗》。（见图4-13）

图4-13 《红岩》阅读成果2——谱曲

展览活动后,我们对参与活动的厦门市音乐学校小学六年级全体学生共236人发放了调查问卷,回收有效问卷228份。调查问卷显示,有220名学生参与到跨学科学习活动中,跨学科学习活动参与率约为96.49%。约68%的学生在完成跨学科任务的过程中感受为:自豪感、成就感、很开心、很有趣、团结协作等。约14.06%的学生谈到完成任务有点辛苦,有点累。约77%的学生认为参与此次活动加深了对革命人物的了解和对革命精神的感悟。约86.8%的学生认为自己在活动的全过程中,对阅读《红岩》这本书的兴趣得到了提升,提升的主要原因是查阅历史资料、与同学多次交流。约91%的学生认为这样的阅读更加有趣,愿意继续参与下一次这样的活动。约88.16%的学生觉得这样的活动能锻炼自己各方面的能力,包括运用很多学科的知识,培养了分工合作协调能力等。约11.04%的学生希望这样的活动多举办一点,约7.89%的学生希望下次活动中自己能多承担一点工作,约4.38%的学生建议准备的时间能再长一点。

(二)学生反思的典型案例及分析

典型案例一:[厦门市音乐学校六年级(3)班 刘槿言]这次活动是一场十分有趣且富有意义的活动。我在本次活动中担任年级沟通组组长,也就是活动的总负责人。这场活动中,我不仅要经常召集各班沟通组成员开会商量活动的计划、工作分配,还要每天关注活动推进的进程,以及各组工作时间、物料准备等细节。虽然事情很复杂,但我从中学到了很多。记得活动刚开始时,我们沟通组每天都在开会,商量细节、分配任务、分享方法等等,每天中午都很忙碌。但渐渐地,我们找到了工作的诀窍和方法,例如,我们利用中午午饭后的20分钟开会,这样在午休的时候,我们的计划就能够传达到各个班级,午自习的时候就能够落实下去了。我们的工作效率越来越高,自己也很高兴。以前我认为阅读整本书就是做个手抄报交给老师,而这次活动,让我真正地参与了一场展览的筹备、组织和布展的全过程。对我个人来说,十分有意义。

典型案例二:[厦门市音乐学校六年级(7)班 葛培智、王鹏宇]我们是数学组成员,在这次活动中主要负责统计、测量和展板设计。我们首先统计了全班同学心目中最敬佩的革命英雄,像评选优秀班干部那样进行唱票统计,然后写下了票数最高的10位英雄的名字。但第二天沟通组的同学告诉我们,各班统计出来的英雄有重复,因此我们又按票数提供了5位英雄的名字,最终我们班选定了6位英雄。接着,我们拿米尺去测量展板的长度和宽度,计算了它的面积。老师让我们用A3的纸张贴在展板上,看看横贴和竖贴的效果哪个更好。我们经过两个中午的忙碌,选择横贴。最后,为了使版面更好看,数学老师还指导我们用黄金分割法来设计。我们又花了一个中午进行计算和试布展,还兼顾了版面的留边问题,使排版达到了令人满意的效果。本次活动中,我们把学过的数学知识运用到了布置展览的过程中,非常有趣,我们数学组的同学都感到意犹未尽。我们懂得了,数学与生活的确是息息相关的。

典型案例三:[厦门市音乐学校六年级(7)班 詹逸恩]我是绘画组的成员,我画的是小英雄海娃。在绘画中,我意识到,海娃的眼神和一般的孩子的眼神是不一样的,是坚定而严肃的。

典型案例四:[厦门市音乐学校六年级(1)班 叶芃萱]我是音乐组成员。我根据《红岩》里的一首诗谱了曲,并演唱出来。在创作过程中,我反复地阅读那首诗,结合整本书的内容尝试去更深入地理解它,把自己融入诗歌的意境,体会写诗的人当时的心境。最后,我体会到了诗人那种对革命必将胜利的信念,我把这种心境融入了乐曲中,使音乐更富有感染力。

典型案例五:[厦门市音乐学校六年级(7)班 王懿、林鋆喆]我们是历史组成员。之前我看《红岩》的时候,我以为英雄都是长得高大魁梧的。查找了历史资料后,我们才知道原来江姐身高才1.5米,杨子荣的身材是瘦削单薄的。他们在童年、少年时期生活艰辛,参加革命工作后又经历了许多苦难。看了资料,我了解到了英雄的真性情,对他们不畏牺牲、献身革命的精神更加佩服了!

典型案例六:[厦门市音乐学校六年级(2)班 李燕妮]我参加了语文组的工作。我需要把历史组同学搜集的人物资料概括为200字左右的事迹简介。我想到小学四年级学过的缩写,就抓住主要事件进行了概括。经过老师的指导和修改,最终我完成了任务,还写出了自己的感言,我感受到了英雄对革命的无限忠诚。

此次活动,以举办"我心目中的革命英雄"的展览为最终物化成果。以此任务为驱动,学生根据自己的兴趣进行分组,但又必须在组与组之间多次沟通交流才能使展览成功举办。在各学科的分组工作中,一方面学生之间反复交流阅读《红岩》的感受,并关联真实的历史文本进行群文、群书阅读;另一方面,又运用各学科知识解决办展过程中的实际问题,学生在办展过程中,撰写活动申请书、展览前言、后记和英雄事迹简介,还创作了人物肖像、革命歌曲、电子海报等艺术作品。学生将日常的学科知识转化为实际工作的能力,当他们切实感受到知识学了有用、能用、好用时,便会因而获得成就感。学生在活动中提升了多个学科的核心素养。

具备一定规模、一定难度的成果展示给学生整本书阅读带来挑战的同时,更能激发所有学生的阅读兴趣、阅读动力,使他们更自觉地投入,把图书、资料、生活、自我建立有机关联,真正读懂属于自己的那本书。项目式任务驱动的阅读最终形成的成果不单是对图书的理解到达了新高度,学生的阅读兴趣、阅读习惯、阅读经验也在真实的任务完成中得到了培养、促进和完善。

(三)多种方式的展示

《2022年版课标》强调要运用多种方式、多种媒介展示阅读成果,扩大交流面,使学生更便于展示,更有成就感。展示的方式除了常有的手抄报、读后感、读书海报等张贴于班级学习园地、校园廊道、"红领巾广播"、国旗下讲话等传播于校园,随着网络普及,音视频作品线上展览的方式也非常方便,传播范围更广,对学生的促动更大。

厦门市湖明小学就利用假期指导学生拍摄制作"童眼看世界",在学校公众号平台发布,学生关注的内容非常广泛,有聊毕业话题的、聊建军节、聊暑期好电影、聊传统茶文化、聊村超的等等。学生将阅读图书、看短视频、阅历生活等内容融合起来创作自己的短视频,分享自己的思考,非常精彩。家长和孩子们的关注度非常高。比如湖明小学五年级(7)班的黄国骏同学在建军节来临之际,就制作了《最美的八月,最美的你》短视频,分享他的国防梦想,致敬威武之师,致敬最可爱的人。现代化解放军的威武英姿吸引了他,催生了他努力锻炼身体、博览群书的念头。他的展示也影响了一大批同龄人。

夏风曼妙,茶芳日长。五年级(4)班的余奕辰同学则向大家展示了她初次点茶的经历与收获。从她的点茶表演中,同学们不仅了解了宋代蔡襄《茶录》中点茶的过程,还直观感受千年前宋代的点茶艺术、宋代美学,也学会了快节奏生活中的休憩方法,一举多得,实在美妙。在当下网络短视频良莠不齐的境况中,引导学生制作积极健康的短视频,也能培养其高品位的审美情趣。

整本书阅读的成果展示还应重视体现学生个体的努力进程,可以用档案袋的形式或微电影(小纪录片)的形式记载学生阅读全过程中的点滴收获,引导学生自我反思。前文关于基础阅读中的阅读日记其实就是一种阅读档案,当学生从头翻阅前期的阅读记录时,他的思考会更完整和深入。学生之间互相查看各自的阅读档案，彼此之间会擦出更多更亮的阅读火花，也许可以就此完成一份读书研究报告。

厦门市音乐学校小学五年级学生王廷禧在阅读《水浒传》时积累了不少问题，如为什么《水浒传》中的武松喝了三四十碗酒还醉不倒？是碗比较小，还是古代的酒，酒精度比较低？为什么《水浒传》中的英雄好汉大多爱喝酒？有哪些古诗中也写到了酒？中国传统文化中，酒有什么地位和作用？他想探寻解决这些疑问，并在教师的指导下获得了不少有助于他完成一份研究报告的资料。

他的研究方法是：①查阅、整理《水浒传》中的人物是否都爱喝酒；②咨询专业人士古代的酒有什么特点，是怎么酿造的；③查阅含有"酒"的古诗的资料，分析其中"酒"的含义；④到图书馆借阅有关酒文化的图书；⑤到商店里了解现代酒的分类、酒精度等。

他还专门采访酿酒师郑庆诚老师，并记录了他们之间的谈话。

王：老师，您好！我想问为什么《水浒传》中的武松喝了三四十碗酒却不醉倒？是碗比较小，还是古代的酒，酒精度比较低？

郑：中国古代的酒一般都是杂粮酒、米酒。以前没有酵母菌的观念。通常是自然发酵。跟发酵食物类似的概念。这样发酵出来的酒，酒精大约10~20度不等。现行的白酒经过蒸馏，酒精度才能达到四五十度，所以以前的酒酒精度都不高。

王：老师，酿酒的酵母和面包中的酵母是一样的吗？酒是怎么酿出来的？我老家龙岩有人会酿酒，但我不知道是怎么酿出来的。

郑：酿酒的酵母跟面包中的酵母不一样。从学术一点的角度来讲，面包中的是好氧菌，一般酿酒的酵母是厌氧菌，就是它不去接触氧气。我是做酒的，知道酵母也分很多种，比方说啤酒的酵母，或是白酒的酵母，或其他葡萄酒、香槟等都不太一样。酿造米酒，其实过程跟酿造白酒是一样的，就是差在有个蒸馏的过程。酿造白酒是把米酒发酵完之后去蒸馏，然后把精萃取出来。米酒的话，一般就是用酒曲，酿酒的一个酵母菌。

郑：酒的制作原理其实都一样，就是我们要先制造一些给酵母菌的食物，还有创造合适的环境跟温度。你要给这些酵母菌能够吃的东西，像啤酒就是用麦子，用麦芽去把它转化，转换成麦汁。麦汁里面就有各种糖，主要就是麦芽糖、葡萄糖、蔗糖、果糖，基本属于大分子的糖。啤酒酵母就是要把这些糖当作食物，它吃了之后，就会分解出酒精和二氧化碳，这是啤酒的酿造过程。

王：我怎么觉得这是在喂宠物呢？哈哈。

郑：其他酒的酿造原理也是一样的。像葡萄酒就是用葡萄汁，米酒就是用米，因为米里面有淀粉，淀粉能够转化成糖。糖就是这些酵母在吃的一个食物。然后有了糖这个食物，我们再给它一个能够舒适生长的环境，它就能够在里面吃得很开心。所以可以根据是厌氧酵母还是好氧酵母，把酿造的罐子做一些调整。简单说我们酿酒，就是让酵母菌能够好好在里面开心地生长，然后它能把这些食物都吃掉，就会转化成酒精。

王：老师可真专业啊！喂酵母菌吃糖好像在哄小孩啊！

郑：酿酒的整个原理大概就是这样子。当然，各种不同的酒，除了原料上会有差异，酵母类型也会有差异。但其实整个原理大概都是一样的。

王：老师，我现在吃汤圆中的酒酿。酒酿有没有酒精度呢？是怎么做出来的呢？

郑：汤圆中的酒酿，其实就是米酒，就是糯米酒。它没有经过蒸馏，是自然发酵的，所以它的度数本身就不高。在煮汤圆的时候，加入酒酿，也就是米酒。煮沸之后，它的酒精又蒸发掉了，只留下米酒发酵之后的风味，所以我们吃酒酿的话，大概就是像用汤圆跟米酒混合去做。

王廷禧同学后来又去图书馆查阅了关于酒的资料，查找并背诵了12首含有酒的古诗。整个过程收获满满。从《水浒传》出发，再回到《水浒传》时，他已经能够在酒文化的背景中理解《水浒传》里那些绿林英雄的洒脱豪情。

"适·度"阅读主张下的整本书阅读重视阅读全过程的充分展开，从基础阅读、要点导读、精彩分享到成果展示，前面是后面的基础，后面是前面的升华，每一个环节都不容忽视。即使是像《西游记》《三国演义》等难读的原著，也要儿童在阅读青少版之后再带领他们翻阅原著，节选小片段，感受原著的韵味，为他们以后阅读原著播下种子。

第二节 加强分类型阅读指导

教育部基础教育课程教材发展中心的《阅读指导目录》将阅读书目划分为人文社科、文学、自然科学和艺术四类。小学段中，人文社科类图书约占20%，文学类图书约占50%，自然科学类图书约占20%，艺术类图书约占10%。据观察，小学生到了五六年级就开始呈现比较明显的阅读偏好，女生爱读情感类的图书，不爱阅读自然科学类图书，甚至有的女生只读小说，不读其他类型图书。男生偏好科幻、军事类作品，不爱读文学类作品。这样的偏读提前压缩了他们的视野，亟须解决。

我们认为不同类型的图书，因其所表达的内容不同，表现形式不同，与小学生的需求吻合度不同，需要教师从"适·度"阅读的视角出发，确定不同的阅读目标，采取不同的阅读指导方案，施以不同的阅读策略，使得小学生不发生严重的偏读现象，而是能充分接触不同类型的图书，汲取不同成分营养，夯实夯厚学养根基。

一、文学类图书

（一）图书类型特点

文学是语言文字的艺术，是社会文化的一种重要表现形式。文学作品是作家用独特的语言艺术表现其独特的心灵世界的作品，离开了这样两个极具个性特点的独特性就没有真正的文学作品。文学之为"物"，显然不同于满足人实用之需的物品、器物。作为人的创造物的文学，确可以满足人的某些实用需求，具有某种"使用价值"，但文学的价值又不能仅从满足人对物之"需要"的"使用价值"层次立论。文学是人类精神的瑰宝，它通过文字的艺术表达，传递人类情感和思想，为人类的精神追求提供了重要的滋养和启发。通过文学作品，人们可以更好地理解自己和他人，感受生活的美好与悲伤，体验不同的情感和思想碰撞，从而丰富自己的精神世界，提升自己的情感境界，拓宽自己的人生视野。孔子在研究《诗经》时就提出了"兴观群怨"的观点,即文学的功能不仅可以激发个人的情志,还有着认识社会、交往朋友、讽谏等社会作用。

由于文学的这一特点以及特殊功能,人们总喜欢把阅读文学作品与休闲娱乐联系起来,如《三国演义》《水浒传》《西游记》等我国古典名著就是脱胎于民间的话本小说。话本是"说话人"演讲故事的底本,即"说话"艺人口头讲述故事的书面记录。说书人在民间节日、农闲时节走街串户,游走于十里八乡,一边表演,一边再创作。老百姓们在娱乐观赏中得到教化。

莫提默·J.艾德勒认为相比于论说性作品,想象文学尽量使用文字潜藏的多重字义,好让这些字符特有的多元性增加文章的丰富性与渲染力。多重含义的隐喻在字里行间所传达的讯息,有时比文字本身还要丰富。想象文学重在阐述一个经验本身,读者只能借着阅读才能拥有或分享的经验,这个经验会深深满足读者平时未曾接触的部分自我。因此,阅读一个故事时,读者一定要打开心灵,接纳故事,让故事在其自身上活动,与故事中人物一起感同身受。

因为故事的趣味性,故事对个体经验的共情性,绝大部分小学生都喜欢阅读文学类图书。但又因为文字潜藏的多重意义,小学生无法深入理解,因此大部分人只能浅尝辄止,欣赏故事的表面趣味。

(二)阅读指导定位

对于文学类图书的阅读指导,《2022年版课标》在"文学阅读与创意表达""整本书阅读"两个任务群的学习要求与教学提示中有相关表述,主要有四点:一是关于阅读目的,主要是感受文学语言和形象的独特魅力,了解文学作品的基本特点,获得个性化的审美体验和情感体验,体验文学阅读的乐趣,促进精神成长;二是关于阅读方法,主要是整体感知、联想想象,在浏览或略读、精读中理解作品;三是关于阅读方式,主要是运用诵读、讲述、表演、评析、尝试创作等不同阅读表现方式;四是关于阅读内容,有革命领袖、革命英雄、爱国志士的童年故事,以及他们创作的文学作品,表现他们事迹的诗歌、小说、影视作品等,还有表现自然之美的诗文,富有想象力和表现力的儿童文学作品,反映少年成长的故事、小说、传记等。

我们遵循文学类图书的特点和《2022年版课标》的要求,进行此类图书"三适""三度"的阅读指导。

文学类图书的"三适"定位主要表现在：一是利用学生对此类图书的自发兴趣，对故事性的天然兴趣，增加故事讲述、故事表演等体验阅读活动，进一步激发学生深入阅读；二是根据文本特点和学校资源多开展有利于学生表现阅读成果的活动，如戏剧节、故事会、红领巾广播、朗读比赛等，激发学生与文学产生共鸣共情；三是以采取表现性评价、过程性评价为主，充分尊重学生的不同理解与表现，激发学生的创新阅读。

文学类图书的"三度"定位主要表现在：一是利用学生对此类图书的自发兴趣激发进一步探索解读的欲望，使阅读兴趣保持在高水平状态；二是增加阅读量和阅读面，引导学生多接触不同风格的文学作品，提升语言敏感度，积累更多富有表现力的语言表达形式；三是加深对故事形象、故事主题的认识，提高整体认知水平，丰富精神世界。

（三）寓言故事的阅读

在"适·度"阅读教学主张下发现，寓言故事因其自身具有的独特性，阅读方法必须有所改变，才能更符合学生的需求，适应学生阅读发展。

寓言故事常带有讽刺或劝诫的性质，用假托的故事或拟人手法说明某个道理或教训。寓言故事作为文学体裁的一种，具有以下三点突出的特点：一是寓意深刻，用假托的故事或拟人手法说明某个道理或教训；二是故事有趣，人物活灵活现，来源于生活又高于生活；三是结构简单，容易理解，容易传递。

中国古代的寓言故事常常出现在先秦诸子的散文中。战国时代，群雄纷争，诸子百家纷纷著书立说，游说诸侯，他们在宣讲自己的学说时，时常会引用大量的富有寓意的史实，并且根据自己的理解进行解说。《伊索寓言》原名为《埃索波斯故事集成》，其故事流传于民间，到公元前3世纪成书。从作品来看，时间跨度大，各篇的倾向也不完全一样，据推测，它不是一人一时之作，可以看作是古希腊人在相当长的历史时期内的集体创作。

从中西双方古代寓言的产生与发展可以看出，寓言故事确实属于比较特殊的一类文体，擅长于体验故事情境的小学生如何读懂故事蕴含的意义，如《伊索寓言》直接给出寓意的故事又如何真正理解？儿童哲学告诉我们，儿童的思考源于儿童的提问，而统编语文教科书利用课后习题引导学生学习寓言故事，那些习题就是一个个提问，我们可以借鉴。（见表4-4）

表4-4 统编语文教科书寓言故事类内容编排情况

年级	篇名	习题
二年级上册	《坐井观天》	小鸟和青蛙在争论什么？他们的说法为什么不一样？
	《寒号鸟》	分角色朗读课文。想一想：为什么喜鹊能住在温暖的窝里，寒号鸟却冻死了？ 选做：你在生活中见过喜鹊或寒号鸟这样的人吗？说说他的小故事
二年级下册	《亡羊补牢》《揠苗助长》	朗读课文。说说"亡羊补牢""揠苗助长"两个成语的意思 选做：生活中有类似"亡羊补牢""揠苗助长"的事例吗？和同学交流
	《小马过河》	你同意下面的说法吗？说说你的理由 ◇河水既不像老牛说的那样浅，也不像松鼠说的那样深，所以老牛和松鼠对小马撒谎了 ◇小马向很多人请教，是对的 ◇别人的经验不一定可靠，得自己去尝试 ◇什么事都要自己尝试，别人的话不可信
三年级下册	《守株待兔》	借助注释读懂课文，说说那个农夫为什么会被宋国人笑话。读读"阅读链接"，和同学交流：故事中的坐车人错在哪里？
	《陶罐和铁罐》	从陶罐和铁罐不同的结局中，你明白了什么道理？读读"阅读链接"，想想故事中的北风和课文中的铁罐有什么相似之处
	《鹿角和鹿腿》	下面的说法，你赞成哪一种？说说你的理由 ◇美丽的鹿角不重要，实用的鹿腿才是重要的 ◇鹿角和鹿腿都很重要，它们各有各的长处
	《池子和河流》	寓言故事也可以用诗的形式来讲。分角色朗读课文 结合生活实际说一说：池子与河流的观点，你更赞同哪一种？

从以上习题可以看出，对寓言故事寓意的理解主要是由文到生活的关联思考。同时，对文本的理解也要注意从多个角度进行辨析，如《小马过河》《鹿角和鹿腿》。关联生活理解要注意学生的生活实际，不能脱离实际讲大道理。此外，编者还注意关联不同故事，引发深入思考，如《守株待兔》《陶罐和铁罐》。

教科书的编排方式,启发我们开展此类型整本书阅读时,第一要注重以问题帮助学生开启阅读。第二要适当关联书中同类故事,可按人物类型划分,可按寓意类型划分,也可按地域、时代划分等,如都是讲狐狸的故事或是讲狮子的故事,或都是讲自欺欺人的故事等。第三要迁移生活场景,辨析使用。第四要适当梳理整本书的特色,如《伊索寓言》整本书多次把一个人物和另一个人物作比较,就像《驴和骡子》中同样都写了两只动物拉东西,但特别把骡子的所作所为写得很清楚,这样有什么好处?学生顺着这样的问题思考、探究,就能提前发现寓言故事的发展史和独有风格。第五要适当拓宽资源帮助理解,从不同的图书中获得思考的角度。如《自相矛盾》一课,从卖矛和盾者身上很容易就找到了互相冲突的点,但真正的"矛"和"盾"是什么?当我们引入课外资源,让学生辨析一组熟悉的中国谚语,学生就能理解矛盾的本质了。比如"姜还是老的辣"和"后生可畏";"撑死胆大的,饿死胆小的"和"小心驶得万年船";"留得青山在,不愁没柴烧"和"宁为玉碎,不为瓦全",这些都能引导学生从不同角度深入思考矛与盾的问题。

(四)阅读指导举例——以《大头儿子和小头爸爸》为例[①]

《大头儿子和小头爸爸》是我国著名儿童文学作家郑春华的代表作,入选"百年百部中国儿童文学经典书系"。郑春华是一位善于观察,善于思考,善于从真实的生活出发寻找创作角度的优秀儿童文学作家。早年曾下过乡,在托儿所当过保育员,后来到上海少年儿童出版社低幼室做编辑,又到南京大学中文系学习。丰富的生活经历和不断地学习,使她的作品得到了大家的喜欢。

《大头儿子和小头爸爸》是一本童话故事集,里面收录了388个小故事。这么多小故事里,主要围绕大头儿子、小头爸爸和围裙妈妈3个人,讲述他们在生活中发生的种种有趣的事情。在现实的基础上加上奇特的想象,让人感觉非常神奇、非常向往。低年级的儿童都非常喜欢这样的故事,尤其喜欢看拍成的动画片。在阅读文字或欣赏动画片时,孩子们会不知不觉把自己当成故事中的人物,参与故事中的生活,感受着人物的各种情感体验,满足自己的生活乐趣。

阅读这本书,主要的阅读活动及阅读策略有以下几种。

第一,结合动画对比读。《大头儿子和小头爸爸》的动画片很好看。可是,如果再来读故事书,会发现有些地方动画片没演出来。如《恶作剧大拼盘》,父子

---

① 王晓霞,邵巧治.好书快读:二年级[M].长沙:湖南电子音像出版社,2020:35.

俩的对话非常有趣。看动画片时,我们只注意到他们俩你来我往地斗嘴,读书时却还能发现文字里的神奇力量。"哼,你也别想舒服!"一个语气词"哼",写出了大头儿子被逼倒垃圾的生气样子。"!"还写出了大头儿子的报复心情。"被子你也睡的!为什么偏要我叠?""!"和"?"仿佛看到了大头儿子气呼呼的模样。把动画片和故事书对比着看,文字和标点就能变成一个个生动的画面,今后再看别的故事书,就能在自己的脑袋里演动画片了。喜欢画画的孩子还可以根据故事里的人物表现画几张动漫图,连成无声的电视剧。

第二,和大人一起表演读。一个故事就是一集动画片,小朋友可以和爸爸尝试表演一下,你当大头儿子,爸爸当小头爸爸,按照故事里的情节和人物对话演一演,说不定还能自己编出新故事。如《大头小头报》讲了一个编报纸的故事,你会怎样编报纸?像大头儿子那样,画一朵花,在花朵旁边写"305",代表305号人家的仙人掌开花了。《池塘边的绿青蛙》中的大头儿子和小头爸爸学青蛙跳,你会怎样跳?他们遇上偷抓青蛙的黑衣人,你会遇上什么?阅读后表演,表演后再创造,故事可以变得更有趣。

当然,不管是表演还是与动画片对比读,无形中会引发学生关注到故事中的新鲜词句,引导学生圈一圈,画一画,读一读,体会一下,能增加阅读的乐趣。这本故事书里的每一个小故事,大头儿子和小头爸爸都能玩出新花样。因此书里就有很多生动的描写。比如这些句子。

咦?星星一颗颗"咯咯"地笑着,忽然从天上滑落下来,拉成一个大圆圈,一边转,一边笑。

只见老虎大嘴巴用力一吸,"嗖",好像吸铁石一般把小星星一颗一颗吸进肚子里。

瞧,老虎的肚皮鼓鼓的、亮亮的,就像一个灯笼肚皮,里面装了小星星。

"星星居然和小朋友一样,会笑爱玩真可爱。老虎很可怕,力气也太大了。可怜的小星星被吸进老虎肚子里了。老虎的肚子因为有了星星,就变得亮亮的,像灯笼。"学生一边读一边把这样的新鲜词句画下来或抄在卡片上,并写下自己的感受。

第三,看目录选故事。388个故事,一本厚厚的书,怎么找到自己喜欢的故事呢?目录是阅读的好帮手。翻开目录,看看每个故事的题目,哪个更吸引你?是《两座小房子》,还是《外星车》,或是《让人高兴的倒霉事》?《两座小房子》看起来比较普通,《外星车》就有点神奇了,《让人高兴的倒霉事》里藏着一对反义词,真神奇。结合自己对题目的初步印象,再翻开故事内容看一看,收获就会不一样。选着、读着,不知不觉,一本厚厚的故事书就读完了。你还觉得哪个故事题目有意思,写下来和朋友分享吧。(见表4-5)

表4-5 《大头儿子和小头爸爸》阅读记录表

故事题目	由题目想到的	故事主要内容
外星车	外星车是什么样子的?	
……		

第四,联系生活思考。读完故事想一想,你喜欢书中的大头儿子还是小头爸爸?喜欢的原因是什么?从故事里找到答案,并和家人分享。还可以想一想,大头儿子身上有什么值得你学习的,小头爸爸也有值得你爸爸学习的地方吗?

不管是结合动画对比读,还是和大人一起表演读、看目录选故事读,又或是联系生活思考读,面对《大头儿子和小头爸爸》这样有趣、生活气息浓烈的故事,都可以带领学生进入故事,感受故事的情趣,再回到生活、联系生活,让故事的趣味、哲思得到延伸,变得丰富。

低年级的文学类书目其实以绘本居多。绘本的图比文字还多,但图文相结合的艺术设计感强,图文相结合的指导方式一直以来都是绘本阅读的首选模板。

二 自然科学图书

(一)图书类型特点

新一轮科技革命、产业革命和教育革命加速发展,世界创新格局深度调整,大国博弈日趋激烈,百年未有之大变局加速演进,世界各国都在加强科技创新,重视人才培养。2022年版科学课标为此作出了重要调整,其中之一就是凝练了核心素养,凝练了既能反映科学课程独特育人价值,又能反映共通素养的科学核心素养,主要包括科学观念、科学思维、探究实践、态度责任四个方面,它们相互依存,共同构成一个完整的体系,体现了科学课程的育人价值。[1]

---

[1] 施久铭.义务教育科学新课标实施的重难点何在?:访义务教育科学课程标准修订组组长胡卫平[J].人民教育,2022(Z2):38.

  2022年版科学课标还提出了"三适合两遵循"原则,即适合学生的知识经验、适合学生的认知水平、适合学生的兴趣特点;遵循学生的学习规律、遵循学科的学科规律。[①]其中在学生探究兴趣的发展方面,根据水平不同,可以将探究兴趣分为四个层次:一是直觉兴趣,即对丰富多彩的科学现象的自发兴趣;二是操作兴趣,即通过亲手操作获取现象、观察过程的兴趣;三是因果兴趣,即对探究科学现象发生原因的兴趣;四是理论兴趣,即对把具体的因果认识上升为一套能有效分析客观事物所进行的过程的理论结构,以及运用该结构中的概念规律能动地解决科学问题的兴趣。[②]

  结合2022年版科学课标可以发现,在小学阶段开展自然科学类图书的阅读非常有助于发展学生的科学核心素养,尤其在科学观念、科学思维、态度责任方面有助于学生树立正确的价值观念,可以帮助学生建立起科学兴趣,为其学科课程学习和后续发展打下良好基础。

  适应学生的认知水平和知识经验,在小学阶段,所阅读的自然科学图书多是科普书。科普书带有普及性,指用自然语言,也就是用通俗的话向公众传达自然科学和社会科学知识、推广科学技术的应用、倡导科学方法、传播科学思想、弘扬科学精神的一类图书。由于科普书介绍了很多知识,能满足小学生的好奇心、求知欲,所以小学生也都很感兴趣。统编语文教科书选编了不少这一类型的课文,还特别在小学四年级专门推介了"科普作品"类的整本书。有米·伊林的《十万个为什么》、李四光的《穿过地平线》、高士其的《细菌世界历险记》、贾兰坡的《爷爷的爷爷哪里来》等作品。(见表4-6)

表4-6 统编语文教科书中科普类作品编排情况表

年级	篇名	习题
一年级上册	《秋天》《四季》《比尾巴》《雪地里的小画家》	朗读课文。背诵课文。你喜欢哪个季节?仿照课文说一说。照样子做问答游戏。雪地里来了哪些小画家?他们画了什么?

[①] 施久铭.义务教育科学新课标实施的重难点何在?:访义务教育科学课程标准修订组组长胡卫平[J].人民教育,2022(Z2):40.

[②] 施久铭.义务教育科学新课标实施的重难点何在?:访义务教育科学课程标准修订组组长胡卫平[J].人民教育,2022(Z2):40.

续表

年级	篇名	习题
一年级下册	《要下雨了》 《棉花姑娘》 《小壁虎借尾巴》	想想燕子、小鱼、蚂蚁下雨前都在干什么。"日积月累"(气象谚语) 连一连,说一说(如燕子捉空中的害虫)。说说小壁虎都找谁借过尾巴,结果怎么样
二年级上册	《小蝌蚪找妈妈》 《我是什么》 《植物妈妈有办法》 《雾在哪里》 《雪孩子》	分角色朗读课文。小蝌蚪是怎样长成青蛙的?按顺序把下面的图片连起来,再讲一讲小蝌蚪找妈妈的故事 说说"我"是什么,"我"会变成些什么。课文介绍了哪几种植物?在课文中画出来,再说说它们是怎么传播种子的。 选做:你还知道哪些植物传播种子的方法?可以选用下面的词语,仿照课文说一说 读句子,照样子说一说:雾都把什么藏了起来?藏起来之后的景色是什么样的?课文说雾"是个淘气的孩子",在你眼里,雾又是什么呢? 看着雪孩子变成了白云,小白兔心里会想些什么呢?
二年级下册	《雷雨》 《要是你在野外迷了路》 《太空生活趣事多》 《大象的耳朵》 《蜘蛛开店》	朗读课文。说说雷雨前、雷雨中和雷雨后景色的变化。背诵课文。读一读,说说你见过什么样的雨,当时是怎样的情景 朗读课文。说说课文里写了哪几种"天然的指南针",它们是怎样帮助人们辨别方向的。 选做:生活中还有哪些辨别方向的办法?可以请教周围的人 说说太空生活有哪些有趣的事情
三年级上册	《在牛肚子里旅行》	分角色朗读课文,体会青头和红头对话时的心情,读出相应的语气 从哪里可以看出青头和红头是"非常要好的朋友"?默读全文,至少找出三处来说明 红头的旅行真是惊险。画出它在牛肚子里旅行的路线,再把这个故事讲给别人听

续表

年级	篇名	习题
三年级下册	《纸的发明》《赵州桥》《花钟》《蜜蜂》	默读课文,想想每个自然段的意思,再照样子填写下面的图表。结合课文中的相关语句,说说为什么只有蔡伦改进的造纸术传承下来了 选做:我国古代在很多领域都取得了重要的科技成就。如,张衡发明了测验地震的仪器—地动仪;祖冲之把圆周率的计算精确到了小数点后第七位;毕昇发明了活字印刷术。查找相关资料,和同学交流 你还知道哪些"我国宝贵的历史文化遗产"?和同学交流
四年级上册	《夜间飞行的秘密》《呼风唤雨的世纪》《蟋蟀的住宅》	蝙蝠是怎样用嘴和耳朵配合探路的?超声波在生活中还有什么用途呢?"现代科学技术必将继续创造一个个奇迹,不断改善我们的生活",联系生活实际,谈谈自己的理解 用自己的话介绍蟋蟀住宅的修建过程,想想为什么蟋蟀的住宅可以算是"伟大的工程"
四年级下册	《琥珀》《十万个为什么》	用自己的话说说这块琥珀形成的过程 假如你是一个解说员,会怎样简明扼要地介绍恐龙飞向蓝天,演化成鸟类的过程? "纳米技术就在我们身边""纳米技术可以让人们更加健康",选择其中一句话,结合课文内容和查找的资料,说说你的理解 查阅资料,了解我国在航天领域的最新成就
五年级上册	《什么比猎豹的速度更快》《太阳》《松鼠》	根据课文内容,按运动速度的快慢给下面的事物排序,照样子填序号 课文从哪些方面介绍了太阳?太阳对人类有哪些作用? 把从课文中获得的有关松鼠的信息分条写下来

续表

年级	篇名	习题
五年级下册	《不可思议的金字塔》	金字塔为什么要建在尼罗河的附近？如此精湛的工艺，几千年前的工匠们是怎么实现的呢？搜集资料介绍世界文化遗产
六年级上册	《宇宙生命之谜》	这段的段首提到了地球外的其他行星。通过提取关键信息，我知道这些星球上是不存在生命的。近年来科学家在对火星的研究中可能有了新的发现
六年级下册	《真理诞生于一百个问号之后》	默读课文，想想"真理诞生于一百个问号之后"这句话的含义，再说说你从中受到了什么启发为了证明自己的观点，作者列举了哪几个事例？每个事例是按照怎样的顺序写的？

从表4-6可见，小学一年级只需要借助朗读、背诵、合适的游戏知道文本里介绍的科学知识就行。小学二年级还是把科普类的文章当童话故事读，在知道文本介绍的知识的基础上，增加了讲述练习，增加了课外同类知识的拓展，也增加了与生活关联的同类知识。小学三年级逐渐由童话故事介绍科学知识的样式转向说明文介绍的样式，更重要的是启发学生课外查找资料，拓宽知识。小学四年级主要通过阅读时产生疑问并尝试解决获取自然科学方面的信息、通过写观察日记激发探索大自然的兴趣并获得相关知识。通过阅读科普图书获得在数学、物理、化学、生物等领域的专门知识，解决相关问题。小学五年级和六年级基本延续小学四年级要求，通过一些科普类文章，引导学生在阅读中了解相关知识，启发学生课外查找资料继续深入了解。

单篇科普类文章在拓宽学生的知识视野方面非常有益，学生也非常感兴趣，虽然从学科角度并不需要学生真正理解文本所含的科学原理，但作为一种常识进行了解，并简单应用也是必要的。教科书中的非连续性文本、简易说明文也大多与此相关。近年来语文测试题中大量选用科普类文本，因此，学生在课外大量阅读有助于学生在考试中取得好成绩。

(二)阅读指导定位

科普类整本书的阅读与单篇文章的阅读性质还是有所不同。一方面，它们都有讨论的主题(地球科学、细菌世界、人类起源)，科学家的论述能帮助儿童读者获得相关科学领域的整体性、系统性知识,以促进儿童读者心智世界的建构。另一方面,这些整本书会帮助儿童读者形成并发展分类、归纳等思维能力。比如,米·伊林的《书的故事》虽然是在讲"书的故事",但是"上篇"讲的是与书有关的口语、文字、图画,"下篇"讲的则是有物质形制的图书。儿童读者在理解这本书的内容时,就需要具备分类、归纳的能力。整本书阅读在深度方面会给学生带来挑战,教师指导时要选用恰当的方式,帮助学生完成阅读任务。

科普作品的阅读要求整体并不高,其主要目的是引导学生了解自我,以及自我以外的整个大自然,从而为自己的生存、发展寻找有利条件与方式。这是人类发展中必然经历的,人类天性中就有探索自然奥秘的欲望、征服自然的渴望。囿于小学生在物理、化学、生物等领域所学得的知识不足,无法真正理解科普图书里的知识,所以小学四年级下册"快乐读书吧"中提供的两条阅读小贴士可以看成"适·度"阅读的执行原则和操作规范。

一是阅读科普作品的时候,可能会遇到一些不理解的科技术语。这时要运用在课上学过的方法,试着去理解。二是读完后还可以查一查,书中谈到的一些科学问题,现在有什么新的研究成果。

两段拓展阅读指导语:

我们还可以读一读中国的《十万个为什么》。这套丛书涵盖了数学、物理、化学、生物等领域。书中提出了许多有趣的问题:乘坐热气球能环游世界吗?时光能倒流吗?为什么飞机不像鸟儿一样扇翅飞行?地球究竟正在变冷还是变暖?……读读这套书,试着找找问题的答案吧!

我国还有许多优秀的科普作品,如李四光的《看看我们的地球》、高士其的《灰尘的旅行》、贾兰坡的《人类起源的演化过程》。读了这些作品,你一定会为科学世界里有那么多的奥秘而惊奇。[①]

分析两条阅读小贴士和两段指导语可以得出四点启示:一是为感兴趣的问题寻找答案,"了解"相关知识即可;二是多读,多了解,宽度最重要;三是运用学过的方法尝试理解;四是查阅其他资料,联系生活、观察体验帮助理解。

这就是关于科普类图书"适·度"阅读的定位,这与《如何阅读一本书》中的观点也是一致的。莫提默·J.艾德勒曾为阅读此种图书提过两条建议:一是要

[①] 中华人民共和国教育部.义务教育教科书:语文四年级下册[M].北京:人民教育出版社,2023:34.

全神贯注,确保理解书中所谈的科学知识;二是要注意发现整体与部分之间的关系,确保获得正确的科学知识和思维。因此,我们还建议根据学校条件,采取适切的办法引导学生增强科普阅读的兴趣,提升阅读质量。

(三)阅读指导举例

1.《十万个为什么》的科学指导课

厦门五缘第二实验学校小学四年级语文教研组在指导学生阅读米·伊林《十万个为什么》时,邀请了科学教师林雅妮指导学生结合实验开展阅读,不仅进一步读懂了书中相关的科学知识,更重要的是获得了正确的科学观念,增强了科学探究意识,发展了科学思维。在课堂上,通过三个层次的实验活动,学生收获了科学意义上的洗礼:大胆质疑—小心求证—改进创新。学生上完课后都很兴奋,原本属于语文课的整本书阅读课居然换成科学教师来上,感觉非常新鲜,而且科学教师确实帮助自己解决了很多内容上的问题,还收获了科普图书阅读的方法。(详见附录二)

2.整本书阅读《森林报·秋》学历案

《森林报》是苏联著名科普作家维·比安基的代表作,被誉为"一本关于大自然的百科全书"。这本书采用报刊形式,以轻快的笔调,按照春、夏、秋、冬四季十二个月顺序报道森林中的新闻,生动地展现了自然界中千姿百态的生命和它们的故事。除了报道自然界的新闻,比安基还向读者传授了观察、分析、思考和研究大自然的方法,激发了儿童对大自然的探索兴趣,培养了他们对生态环境的热爱和保护意识。

厦门市海沧华附实验小学蔡键佳老师以"争当森林报道的小记者"为情境,带领学生运用预测、提问、联结、想象、比较等阅读策略初读《森林报·秋》这本书,感受《森林报·秋》丰富的写作内容、独特的写作框架和语言表达韵味,有效激发了学生的阅读兴趣。

《森林报》的编排方式、内容编写和表达方式确实很特别,是文学与科学的完美结合。蔡键佳老师紧紧抓住这些要点设计读前指导,既指导学生掌握了科普图书阅读的基本方法,又有效激发了学生阅读兴趣。特别是最后的作业设计——"走进厦门万石植物园,创作一份小报",很契合书本特点。可以说本节导读课"适""度"结合,落实到位。(详见附录三)

三 人文社科类图书

(一)图书类型特点

人文社科类包括人文与社科两大类,人文指人类社会的各种文化现象;社科即指社会科学,是用科学的方法研究各种社会现象的学科总体,或其中任一学科。人文社科类图书是占比很大的一类图书,主要包括文化、历史、哲学、宗教、古籍、艺术等。教育部基础教育课程教材中心制定的《阅读指导目录》里,本类图书主要包含政治、经济、文化、历史、哲学、心理等。对小学生而言,历史、文化是他们最感兴趣的领域。《林汉达中国历史故事集》《哲学鸟飞罗系列》《雷锋的故事》《读图识中国》《中华人物故事汇·中华先烈人物故事汇》《"抵御外侮——中华英豪传奇"丛书》《梦圆大地:袁隆平传》等,能帮助他们了解历史上的名人、伟人,并了解自己的祖国。

(二)阅读指导定位

这些图书蕴含丰富的内涵,小学生无法完全读懂。虽然这类图书与学生有较远、较长的时空距离,学生往往产生了崇敬之心,但是情感上并不容易真正深入,受到的启发未能与实际生活关联。因此,这类图书要达成阅读的温度、宽度、深度都会产生困难,设定适切的阅读任务与评价,采取适应儿童的阅读指导尤为重要。实践中我们发现:一是阅读与实地参观、采访、调研相结合;二是故事化。这两点是拉近学生与图书的距离,深入领会社科类经典魅力的好办法,这些方法能够帮助学生从阅读人文社科类图书中得到启发,能自觉扩大阅读,并初步应用于生活。

(三)阅读指导举例

1.《读图识中国:插画本儿童知识地图集》

厦门市深田小学杜文斌老师在指导小学二年级学生阅读《读图识中国:插画本儿童知识地图集》时将阅读目标定位在"识",即了解和适当运用。他注意将一般阅读方法与实地参观相结合,激发学生爱上这本书。

《读图识中国:插画本儿童知识地图集》是一本向学生普及国情教育的地理知识读物。这本书向同学们展现了祖国壮丽的河山、丰富的资源、悠久的历史、丰富的文化、独特的风土人情。这本书专门编有一页"怎么使用这本地图集",

介绍了这本地图集的基本结构，是本书重要的"阅读指南"。如通过"定位地图"，可以知道该地区在中国的位置；"区域地图"，以地貌写真的方式，将当地的地貌景观、主要城市、交通状况、名胜特产形象地展现在读者面前。"图例"一页也是阅读"地图集"的一把"钥匙"，它集中告知读者有关铁路线、高速公路、湖泊、水库等的表示符号。

　　杜老师先引导学生总览全书，整体感知，在书中漫游神州大地，饱览祖国大好河山，激发学生的民族自豪感。接着是聚焦指南，利用指南学会阅读，找到一把阅读本书的金钥匙。接下来，最重要的尝试阅读就是"聚焦家乡，深入理解"。你了解自己的家乡吗？你的家乡在哪个省，你知道它的简称吗？翻一翻这本书，找到家乡所在的省份，看看上面列举了哪些好吃的东西，哪些好玩的地方，有哪些主要的农作物，铁路在哪里，有湖泊吗？……还可以找出自己家乡所在的大约位置，看看它位于哪个方位。最有意思的是"带着地图去旅游"。带上这本书，再加上家乡地图册，一边走一边对照，感受一下自己的家乡，足迹走过的地方是否与书本所写一致。或者有新的补充，如没有列出来的美食、美景、名胜古迹等。

　　阅读与自身关联，与生活关联，学生就与书结交成为朋友，阅读就能顺利开展。在尝试阅读"聚集家乡，深入理解"后，就是顺利迁移了。如寻找感兴趣的其他省份、其他方面进行阅读了解——我国有哪些陆上邻国？有哪些海上邻国？我国的"四大名绣""四大名园"分别是什么？……适当的时候结合竞赛活动，进一步扩大阅读的乐趣。杜老师说，这样开展本书阅读，学生很容易进入阅读角色，能够读懂乃至初步运用这本书。

2.《雷锋的故事》

　　《雷锋的故事》是一本儿童革命传统教育读本。书中以时间为线，分25个专题，用浅显易懂却又生动感人的笔触，介绍了雷锋同志短暂却光荣的一生。

　　厦门市音乐学校的阮宇航老师指导学生开展这本书阅读时，将阅读目标定位为：准确理解雷锋形象，联系生活体悟雷锋精神，建立自己心中活的雷锋形象。阅读任务是讲述雷锋故事，做一名新时代的小雷锋。阅读评价是表现性评价，从学生讲述、言行中进行多主体评价。

　　阅读过程中，阮老师鼓励学生大胆提问，学生阅读时产生了不少疑问，其中下面这几个问题很有代表性：①为什么写的都是雷锋做好事，而没介绍他的日常生活？②为什么用很多章节来描写雷锋童年的苦难，不应该多写写他做的好事吗？③运用倒叙手法，这样写有什么好处？④《雷锋的故事》和《陈嘉庚：华侨之光》相似，为什么不编成一本书？

随后，阮老师要求同学们仔细阅读原文，结合故事讲述，联系生活、联系时代背景，辨析雷锋精神的实质。同时，通过线上博物馆，带领学生参观抚顺市雷锋纪念馆，感受雷锋真实的生活状况。通过阅读《厦门日报》《厦门晚报》介绍的新时代雷锋，走访身边的雷锋典型，学生对本书产生了亲近感。

在厦门市小学生语文阅读风采大赛上，约有23%的学生主动推荐这一本书，且有自己真实的理解和感受。下面我们就来看一看厦门市音乐学校王廷禧同学关于这本书的推荐发言。

《雷锋的故事》这本书里写了雷锋苦难的童年，中华人民共和国成立后人民翻身做主人，雷锋进入小学学习，又去农场当拖拉机手，去鞍山当推土机手。然后他又当上士兵走进军营。在军营里他做过很多好事，有抗洪救灾，帮火车里的乘客端热水、擦窗户、扫地板，到小学当少先队辅导员等。

雷锋身上有许多可贵的精神，比如工作负责、钉子精神、乐于助人，还有乐于奉献等。这些精神都很值得我们学习。例如，他虽然只有小学毕业，但学习的时候刻苦认真，抓紧每一分每一秒来学习。记得他在学习开汽车的时候，吃饭睡觉的时候手和脚都做着开汽车的动作，这就是他的钉子精神。我要学习他的钉子精神，就要每天也要保持多一点的看书时间，挤出时间多看书学习。我有时候坐车的时候会背一背英语单词或者背一下课文，这样就利用了路上的点滴时间。

然后我也要像雷锋那样乐于助人。乐于帮助别人，会让别人觉得你是个温暖的人。我力气大，经常帮老师搬重的作业。我觉得这就是助人为乐。

乐于奉献就是不要为自己的一点点小事计较而不为别人付出。雷锋生病也去推砖头，到防洪线上去防灾。我也会帮忙打扫班级卫生，特别是在暑假结束的时候我提前一天去班级擦桌子、擦柜子。我觉得一个乐于奉献的人一定会有朋友的，乐于奉献的人会被别人看出他是一个有用的人。

雷锋是我们学习的榜样，但并非没有缺点。他有一次在伙房里抓锅巴来吃，炊事班的人叫他自觉一点，雷锋就气呼呼地走了。我觉得雷锋吃锅巴这件事他做得不对，不过后来他也反省了一下，改正了错误。我觉得人有缺点很正常，但是错了就要改正。

不过，我觉得雷锋有点过于勤俭节约。他勤俭节约得太夸张了，省得太多了，对自己太小气了。他的衣服缝缝补补都变了样，袜子也是如此，那个破烂的衣服他还穿得有模有样的。我觉得他应该买点新衣服，特别是省下了很多钱的时候，更应该去买一套新衣服。在我们现在的年代，有钱就应该买新的衣服穿，省得被别人笑，自己穿着也不舒服。我们家里也会勤俭节约，但是没有雷锋那么过分，我们家里穿破了的衣服会拿来当抹布擦浴室里渗出来的水。如果有点小破洞的话也没什么，家里也会补一补再穿。我们这个时代跟雷锋那个时代可不同，所以我认为并不需要那么节省。我们要节省的是资源，比如石油资源、水资源、电力资源。这些资源很多都是有限的，不能二次利用，所以要省着用。

当然了，我外公跟我说，雷锋生活的那个时代大家都穷，家家户户都非常节省。我外公也是一条裤子补了又补，补成了渔网的样子。但现在时代不同了，我们既然都有钱了，就不用再补成那样。如果还要一直穿打很多补丁的衣服，不正说明我们现在国家还那么穷吗？

所以，我认为，学习雷锋不是全部都学，而是有选择地学。真正要学的是助人为乐之类的精神，还要经常学习。

你看，王廷禧同学的发言是不是给我们很多启发？社科类文本阅读就是在尊重学生原有认知水平的基础上，要带领学生多关联社会，多关联时代，多与他人进行交流。

四 艺术类图书

(一) 图书类型特点

人有两大心智能力——理性与感性。理性的代表是科学，是基于严密逻辑建构起来的知识体系；感性的代表是艺术，是通过艺术符号对自我和世界的反思和表达。因此，艺术修养、审美能力是完整人格不可缺少的组成部分。

2016年，中国学生发展核心素养研究成果发布，公布了《中国学生发展核心素养》总体框架，该框架将中国学生必备的核心素养分为六大板块。其中，人文底蕴这个板块就包含人文积淀、人文情怀和审美情趣三个方面。

艺术类图书是小学生了解艺术、走近艺术的桥梁。引导学生阅读艺术类图书，可以让他们从小感受美、学习欣赏美和创造美，这不但是艺术学科教师的职责,也是语文学科教师全面育人的工作之一。不过,艺术类图书一般都会被视为艺术类学习的专门内容,而被摒弃于语文学科阅读范围之外。随着社会发展,人们对艺术需求提高,艺术类图书也逐渐丰富,绘本也被视为艺术类图书的一种类型。如我们前面提及的几本绘本,书中插图多是世界著名画家的作品,学生阅读时也在接受艺术熏陶了。

(二)阅读指导定位

指导学生阅读艺术类图书,有别于指导他们阅读其他类型的图书。此类图书的阅读目标主要是激发学生阅读兴趣和艺术爱好,如能从中找到个人的兴趣点并投入某种艺术学习那就更好了。当然,也应引导学生在阅读实践中感受此类图书的表达特点,学会运用适当的阅读策略。教师则可以根据图书本身的特点和学生的具体情况,在跨学科视野下,实施有针对性的阅读指导。

(三)阅读指导

1.《我的第一本古典音乐启蒙书》

《我的第一本古典音乐启蒙书》是一本古典音乐启蒙类图书,以绘本形式出版。该绘本作为一本写给儿童看的古典音乐启蒙类图书,它设计了独特的"文字+图片+音乐CD"的形式,文字浅显易懂,插图精美、俏皮,CD中的音乐经典、动听。这种多媒介阅读的形式,能让儿童在阅读文字和欣赏音乐的同时,真切地感受到音乐的美好,进而喜欢上古典音乐。

该绘本比较适合小学一至三年级的学生阅读,因为这个年龄段的学生以形象思维为主,喜欢直观、感性、动感的外界刺激,对新鲜事物常常有着浓厚的兴趣。但是,这个阶段的学生专注力的稳定性不高,目标性不明确,需要教师进行有策略的引导。

厦门市音乐学校是一所以音乐教育为特色的学校,阮宇航老师基于校情、学情推荐、指导学生阅读这本书,她将本书的阅读"三度"定位为激发自身学习经历,加深对本书的亲近感;拓展了解其他乐器、其他风格的音乐作品;选取自己感兴趣的部分深入体会并实践。下面我们介绍阮老师在"适·度"阅读主张下采取的主要阅读指导策略。

(1)激趣导入

在整本书阅读教学中,小学生阅读的兴趣是放在第一位的,读懂、读深或者是读透,都居于兴趣之后。因为只有学生愿意读、开始读、喜欢读,才能谈阅读的方法、习惯和效果。若要激发学生阅读这本书的兴趣,可以基于学情特点从以下几个方面入手。

第一,讲述一个学生比较熟悉的音乐家的故事。例如:贝多芬指挥《第四交响乐》后因耳聋听不见观众们欢呼声的故事;我国音乐家聂耳冒着生命危险创作《义勇军进行曲》的故事;我国传统文化中伯牙鼓琴遇知音的故事等。

第二,可以播放一段学生耳熟能详的古典音乐,并说说对这段音乐的感受。例如,播放学校音乐铃声的完整乐曲,播放学生在音乐课上唱过或者听过的古典音乐乐曲,播放班级一位学生弹奏的古典音乐视频,或者播放近期来本地开古典音乐演奏会的音乐家的演奏视频。

第三,展示本书中可爱的卡通动物形象,让学生猜猜,如果让他们弹奏古典乐器的话,演奏什么乐器比较适合?例如,又高又壮的北极熊先生适合弹奏什么乐器?触手多多的章鱼小姐适合弹奏什么乐器?活泼好动的猴子弟弟又适合演奏什么乐器呢?

第四,展示本书的封面,让学生观察封面上有什么动物,什么人,他们分别在演奏什么乐器。再出示本书配套的CD碟片,播放其中一首好听的曲子给学生听,让他们猜猜这是什么乐器演奏的音乐。

总之,教师要善于发现和合理使用学生身边的古典音乐资源,通过形式多样的方法激发学生的阅读兴趣,激起学生的阅读期待,让学生先从整体上感知这本书的丰富和有趣,愿意翻开这本书开始阅读。

(2)学看目录

目录是读者了解图书内容的窗口。通过目录,读者可以快速了解图书的结构和内容。每本书都有目录,只是学生在以前以阅读故事类绘本为主,很少接触目录。因此,在本书的阅读教学中,教师应指导学生如何阅读目录。

首先,教师可以出示目录页面的图片,让学生观察目录包含哪些内容,哪几行字的字号和字体比较大、比较特别,认识目录中的小标题。然后再思考,按照目录标题,是否知道这本书分为几个部分,主要内容包括哪几个方面。最后想一想,自己最感兴趣的是哪个部分,可以对应页码翻阅一下相关的内容。如果都很喜欢,则可以按目录的顺序进行阅读。

(3)制订计划

古人说,凡事预则立,不预则废。制订读书计划,能使学生提高计划观念和执行能力,使整本书阅读有序地完成,并培养学生良好的阅读习惯。中低年级学生阅读整本书(这里指的是绘本之外的整本书),更需要教师引导学生制订一定的阅读计划,保证学生能完成整本书的基础阅读。

我们可以根据目录的内容指导学生制订阅读计划。学生可以按照目录的顺序来制订阅读计划,也可以先找出自己最想了解的部分先读。如《我的第一本古典音乐启蒙书》,从目录中可以了解到,这本书的主要部分有三大块:古典音乐在哪里、著名的作曲家、各种各样的乐器。

以下是厦门市音乐学校小学二年级2班肖梦恬同学制订的阅读计划表(见表4-7):

表4-7 《我的第一本古典音乐启蒙书》阅读计划表

日期	页码	内容	实际完成情况	简易评价
2月25日	1~7	古典音乐在哪里	第一页看不懂,其他读完了	好看,可以一边听音乐一边看
2月26日	8~15	古典音乐在哪里	完成了	好看
2月27日	16~23	著名的作曲家	完成了	很好
2月28日	24~33	著名的作曲家	完成了	很好
3月1日	34~40	各种各样的乐器	完成了	很好
3月2日	41~47	各种各样的乐器	完成了	很好
3月3日	48~55	各种各样的乐器	完成了	很好
3月4日	56~62	各种各样的乐器	读完了	很好

读后感受:我花了一个多星期看完了这本书。这本书的内容很丰富,里面的卡通动物也很搞笑。我最喜欢的是可以一边看书一边听音乐。我喜欢这本书!阅读时遇到里面有不认识的字,我会问妈妈,有时候会查字典,有时候觉得有点麻烦就猜一下意思

(4)图文结合

绘本中的图画精致美观,文字言简意赅,"图""文"一体,既激发了学生的阅读兴趣,也互补互释,加深了学生对文本内容的理解。教师在指导学生阅读绘本时,应有意识地引导学生仔细观察图片,引导学生从读图的角度分享自己的感受,再结合文字内容,使学生深入理解图书的主要观点。

例如，在《我的第一本古典音乐启蒙书》"欢迎步入音乐殿堂"这一页中，文字的内容仅有"典雅、动听的古典音乐令人沉迷、陶醉""它能让你的汗毛竖起""能让你翩翩起舞""也能让你潸然泪下""他还能伴你进入甜美的梦乡"这几十个字。但配以双簧管、萨克斯风、低音提琴、大号、长号、长笛等乐器的图片，画面上还有一些音符从乐器中冒出来，自由飞行，就让人感受到音乐的动感和丰富。细细观察，猫咪听了音乐，全身的毛发直立起来，一脸沉醉；小狼在音乐声中欢快地跳着舞；青蛙听到音乐，抱着膝盖坐在一旁痛哭流涕；长颈鹿卧在枕头上，在乐声里进入甜甜的梦乡；小红鸟吹奏着一把小小的长笛。享受着美好的音乐瞬间。

结合图和文来阅读，教师就可以让学生感受到这一页要表达的意思是：音乐在我们的生活中处处可听，常常可听；我们（包括动物）都喜欢音乐，不同的音乐能带给人们（动物）不同的感受；有很多种乐器，可以吹奏或者弹奏出好听的音乐。

(5) 聆听音乐

音乐教育专家告诉我们，要对儿童进行音乐启蒙，重点从来都不是学乐理、认谱、演奏，真正的重点就是多听音乐，在听各种各样的音乐中积累自己的音乐感受、音乐体验。同样，《我的第一本古典音乐启蒙书》中，重点介绍的内容是伟大的音乐家和各种各样的乐器，并在每一个介绍的知识点页面上配以与之配套的典型音乐。学生可以通过播放CD中的音乐，更加直观地感受这个作曲家或者某种乐器的特点。

作为语文教师，也许没有特别的语文与音乐跨学科专业学习背景，但我们仍然要遵从儿童音乐启蒙的规律。指导学生阅读本书时，要让他们把文字与音乐充分结合起来，既阅读文字，也好好欣赏插图，更要花时间让他们去亲耳聆听！

通过阅读，学生对亨德尔的外貌特点有了一点印象（特别是那一头又长又卷的黄白色假发），还知道他创造了清唱剧这种歌剧形式。在第19页中，重点介绍了亨德尔为英国国王乔治二世创作的《皇家焰火音乐》，还以跨页形式把皇家焰火表演绘制出来了。在页面的右上角，有一张国王写给亨德尔的留言条，显示了国王对他的尊敬。右下角，则有音乐小鸟提示大家：曲目6是《欢庆》，出自《皇家焰火音乐》，注意听——小号发出了明快、嘹亮且富有活力的声音。角落里还有观众们的评论——焰火表演真好看，不过音乐更棒！

试想一下,如果学生仅仅是从这两页的文字和图片上知道亨德尔,那么亨德尔对他们来说,仍然是一个遥远而抽象的概念。而我们播放了《欢庆》之后,气势恢宏而又充满活力的音乐能够立刻感染学生,令他们浮想联翩,想象宫廷焰火表演的华美富丽,天空中那绽放的辉煌绚烂的烟花。

因此,既然本书在形式上具有"文字+图片+音乐CD"三者有机结合的特点,教师就要充分运用图书本身的多样化资源,让学生在阅读文字、欣赏图片的同时,播放书中的配套音频,使学生从视觉、听觉上得到多重体验,获得更加深刻的理解和感受。

(6)具身体验

具身认知理论主要指生理体验与心理状态之间有着强烈的联系,认知、思维、记忆、学习、情感和态度等是通过身体作用于环境的活动塑造出来的。芝加哥大学心理学系教授西恩·贝洛克提出,全面开发使用自己的身体和周围的环境,能够提升思维和记忆力、激发创造力、改善情绪、理解他人,做出更好决策。

所以,教师在让学生读文、观图、听音乐的同时,还可以相机开发更多的相关资源来辅助阅读。例如,可以引导学生根据自己的感受进行律动,通过身体动作、脸部表情等等来表达自己的感受。

这本书在介绍低音提琴这种乐器时,页面上不但介绍了低音提琴体型庞大、音区低的特点,还画了一只魁梧高大的北极熊拉低音提琴的图画。教师可以引导学生们站起来,像画面上的北极熊那样做出拉琴的动作,感受一下低音提琴大概有多高、多大。在聆听音乐的同时,还应该引导学生展开想象,如乐曲中的这头大象长什么样?是迈着怎样的步伐走来的?能模仿大象走路的节奏随着音乐走一走吗?这样,学生在看、听、想、仿、走等多重感官体验之下,对低音提琴这种乐器以及这首曲子的特点都留下了深刻的印象。

如果教师还能把这节课安排在音乐教室中,让学生在具体可感的音乐环境中阅读这本书,那么环境对于阅读的积极促进作用也能充分发挥出来。

(7)分享感受

《2022年版课标》拓展型学习任务群"整本书阅读"提出,让学生"借助多种方式分享阅读心得,交流研讨阅读中的问题"。基于此书的特点,教师应指导学生积极联结生活中的音乐体验、阅读中的收获和感受、阅读中的疑问和解疑等方面来展开交流。比如:说说自己最喜欢的音乐家或乐器,谈谈自己最喜欢的一首古典乐曲并播放给大家听,分享自己学习演奏一种乐器的故事,说说是否喜欢阅读这本书及其理由,提出阅读此书中产生的疑问并讨论如何寻求帮助等等。

在阅读了本书以后,厦门市音乐学校小学二年级班级小舞台就组织学习乐器的学生表演了自己拿手的节目。节目单如图4-14。

图4-14 《我的第一本古典音乐启蒙书》学生表演节目单

学生从书中已了解一些基本的古典乐器和乐曲,现在又在学校里听到了来自身边同学的演奏。那书中的文字仿佛有了生命一样变得更加鲜活而灵动了,音乐不再遥远,更显得亲切和熟悉了。不少学生在小伙伴演奏完以后,都好奇地去摸摸乐器,翻翻谱子,眼里充满了探究的兴趣。这时候,如果你问他们喜欢阅读这本书吗?喜欢古典音乐吗?想学什么乐器吗?得到的答案绝大多数都是肯定的、积极的,也是令人快乐、欣慰的。

除此之外,在学生读完一本书后,教师还应指导学生进行小结和反思,梳理阅读过程中使用的一些方法和经验,做成简易的小卡片进行分享。日积月累,学生就能从阅读一本书迁移到阅读一类书,从教师和家长带领阅读到独立阅读,真正实现自能阅读,为进一步的学习生活打下良好的基础。

2.《京剧脸谱》

《京剧脸谱》(图4-15)也是艺术类图书,通过阅读此书,学生可以了解京剧知识、京剧文化,在美术欣赏方面也能提高审美水平。

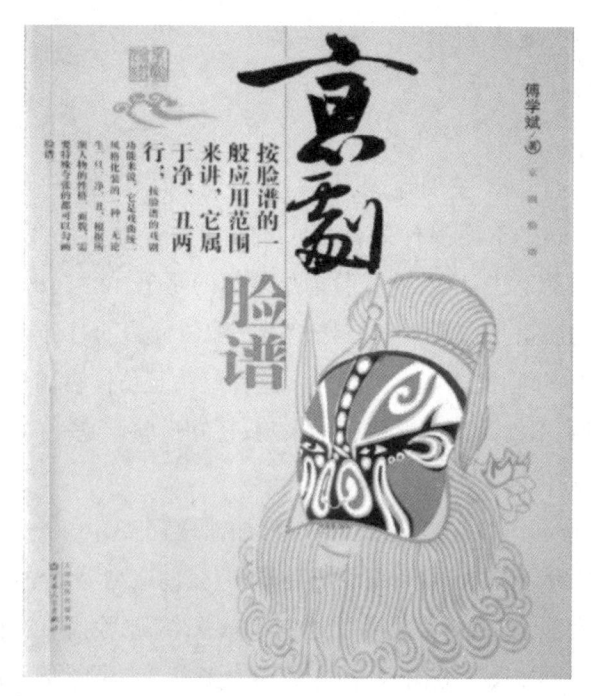

图4-15 《京剧脸谱》封面

当然,地处南方的我们,对京剧比较陌生,阅读理解存在较大障碍。与美术老师联合教研后,我们发现,人民美术出版社课标版《美术》教科书小学五年级上册有《京剧脸谱》学习内容。统编语文教科书小学四年级上册有《梅兰芳蓄须》一课,小学六年级上册有《京剧趣谈》一课。相关学校还开展过京剧进校园特色活动。结合以上资源,有助于我们指导学生展开此书的阅读旅程。当然,在教育部推荐书目里,此书是推荐给低年级学生阅读的。因此,我们进行了科学选用资源,合理定位,然后适切指导。

厦门市深田小学杜文斌老师面向小学二年级学生,采用了下面的指导策略:

(1)听歌曲,初识脸谱。

孩子们,你们听过这样一首歌吗——"蓝脸的窦尔敦盗御马,红脸的关公战长沙。黄脸的典韦,白脸的曹操。黑脸的张飞叫喳喳……"这首由阎肃先生填词的歌曲《说唱脸谱》曾经广为传唱。歌曲中提到的脸谱是京剧的三种舞台造型之一。红脸的关公、白脸的曹操、黑脸的张飞,这三位是大家最熟悉的,请看他们的脸谱(在课堂上展示关公、曹操、张飞的脸谱)。

(2)翻阅全书,挑喜欢的内容读一读。

(3)借助画面,带读文字,理解脸谱内容。

这本书的第二部分,有许多京剧脸谱的图例。这些京剧脸谱中的一些人物,有可能认识,如包公、关羽等;也有一些,可能不认识,如杨延德。没关系,这本书在每一张脸谱的下面都有文字说明,告诉我们这是哪部戏剧中的人物,还介绍了这张脸谱的笔法,以及这张脸谱想表达的是怎样的人物形象。比如《乌盆记》中,包拯的脸谱是白眉平直,斜插入鬓,配以额头的月牙纹,犹如"雪山悬月",给人以刚正不阿、执法如山的印象。这种笔法是仿侯喜瑞先生的。在这样的介绍中,让我们不仅认识了这些脸谱人物,还知道脸谱是一门传承有序、谱式规范、笔法精到的传统艺术。

(4)学科合作制作书签,分享阅读成果,加深理解。

京剧脸谱以其细腻的勾画、绚丽的色彩、夸张的造型等美学特点,受到很多人的喜爱。美术课上,我们每人动手绘制了一张"京剧脸谱"(在已有的构图上上色),现在我们再补充一些内容,使之成为一张书签。同学们可以参照书上的脸谱,提取书中的关键词,作为人物的简介,加深对京剧脸谱的认识。

(5)听歌、看戏,感受京剧艺术的独特魅力。

对于京剧艺术感兴趣的同学,可以听听《说唱脸谱》这首歌,还可以和大人们欣赏一些京剧经典,如根据《杨家将演义》创编的《四郎探母》,讲述《三国演义》故事的《失空斩》,表现包拯公正执法、大义灭亲的《赤桑镇》等。相信通过这些活动,你一定会对京剧脸谱有进一步的认识与理解,一定会喜欢京剧这一传统的艺术。

在面向高年级学生开展《京剧脸谱》的阅读时,则可以让他们阅读相关的图书,如徐城北的《京剧趣谈》、骆正的《中国京剧二十讲》等,再更多地联合美术学科、音乐学科,带领学生通过实践更深入地理解京剧脸谱艺术之美,如线条美、色彩美、造型美,感受京剧唱腔的特有韵味。

综上所述,根据不同类型图书的价值功能、特点,不同学段学生的阅读需求,我们可以在"适·度"阅读主张下开展相应的阅读活动,推进学生阅读发展,继而发展其核心素养。在已有的整本书阅读实践里,语文教师是强有力的指导力量。但面对多种类型的图书时,亟须语文教师加大阅读量,拓宽阅读面,同时需要联合多学科,设计多形式的阅读活动,引导学生沉浸阅读,创造阅读。

第三节 强化阅读策略实践

"策略",在《汉典》中解释为计策、谋略。后指为了实现某一个目标,预先根据可能出现的问题制定的若干对应的方案,并且在实现目标的过程中,根据形势的发展和变化来制定出新的方案,或者根据形势的发展和变化来选择相应的方案,最终实现目标。而"方法"在《汉典》中解释为,古指量度方形的法则,后指为达到某种目的而采取的途径、步骤、手段等。由此可见,策略是一系列的方案,比较重视整体性。方法则是比较具体的应对法则,相对范围小些。

因此,我们认为,阅读策略指的是阅读主体在阅读过程中,根据一定的阅读目的和阅读任务,为解决阅读中的困难而采取的一系列促进有效阅读的行为,它有助于提高学生阅读理解能力,具有有效性、灵活性、应用性等。

语文教科书里曾以不同形式编排阅读方法内容,如全国第八次基础教育课程改革以来,人教版、北师大版、苏教版等教科书均在各年级中以"语文学习方法与习惯"为主题,安排了一些关于阅读方法的指导与学习。但2016年以后,在统编语文教科书里,首次编排了四个阅读策略单元,分别在小学三、四、五、六年级里。2019年发布的国家义务教育质量监测报告里也明确指出,学生阅读策略运用与语文成绩正相关,且影响很大。报告里关注的阅读策略主要包含关注文章结构、联系实际思考、预测、提问题等。

一 合理运用阅读策略

(一)八大阅读策略

在赵镜中教授的研究中,阅读策略主要包括预测、连结、提问、图像化、推论、找出重点、统整和监控理解等八种。而周步新老师提出预测、图像化、提问、联想、比较、联系、推论、找出重点、概括、批注、监控等十二种阅读策略。我们则从学生的认知角度和主体角色地位出发,提出线索预测、推理比较、多方联结、自我提问、情境想象、找出重点、有序整合和进步监控等八大阅读策略。

1. 线索预测

预测指的是读者在阅读时，根据读过的信息以及与信息相关的背景知识去推测文章内容的发展，包括作者或主角的行动、情感或者想法。预测作为一种阅读策略，不是简单等同于传统教学中所说的"猜猜看"。它首先强调读者根据自己的知识经验储备和对文本信息的掌握，对文本内容的发展进行假设，然后在继续阅读的过程中验证假设，再形成新的假设—验证，推进阅读。统编语文教科书小学三年级上册预测策略单元强调有根据地预测，这里的根据就是线索。留心有关线索做预测，才可提高预测的准确度，提高阅读速度。

2. 推理比较

推理比较指的是将两个或两个以上的信息进行比较，得出隐藏在其背后的真正含义。推理比较在阅读中时刻需要用到，只是使用范围有所区别，具体为引导学生从词语之间的比较扩大到句子、段落、篇章，乃至更大范围，以帮助加深理解。

3. 多方联结

在阅读理解中，每位读者都会不知不觉运用上联结的策略，将眼前的阅读文本与已有储备之间展开各种关联，帮助理解。新课标及教材常提及"结合上下文和生活实际了解课文中词句的意思""联系上下文，理解词句的意思，体会课文中关键词句表达情意的作用""联系上下文和自己的积累，推想课文中有关词句的意思，辨别词语的感情色彩，体会其表达效果"。其实阅读中还不止于联结这些内容，联结的方式也不是单向、单一的。因此我们强调"多方联结"，引导师生拓宽思维视野，具备更强地收集和使用资源的意识，为深度阅读服务。

4. 自我提问

美国的杰基·阿克里·沃尔什和贝思·丹克特·萨特斯在《优质提问教学法——让每个学生都参与其中》一书中提出，提问是引发、促进学习的工具，而非检查评价的手段。这样的观念转变，不仅能让学生喜欢教师的提问，也能让学生喜欢自我提问，深入思考。提问涉及师生，双方都需要提问和思考、解答，我们这里侧重学生的阅读主体角度，试图着重训练学生自我提问的能力，以期培养自主阅读能力和习惯。

5.情境想象

阅读需要想象,尤其是文学类作品阅读。情境对想象有着引发或限制作用,学生要积极联系上下文和相关经验,营造情境以展开合理想象,寻得文本主旨和意趣。

6.找出重点

找出重点,即从阅读材料中找到重点信息,以快速理解整体材料。现代作家、思想家鲁迅先生总结自己的读书方法时提及"拔萃法",即摘录要点备用。新课标和教材提出要学生概括文章主要内容,这就需要阅读时,一步一步找出词、句、段中的重点信息。

7.有序整合

在阅读中,整合是基于对各种信息的提取、初步的直接判断后要进入深层理解的关键一步。它并非阅读起始阶段就发生的,而是在解决一个需要多方信息支持的比较复杂的任务时才启动的。而此时,需要的信息往往比较隐蔽,难以被发现,需要读者坚持,及时调整策略。所以,整合策略运用的关键在于要全面地搜集基础信息、不断地与原有预测进行对比印证,及时调整策略,最后综合诊断。梳理各种信息时需要有一定的、合理的顺序,以便于发现其中的要点。因此,我们强调有序整合,运用思维导图等各种图表有利于学生有序整合信息,对文本深层理解。

8.进步监控

阅读理解监控是阅读活动中的元认知,即读者对自己的阅读过程和结果的自我意识和自觉调整。它主要是由两个部分组成,即意识到理解的正确性和深度,以及当发现理解失败时知道做什么和怎样做。这种自我监控不仅指向文本内容的阅读理解情况,还应指向阅读速度的控制、专注程度的控制等,一切以有利于促进理解,提升阅读水平服务,所以称之为"进步监控"。

以上八种阅读策略可以根据不同类型的文本和不同年龄段的学生进行适当的学习规划和实践引导。整本书阅读因其篇幅长,内容复杂,更需要选用合适的阅读策略或综合运用各种阅读策略。其中,自我提问策略、有序整合策略和进步监控策略尤为重要。

(二)重点运用三大策略

1.自我提问策略

虽然统编语文教科书在小学四年级上册才安排提问策略单元,但从小学一年级起就通过课后习题启发学生提问。总体来看,低年级重在激发学生提问兴趣,在保护其提问热情的前提下,主要从小处提问着手,关注不懂的词语、句子、文章整体印象上不明白的地方;中年级则可以给予一定的问题支架,引导学生有意识有方法地思考、提问;高年级在自主、自觉提问的基础上,能够分辨问题的层次,集中精力解决有深度的问题。

对应整本书阅读,低年级学生更多会提一些琐碎的、比较分散的问题,教师可以一边读一边帮助解决;中年级学生已经会关注故事主要内容,以及其中最感兴趣的部分,他们的提问意识比较强,问题具有一定的深度,教师可以稍加提醒,引导学生将不同的问题进行关联解决;高年级学生则应切实养成自我提问的阅读习惯,并通过解决阅读中的问题,尝试理解整本书。

统编语文教科书小学四年级上册编排的提问策略单元,完整地呈现了提问的路径和具体运用的范例。其中罗列问题清单和整理问题清单这个要点易被忽略,这恰是学生整本书阅读时最关键的前提。为此,我们提出使用"问题链",帮助学生完成整本书阅读的构想。所谓问题链,即把分散提出的问题加以关联整理,使之显示出一定的逻辑关系,为寻找到解决重要问题的切口提供支援。

我们以统编语文教科书小学四年级上册《呼风唤雨的世纪》一课为例。课后习题示范提出4个问题:①什么是"程控电话"?②"忽如一夜春风来,千树万树梨花开"是什么意思?③20世纪的科学成就为什么可以用这句诗来形容?④现代科学技术给我们带来的全是好处吗?另外,课文的旁批也示范提出了6个问题。总共这10个问题既有文章内容理解方面的,也有关键字词理解的,还有拓展思考的,遵循了从内容、写法、启示三个角度提问的路径。

但是,教师授课时一般重点解决3个问题,它们是:①20世纪有哪些科学技术成就?②为什么能说是呼风唤雨的世纪?③第二、三、四段中特殊的修辞手法以及文章结构上的特色是什么?可以说教师是直奔文章重点而去的。但是学生上完课后依然想解决的问题却是:①"地球村"是什么意思?②为什么人类要来呼风唤雨呢?③为什么说20世纪的科学创造了一个又一个的神话?

第四章 "适·度"阅读的基本路径

显然,学生把所有问题都当成一个个独立问题进行认知,即使得到答案也与整体认知没有产生关联。我们尝试从学生的问题出发,帮助构建问题链如下。

第一层,从课题出发,可有3个问题:①是谁来呼风唤雨?②为什么要来呼风唤雨?③呼风唤雨和世纪有什么关系?

第二层,把以上3个问题对应到关于文章内容的疑问:①100万年前的世界是什么样的?②"发现"和"发明"有何区别?③什么是程控电话?④伯特兰·罗素是什么家?⑤"地球村"是什么意思?⑥为什么用"忽如一夜春风来,千树万树梨花开"来形容20世纪的成就?⑦为什么说20世纪的科学创造了一个又一个神话?⑧20世纪还有哪些伟大的发明?

其中"'地球村'是什么意思?"这个问题,表面上看是一个关于词语的意思的问题,简单的解决方法是拆字解词,"地球"加"村子"。实际上,学生想问的是地球那么大,村子那么小,科学技术再发达,地球的实际大小并没有改变。学生产生这一疑问的原因在于没有读懂文中句子里的关键词:

20世纪,电视、程控电话、因特网以及民航飞机、高速火车、远洋船舶等,日益把人类居住的星球变成联系紧密的"地球村"。

电视、电话、因特网等技术产品的运用使遥不可及的地方仿佛就在眼前,使本不可能认识的人与人可以迅速联系起来,就像住在同一个村子里,人与人之间联系很方便。

呼风唤雨和世纪有什么关系?这个问题表面上看很奇怪,多数教师会抛弃它或请学生再想想。其实学生想问的是,在神话故事中,呼风唤雨是人物的一项本领,"世纪"又不是人,怎么会呼风唤雨呢?此问题可结合课文第四段伯特兰·罗素所说的话进行理解,进而理解20世纪的巨大变化。

第三层,把写法方面的问题、延伸启发思考的问题与文章内容方面的问题对应起来解决,使问题变简单。

其实,整本书阅读更需要建立问题链。厦门市音乐学校陈欣莹老师指导学生阅读《汤姆·索亚历险记》时,梳理小说主要人物、故事情节后,分两个步骤着重引导学生一起解决小组内无法统一解决的问题。一是理解层级问题,"为什么汤姆要替贝基受过?这一片段看出汤姆怎样的性格特点?"这两个问题需要比较细致地阅读文本,联结文本信息解答。二是评价层级问题,"你怎么看待汤姆的吹嘘?你会像汤姆那样去冒险吗?作者写汤姆这样的人到底要表现什么?"这三个问题需要结合文本整体、小说写作背景、学生生活经验等理性思考后才能解答。

陈老师的经验从另一个角度启示我们,问题链的构建与解决可以依照问题的思维层级来排序,高层级问题需要低层级问题的解答来支撑。当然问题多了,并不一定全部照序解决,可以来回穿插、筛选整理,或牵一发而动全身。

2.有序整合策略

阅读信息只有及时梳理、有序梳理,才能变成有价值的信息,为深度理解提供帮助。整本书阅读中,需要强化学生对有序整合策略的实践运用。思维导图、表格、手抄报、卡片等工具经常出现在学生整本书阅读中,呈现学生有序整合阅读策略运用的结果。但在实际应用中,多数教师多停留于图表是否美观、是否吸引人等方面,对其中逻辑关系是否理顺、理全不够重视,也忽略了整合过程中学生的真实参与情况。

以概括文章主要内容为例,统编语文教科书小学三年级下册《漏》课后习题提供了故事线索,教师要求学生比较生动地讲述这个故事,就需要在课后题目已有提示的基础上补充关键词句。学生从第二段开始就发现故事的写作特点,将两个主角——"虎"与"贼"互相对应着来表述。教师也引导学生圈画出其中表示相对应的词句,但是教师并未紧接着引导学生将这些词句对应整理到课后习题中来,完善信息整理表单,而是急着让学生复述故事,结果使信息还处于零散状态,学生无法讲清楚,更难以讲生动。

有的教师则越俎代庖,经常把主要的整理条目先厘清,再让学生填入一些细碎的小信息,这样训练难以培养学生自己的整合能力。教师应有意识地在学生找到小信息、表层信息后,引导他们梳理概括,往高一级别信息概念整合,直至最后能概括整本书的重要信息概念。如,人物关系图梳理,一本书中共出现哪些人物,人物之间是什么关系,关系的紧密度如何,重要度如何,这些人物应该居于什么样的位置。这样的人物关系图是无法一次性完成的,需要多次调整,调整的依据和结果,都应让学生尝试,发挥小组的力量完成。

3.进步监控策略

《2022年版课标》中提到要重视培养与考查学生阅读习惯的养成,要求学生根据兴趣和阅读目的选书并制订阅读计划,综合运用多种方法阅读等等,这些其实都是在考验学生进步监控策略的具体使用。包括我们所提的其余七大阅读策略也都包含在进步监控之中。如"自我提问",就是提醒自己在阅读时,自己给自己提问题,还是在等待教师提问?这是监控;"有序整合",就是对相关信息的整理是有逻辑顺序的还是杂乱无章的?这也是监控。

当然进步监控策略重在实践运用,在运用中反思优势与不足,从而积累有效的整本书阅读经验,具体实施如下。

第一,分年级提出进步监控要求。低年级主要落实每天阅读时长(不少于15分钟);中年级加上落实每天阅读量,并提出1~2个问题,尝试解决,在问题解决中初步学会调整阅读策略;高年级再加上落实每天阅读速度和阅读质量。

第二,重视学生养成自我监控习惯。整本书阅读是一项综合性强的大任务,可以从四个方面引导学生养成自我监控的习惯。一是"目标设定",阅读的目标除了教师设定的,阅读时还可以发现自己的阅读目标,并监控目标的完成情况。二是"过程监控",监控自己的阅读进度和阅读策略使用。三是"清晰度监控",可按以下示例提醒自己:①我了解的此书的梗概、背景是怎样的?②我熟悉且喜爱的此书中的场景有哪些?③我喜爱的此书中的人物和我印象深刻的此书的情节有哪些?④我理解的此书的艺术价值和社会影响有哪些?⑤我把这本书推荐给我的同学阅读的理由有哪些?[1]四是"准确度监控",可按以下示例提醒自己:①检查小说的梗概是否全面准确;②检查故事的背景是否准确;③检查地点和人物的掌握是否准确;④检查情节的理解是否准确;⑤检查艺术价值的理解是否准确;⑥检查社会影响的理解是否准确。[2]

第三,重视读书小组建设。因为整本书阅读困难,所以需要有同伴互相鼓励,在交流中汲取前进的力量。这也是在互助中互相监督,落实进步监控策略运用。关于读书小组建设,早已有之,名称也各有不同,"阅读圈""读书共同体""阅读俱乐部"等等。关键是这样的读书小组要充分发挥作用,每一次读书交流,不管是处于什么样的阅读阶段,都应以小组的力量来展示,小组之间还可以再合作交流。通过读书小组建设,帮助阅读兴趣较弱、阅读理解能力较差的学生跟上阅读进度,以小组的力量督促较弱的学生养成自我监控。读书小组建设

---

[1] 吴亮奎.元认知思维视角的小学语文整本书阅读教学设计[J].天津师范大学学报(基础教育版),2023,24(5):65.

[2] 吴亮奎.元认知思维视角的小学语文整本书阅读教学设计[J].天津师范大学学报(基础教育版),2023,24(5):66.

过程中,要注意给予学生明晰的任务目标,给予完成任务方式的选择自由、一段长度合适的完成时间,最后应在不同阶段提供指导支持。

在PIRLS测试学生问卷里,曾设置这样的提问:你是否做以下事情来帮助自己阅读理解？选项分别是:①仔细从文本里提取信息;②读后能概括文本的主要内容;③从文本里寻找依据证明某一观点;④把所阅读的文本同生活实际相对比;⑤把所阅读的文本同以往所读过的阅读内容相对比;⑥根据所阅读的文本预测接下来会发生什么;⑦知道所阅读的文本的写作特点;⑧确定作者的观点或意图;⑨默读时注意力很集中;⑩控制好默读的速度,不好理解的地方读慢一点,好理解的地方读快一点。这10条也可以当成学生阅读时自我监控的陈述示例。

第五章

"适·度"阅读的典型样态

为更好地激发儿童整本书阅读兴趣,也为将整本书阅读与课内阅读教学有机地融合成为一个整体,共同促进儿童成长,除了按整本书阅读基本路径开展阅读活动之外,本章将重点介绍四种"适·度"阅读的典型样态,分别是课内单元整读推进、微项目式阅读推进、跨学科共读推进、群书主题阅读推进。

这些典型做法是根据统编语文教科书编排特点、学生阅读需求以及《2022年版课标》理念总结得出的。其中课内单元整读推进是基础样态,一线教师最容易操作。微项目式阅读推进,是根据图书特点与学生需求,通过项目设置引发阅读、推进阅读。跨学科共读推进,主要是引入不同学科视角,协助学生克服阅读障碍,达成个性化阅读需求。虽然群书主题阅读推进对师生都具备较大的挑战,但也能收获更多更大的阅读成就。

每一种阅读样态,分别从价值取向、操作要点和案例解读三个层次进行阐述,其中所选的案例还兼顾不同图书类型、不同学段特点和不同文本呈现形式,尽可能贴近一线教学实际,引发共同思考。

第一节 课内单元整读推进

一 课内单元整读推进模式的价值

《普通高中语文课程标准（2017年版）》颁发以后，单元整体教学沉寂三十几年后终于再次成为研究热点。单元整体教学区别于单篇教学，关键在于是否以一定的主题为线索，围绕某一核心目标，将相关学习内容有机组织成一个系统模块，并按一定的顺序展开的教学活动。

在单元整体教学理念下的整本书阅读与单元内各板块内容同属一个系统，它们之间的关系紧密，共同指向完成单元核心目标。统编语文教科书从小学一年级起，每年级（上、下册）都安排"快乐读书吧"，特别是从小学三年级起，"快乐读书吧"推荐的图书都与单元选文、单元语文要素构成一个整体。因此，以课内单元整体推进的方式开展整本书阅读是最容易落实的。

以课标要求为导向，以教科书要求为载体，以学生实际为参考，以单元教学流程有序安排整本书阅读进程，无需单独开辟时间、空间。这样的阅读指导方式也能更好地把课内外教学有机联系起来，一方面是运用课内习得迁移运用到课外，另一方面是利用课外阅读积累而得的背景知识帮助理解课内应学，从而全面提升学生语文素养。

二 课内单元整读推进模式的操作要点

（一）整合教材资源，有机融入课文内容教学

统编语文教科书有意识地将整本书阅读融入单元之中，或与单元人文主题相关，或与单元语文要素相关，有的单元还设置相关的口语交际、习作、语文园地等练习内容帮助学生开展阅读。教师可充分利用这一教科书的编写特点，有机整合教材资源，将整本书阅读指导形成于无痕之中。

如嵌入式联结,把教科书中的文本和整本书阅读形成镶嵌关系,让学生带着已有的学习体验或策略进入整本书阅读。像寓言故事阅读、神话故事阅读等都可以这样。如反哺式联结,整本书阅读所获得的经验可以帮助单篇课文理解,再由单篇课文理解帮助整本书阅读。在民间故事单元,单元学习之前可以先浏览《中国民间故事》整本书,了解民间故事特点,发现故事具有不同版本的现象,进入课文学习创造性复述后,再返回来阅读整本书,能够更透彻地理解民间故事的趣味与艺术特色。

关于整本书阅读的方法,除了"快乐读书吧"外,教科书在不同的板块也有相应的指导,整合利用这些资源,可有效帮助学生读好整本书。如统编语文教科书小学五年级下册第二单元为"中国古典名著"单元。古典名著对学生而言真的很难读懂,教科书在课文导语中一再提示"猜猜大致意思""大致读懂",文中或课后也提供插图、阅读链接资料,文下提供注释等,就是提醒我们面对古典名著不必处处细究,可以借助资源帮助理解。课后习题还提醒我们关注主要故事情节和主要人物,适当提问帮助自己读懂。

(二)合理安排进程,有序完成整本书阅读

整本书阅读量比较大,教师可以从学期初就开始布置阅读任务,若配合整个单元教学,至少需要两周时间。合理安排阅读进程,就能有序完成阅读任务。阅读进程的安排可以参考整本书阅读基本过程,先是基础阅读,再是要点导读、精彩分享,最后是成果展示。基础阅读可以提前一周布置,规定每天阅读量,让每位学生大致读完全书。要点导读可结合课文教学,每篇课文加入一个精彩片段的拓展阅读,或指导赏析方法,或指导书中精彩之处。精彩分享可利用班级空间、课余时间引导学生在同伴间、师生间、亲子间进行。成果展示就放在单元教学结束之后的1—2周内,教师提供平台,定时间、定地点、定对象,指导学生布置展示内容,收获展示成就。

需要提醒教师的是,完成基础阅读部分时,不一定都从图书第一页读起,可允许学生从自己最喜欢的部分读起。如《窗边的小豆豆》这本书,学生可通过目录预测书中有趣的部分,选取自己喜欢的章节阅读。之后边读边完善学习地图,了解整本书大体内容。基础阅读部分基本完成后,教师可以设计几道题目或学生自己出题检测阅读情况,如"故事情节大检阅""人物知多少"这样的问答题等。

如果整本书阅读是置于单元教学之中或之后，一般应顺延阅读周期，或与后续单元教学形成关联，有效落实整本书阅读任务。如《十万个为什么》是小学四年级下册推荐阅读的，小学五年级上册说明文单元还可以继续联结阅读。

（三）设计任务驱动，有效推动整本书阅读

整本书阅读中，教师结合单元教学目标适当设计几个任务或布置几道问题，可有效推动学生更积极投入阅读。特别是单元教学时间与学校读书节、我国重大节日重叠时，更应注意设计适切的阅读任务。

统编语文教科书小学四年级下册第八单元推荐学生阅读《宝葫芦的秘密》，进一步体会童话人物真、善、美的品质。阅读时可设计这样几道问题引领学生逐渐走进文本：①宝葫芦真的是个宝物吗？②这样的宝葫芦，你会留下来吗？③你会和王葆做好朋友吗？④书名中的"秘密"一词是否可以删去？⑤读完《宝葫芦的秘密》和单元所有课文，你怎么理解"真、善、美"？其中的每一道问题都是一个具体的阅读思考任务，随着问题难度加深、广度扩大，学生阅读的宽度、深度也在变化。

统编语文教科书小学二年级下册第一单元"快乐读书吧"的推荐图书《一起长大的玩具》，作者金波以饱含抒情的笔调，回忆并介绍了伴随自己度过童年生活的几种玩具。阅读这本书的时间点与"六一"儿童节相近，厦门市深田小学叶青老师就以"儿童节玩具大拍卖"为主任务，以"传统玩具产品发布会"、创制"我心仪的玩具"和"我的玩具推广会"为子任务，引导学生阅读时，注意书中对玩具的介绍，对玩法的描述，对童年的回忆，并联系古诗《村居》、课文《找春天》，将阅读所得迁移运用到现实任务完成中。

（四）根据不同单元，灵活调整读书活动

整本书阅读在教科书单元的编排中并不都是一样的。神话故事单元，课文选取《盘古开天地》《女娲补天》《精卫填海》《普罗米修斯》等经典篇目，学生读前一般已通过动画片或其他故事书接触过，本单元可以多拓展阅读其他神话故事，加强整本书阅读，帮助学生比较全面地了解神话特点。

而科普作品米·伊林的《十万个为什么》，单元课文与图书在主题上一致，但内容上距离较远，作品的表达形式也差别较大，本单元的内容可以先泛读，大概了解，上到小学五年级时再阅读。

外国名著单元所选的图书都很有趣,但篇幅较长,难以在一学期内都读完,教师可以采取精读一本加泛读两本的形式,或精彩片段欣赏加整本书浏览的方式指导学生开展阅读。教师也可从班级大多数学生喜欢的图书入手,精读喜欢的,了解一般的。

三 阅读课例

(一)《中国古代神话》分析

统编语文教科书小学四年级上册第四单元以神话故事组织单元,编排了创世神话《盘古开天地》、始祖神话《精卫填海》、古希腊神话《普罗米修斯》三篇精读课文和始祖神话《女娲补天》一篇略读课文,其中《精卫填海》是文言文。课文展现了中西方人民对人类高贵品质的追求,以及对自然、对世界的独特理解和神奇想象。语文园地中的内容,除了识字加油站外,其他内容都是围绕神话阅读编排的。"快乐读书吧"通过提问、展示相关情节和推荐阅读等方式,激发学生阅读中西方神话的兴趣,鼓励、引导学生阅读更多的神话故事,收获更多的乐趣。

从内容上看,教科书中的神话选篇以中国古代神话为主,适当选编了外国神话《普罗米修斯》,这是教科书中唯一来自古希腊的外国神话,让学生认识不一样的民族,不一样的文化,感受人类童年时代不一样的想象,开拓学生的阅读视野,展现古人对自然、人类以及对生存的探索。学生在小学二年级学过《羿射九日》,本单元集中学习神话,进一步体会神话故事的神奇。本单元阅读训练要素有两点:一是了解故事的起因、经过、结果,学习把握文章的主要内容,二是感受神话中神奇的想象和鲜明的人物形象。本单元的表达训练要素是"展开想象,写一个故事"。

从以上教材分析可见,本单元的学习都围绕着神话故事展开,非常有利于开展袁珂先生的《中国古代神话》整本书阅读,这是我国第一部较系统的汉民族古代神话专著。在本单元阅读中,可以带领学生了解袁珂先生,浏览他的作品,加深对中国古代神话的感受。

现结合"适·度"阅读教学主张,制定如下阅读目标和相关活动(要点导读详见附录四)。

【阅读目标】

1.通过单元学习和整本书阅读,理解神话故事神奇的特色和故事人物的高贵品质。

2.练习讲故事,把握故事的起因、经过、结果等要素,把故事讲完整、讲生动。

3.读写结合,尝试创编与神话故事人物、故事情节有关的故事。

4.广泛阅读不同国家、不同地域的神话故事,链接古诗词与现代科技发展,感受神话风采和神话故事的价值。

【阅读活动】(改自厦门五缘实验学校秦霜霞的设计)

第一阶段:通读全书,把握故事情节

1.合理安排每日阅读时间,利用一周的时间完成本书阅读。

2.阅读每篇神话故事,完成读书笔记。(推荐模板:表格式,见表5-1,"简要概括主要内容"一栏,可以等学完《盘古开天地》再写)

表5-1 《中国古代神话》读书笔记(第一阶段)

日期	篇目	简要概括主要内容	感受	喜欢指数(几颗星)

3.读完全书后,认真回顾读书笔记,以气泡图的形式梳理自己对"中国神话故事"特点的理解。

第二阶段:研读人物,感悟中国式神话(与单元选文结合)

1.复读第一阶段笔记,寻找自己最喜欢的两个神话人物。

2.反复阅读所选人物相关故事,用思维导图简要记录神话人物最打动自己内心的特点。

3.再选择自己喜欢的几个神话人物,读一读他们的故事,尝试找出自己喜欢的中国神话人物的共同特点,用圆圈图记录下来。

4.完成自评表。

第三阶段:研读愿望,链接神话与现实

1.认真阅读《嫦娥奔月》和《千年梦圆在今朝》,寻找神话中的美好想象与现实中的科技发展之间的深度关联,链接社会主义核心价值观,思考阅读神话故事的意义,探寻神话故事传承的意义。

2.选择自己感兴趣的一种神话想象,查找资料,用流程图形式进行梳理由想象变成现实的历史过程。

3.将自己的阅读和拓展学习所得,用阅读小报的形式展示。

第四阶段:搜集诗词,联结神话与其他文学

1.课堂学习《嫦娥》,了解、积累以神话故事为题材的古诗词。

2.课后搜集、诵读、分享以神话故事为题材的古诗词。

3.拓展(选做):文学作品中,还有哪些以神话故事为题材的文学形式?请各选择自己喜欢的一两篇与同学分享。

第五阶段:对比阅读,探寻神话奥秘

1.略读《古希腊神话》和《世界神话故事》,利用自评表记录自己每天的阅读情况。

2.选取中国神话、古希腊神话和世界神话中,自己最喜欢的神话故事各两篇,梳理故事的起因、经过、结果,记录自己的阅读感受。

3.在完成第二点的基础上,用维恩图进行对比,探寻不同地域神话故事的异同。

4.复读第一阶段笔记,完善气泡图"中国神话故事特点"。

(二)《十万个为什么》分析

米·伊林的《十万个为什么》出版于1929年,是优秀科普作品的典范,对我国科普创作产生了巨大的影响。我国著名的科普作家高士其曾在《人民日报》上用"内容丰富、文字生动、思想活泼、段落简短"这16个字来概括米·伊林的写作特点。

统编语文教科书小学四年级下册第二单元推荐阅读这本书。这是教科书第一次推荐阅读科普类图书,这本书的内容与单元学习主题完美契合。

统编语文教科书小学四年级下册第二单元以"科普知识"为主题。《琥珀》《飞向蓝天的恐龙》《纳米技术就在我们身边》《千年梦圆在今朝》这四篇课文,从不同角度,以不同的表达形式,向学生介绍自然界的奥秘和科技的精彩。本单元的语文要素是"阅读时能提出不懂的问题,并试着解决。展开奇思妙想,写一写自己想发明的东西"。本单元前两篇课文重在讲大自然的奥秘,是一种发现,后两篇重在讲科技精彩,是一种发明。口语交际"说新闻"重在讲科技界的新发明新运用,习作要求写自己的奇思妙想,身边的小发明,如"水上行走鞋""会变大变小的书包"。

从单元整体教学任务来看,阅读《十万个为什么》有助于学生进一步理解单元主题,不仅感受到科学的奥秘,还感受到科学的亲切。此外,也有助于完成单元习作。米·伊林轻松自然、幽默风趣的写作风格与身边的小发明、儿童的奇思妙想最吻合。

"快乐读书吧"部分对此书的阅读要求主要在于运用简单的阅读方法了解作品介绍的科学知识,感受作品内容有趣、语言生动的特点,引发学生对科普读物的阅读兴趣,激发学生探索大自然、探索科技的热情。

【四年级阅读目标】

1.通过讲述、小实验等方式感受作品内容有趣、语言生动的特点;

2.掌握科普图书简单的阅读方法,两周内能完整阅读整本书;

3.协助单元课文学习,加深对自然奥秘和科技精彩的认识;

4.认识科普类图书,能拓展阅读其他科普作品。

【四年级阅读活动】

第一阶段,开启单元学习之初,总体浏览单元内容,简单介绍《十万个为什么》,布置阅读任务。

第二阶段,基础阅读。学生每天最少阅读15分钟,边读边做读书小记录。可直接批注书上,也可写读书日记。

第三阶段,精彩分享。单元学习第二周左右。学生尝试选取书中片段,跟着科学家做实验;小组绘制阅读小报;当小老师自创考题,参加年段阅读竞赛。

第四阶段,成果展示。单元学习结束一周左右。学生尝试观察、提问、查找资料,讲述科技界的新发明、新运用和自己身边的小发现;根据自己身边的小发现加上自己的奇思妙想写成一篇作文,如"水上行走鞋""会变大变小的书包"。

教师利用精彩分享的时段,开展要点导读,帮助学生运用适当的阅读策略深入理解图书内容,帮助学生理解科学家探索精神和探索方法,为完成单元口语交际和习作任务打下基础。(详见附录五)

从学生们的精彩分享,可以看出学生基本读懂了这本书。尤其是"展示阅读笔记,感受生动表达"部分,学生把作者最具特色的表达手法都找出来了,还由此评给了十分吻合的奖项:善于提问奖、语言严谨奖、最佳文笔奖。学生也能透过文字描述,还原实验过程,并能清晰地讲述。最后,学生还能迁移作者的观察、探究意识,发现身边的有趣现象或疑问之处。

虽然小学四年级读过这本书,学生也感受到科普作品的独有趣味,但小学五年级第五单元的说明文习作与本书的第二次阅读整合,不仅加深了学生对本书的阅读深度,更为说明文习作创设了一个真实而具挑战性的学习情境,缩小了说明文与学生的距离。

统编语文教科书小学五年级上册第五单元安排了说明文习作单元,选了《太阳》《鲸》《松鼠》等科普类作品。《太阳》和《鲸》属于平实的说明文,通过简洁易懂的文字介绍事物的特点。《松鼠》的语言生动,带有较强的感情色彩,文中描写较多,属于文艺性说明文。还有一篇《风向袋制作》,类似生活中常见的说明书,按顺序把制作的过程用平白的语言写下来。该单元习作要求学生写一篇说明文,素材多样,可以写动物、植物、物品、美食等等。写法自由,可从整体介绍(如恐龙)、局部介绍(如"动物的尾巴")、视角介绍(如"袋鼠的自述")等。模仿课内选文以完成单元习作存在一定的困难,因为单元选文涉及的对象与学生的经验距离较大。习作要求里提示的写作内容,学生不太熟悉。借鉴米·伊林《十万个为什么》的写作视角,显然更容易完成。重读这本书就有了必要。

【五年级阅读目标】

1.将米·伊林的《十万个为什么》迁移到本单元学习,启发学生选材、组材和表达;

2.继续感受作品内容有趣、语言生动的特点;

3.观察、收集资料,写一篇说明文,深化学习作者的科学精神。

【五年级阅读活动】

1.重读《十万个为什么》;

2.选择章节与单元选文、已学说明文对比阅读;

3.创编《小学生身边的小百科》。

(详见附录六)

同一本书,中年级第一次阅读,重在内容理解,体验阅读乐趣;高年级第二次阅读,重在思辨创新运用,深入理解书本特色与价值。这样的阅读指导与日常课内教学自然紧密连接,既保证了阅读的宽度,也保证了阅读的深度,而阅读的温度自然也有了。

（三）《鲁滨逊漂流记》分析

统编语文教科书在小学五年级下册和六年级下册安排了两个特殊的名著阅读单元：一是中国古典名著，二是外国儿童文学名著。两个单元都节选经典片段以引发学生阅读兴趣，点拨阅读方法。外国儿童文学名著篇幅长，但故事有趣，学生还可以从中看到自己的成长身影，阅读兴趣较高。此单元适合以整体推进的方式开展整本书阅读。

《鲁滨逊漂流记》是18世纪英国四大著名小说家之一丹尼尔·笛福的代表作，这部小说的主人公鲁滨逊成了世界上的冒险英雄，"鲁滨逊"也成了冒险家的代名词。鲁滨逊这位英雄人物在岛上的每一次活动、每一件发明制造，甚至他心里的每一次纠结、自我反思，都令人眼前一亮，值得反复品味。

教科书介绍了该小说的梗概，并以此为蓝本，指导学生撰写其余名著的梗概。试图引领学生学会阅读梗概而快速了解一本长篇小说，通过撰写梗概而基本读懂一本长篇小说。教科书还节选了一个精彩片段，吸引学生爱上这本小说。单元"快乐读书吧"重点推荐了这本小说，还援引著名作家卢梭和卡尔维诺的观点吸引学生阅读。

如何阅读名著，小学五年级下册中国名著单元已给出一部分建议，如不懂的地方跳过或猜读，看标题猜内容，关注人物形象等。本单元又增加了四条具体办法，如借助梗概了解故事内容，了解写作背景帮助理解作品内容和价值，边读边做笔记帮助理解，多方面了解、评价小说人物等。

如何设置活动引领学生进入阅读旅程，教科书也给出了建议。如先通过粗读课文、略读课文的编排帮助学生大概了解三本儿童名著，然后安排口语交际"同读一本书"，习作"写作作品梗概"，语文园地和"快乐读书吧"提示阅读方法，加深阅读思考等系列阅读实践，引导学生完成阅读。现结合"适·度"阅读教学主张，制定如下阅读目标、阅读活动及评价。

【阅读目标】

1.学习四种阅读方法：(1)借助梗概快速了解故事内容。(2)借助作者的经历和写作背景，理解图书的主要内容和主题。(3)多方面了解，关注人物语言、动作、神态等多种表现，以比较全面地评价人物。(4)做笔记，帮助理解图书内容、主题和写作技巧。

2.尝试运用以上四种阅读方法深入阅读《鲁滨逊漂流记》，开展阅读交流会。

3.继续运用以上四种阅读方法自由选读或粗略阅读《汤姆·索亚历险记》《骑鹅旅行记》。

4.了解历险小说的特征。

【读书活动】

1.基本思路

整个单元都是名著阅读,两周时间完成。可以和前面的主体课文、口语交际、写作、语文园地穿插进行。大致可以分五个阶段:(1)明确单元主题,以《鲁滨逊漂流记》的故事梗概为起点,启动全班共读《鲁滨逊漂流记》。(2)以《鲁滨逊漂流记》节选教学为例,引导学习做笔记法和了解写作背景法。(3)运用做笔记法、了解写作背景法和关注人物法持续阅读《鲁滨逊漂流记》,并适时开展阅读交流,顺便完成语文园地中"交流平台"。(4)结合《汤姆·索亚历险记》《骑鹅旅行记》两篇节选,引导粗略阅读这两本书,做故事情节图谱,写作品梗概。(5)联结这三本书,体会历险小说的精彩,理解"经典"的内涵与意义,并反思、积累整本阅读经验。

2.活动实施要点

(1)以《鲁滨逊漂流记》的故事梗概为起点,启动全班共读《鲁滨逊漂流记》。第一次读书,重在激发兴趣,了解故事梗概的基本结构形式,为后续的深入阅读和梗概写作铺垫。

(2)以《鲁滨逊漂流记》节选教学为例,引导学习做笔记法。小贴士中提到的四种做笔记方式(在空白处写感受,摘抄喜欢的段落,画人物图谱方便查阅,写出全书结构和作者主要想法),学生并不陌生,而是不够自觉、没有坚持,没有从笔记中获得阅读成就。因此,教师需要及时跟进,通过展示交流,引导学生意识到笔记留下的思考能帮助阅读更加全面深入,理解更到位。除了教科书中提到的四种笔记方式,还可以采取第五种笔记,即提问题。随时提问题和记录问题,有助于厘清阅读思路,梳理小说主要情节、主要内容或人物主要特点。

(3)运用做笔记法、了解写作背景法和关注人物法持续阅读《鲁滨逊漂流记》,并适时开展阅读交流,体会阅读小贴士的好处。完成语文园地中"交流平台"。了解作者或作品背景,这对学生来说也不是新东西。单纯依靠书的扉页、封底或序言,也能了解这些内容,但学生无法真正意识到这些内容与小说的关系、与阅读的关系,必须等待阅读进行到一个阶段,为解答关于小说的某一主旨或写作特色的问题时,学生才能意识到这一点。因此,需要在合适的时机引导学习,并在阅读实践中不断运用。阅读的过程,可以是学生自由默读,也可以是同伴分享,分享的话题基本离不开人物,语文园地中"交流平台"的内容可以渗透进行。

(4)单元读书活动总结,可以安排"历险小说特征"专题讨论,引导学生从关注故事人物、故事情节转移到关注小说表现技巧或小说风格,引发学生深入阅读的欲望,打开更宽广的阅读视野。

3.读书活动成果展示交流

(1)手抄报展示,展示的内容可包含:小说人物关系图谱,小说情节发展图谱,小说精彩片段摘抄与赏析等。

(2)笔记展示,在书中空白处做笔记的,可以展示整本书或其中的几页,有专门摘抄本的,展示摘抄本,比一比谁的笔记清晰、精彩、有借鉴价值。

(3)班级读书会,围绕一定的话题,交流读书收获。

(4)讲故事比赛,任选故事片段,规定时间比赛。

(5)"历险小说知多少"阅读竞赛,任选本单元2~3本小说,分层次出题(教师学生均有出题权),规定答题时间。

(6)课本剧表演,任选故事片段,编写剧本,表演展示。

(7)微电影拍摄,任选故事片段,编写电影脚本,拍摄制作并展示。

【读书活动举例】(详见附录七)

活动一:做笔记,学习精彩片段(鲁滨逊上岸10天后的反思)

活动二:带着问题(任务)有计划地阅读

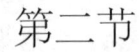

第二节 微项目式阅读推进

项目化学习(Project-Based Learning，PBL)是素养落地的重要载体之一，是一种以支持学生探索真实问题、产生可见的项目成果为特征的学与教的方式。[①] "整本书阅读"作为拓展型学习任务群，其整合程度较高，尤其强调在"整"的文化场域中将所承载的文学价值、思想价值、教育价值融入学生全链条、全过程、全景式的真实情境体验中的学习过程，获得源于真实生活又超越现实的生命体悟。这与项目化学习所关注的来自真实世界和实际生活的驱动性、指向性相吻合。

一、微项目式阅读推进的价值取向

整本书阅读与项目化学习整合起来在教学实践中已不陌生，其指向的项目成果也多样，或一台课本剧表演或某个重要人物形象专题展览、某个专题研究成果展示。如有实践者将初中阅读《骆驼祥子》的总项目设定为"《骆驼祥子》的悲剧意蕴和京味风格"，下设四个子项目，分别是：纪实——祥子的人生实录，寻因——小人物祥子的悲苦境遇，启示——悲剧的多重意义，情结——老舍笔下的浓郁京味。

另有实践者将小学六年级阅读《鲁滨逊漂流记》的总项目设定为"设计鲁滨逊主题乐园"，下设"绘制漂流地图""设计园区大门""绘制鲁滨逊不同时期的人物肖像""体验荒岛生活""设计游乐项目""打造招牌美食"等项目，分别指向整体梳理与把握故事情节、完整和个性化地理解主人公、深度参与和体验鲁滨逊的生活、联结故事与生活而培养想象力与创造力等素养目标。

为方便实施，我们认为整本书阅读与项目化学习融合，可以根据学校资源、学生需要合理设计项目，不必追求全面、难度和特异。我们提出的模式是"微项目式阅读推进"，即提取书中某一重点内容或某一重要价值点引导学生完成某一任务，以加深阅读体验与收获。

---

① 夏雪梅.项目化学习中"教师如何支持学生"的指标建构研究[J].华东师范大学学报(教育科学版),2023,41(8):90-102.

二 微项目式阅读推进的操作要点

(一)项目设定符合图书要点和学生需求

比如在统编语文教科书小学四年级下册第二单元,考虑到小学四年级的学生正出于好奇心十分强烈,勇于探索未知世界的年龄阶段,本单元安排了四篇科普类文章进行学习,相应地在本单元最后的"快乐读书吧"里介绍了《十万个为什么》《灰尘的旅行》《看看我们的地球》《人类起源的演化过程》四本科普类图书。为契合科普类作品特点与学生特点,学校设置了编写"十万个为什么(校园版)"的微项目,极大激发了学生探索校园、探索身边事物的兴趣,有的考察橡胶跑道为什么是红色的,有的考察什么样的黑板擦最环保等等。这样的微项目,学生通过观察,查找资料,访谈了解都能完成。

(二)完成项目应与完整阅读整本书紧密关联

虽然只是微项目,但项目的完成最好与整本书完整阅读紧密相连,这样学生才能对图书留下比较正确的认知,并运用所知解决问题。如《三国演义》,统编语文教科书只选取"草船借箭"片段,文中显得周瑜心胸狭隘、没什么本事,与神机妙算的诸葛亮相比,相差很大。不少教师上课时,未考虑整本书内容,机械地给出关于周瑜形象的评判,给学生留下片面认知。正确的做法,应是利用气泡图或树状图等方式,将周瑜不同侧面的性格特点、形象特征描述出来,引导学生获得立体认知。

(三)完成项目应充分调动学生全员合作探究

项目式学习的核心和灵魂就是探究,学生的学习主要是通过开展探究活动展开的,小组阅读相关图书,基于图书中的问题或感兴趣的地方进行深入探究和学习,在探究的过程中收集和查阅资料。探究想要取得更好的成果自然就需要合作。因此,在基于项目式学习的"整本书阅读"教学模式中,小组合作学习是重要的特点之一。教师在确定阅读主题之后,学生根据自身兴趣和特长选择相应的阅读任务,基于阅读任务将学生分成不同的小组,小组成员将根据任务的特点和性质以及每个成员的特点进行分工合作,开启探究的旅程。每个学生都有自己的专长,整本书阅读微项目中要求学生全员参与。

三 微项目式阅读推进的活动案例

(一)读《图书馆老鼠》,学当作家

《图书馆老鼠》是一本师生皆宜的书。对于教师来说,可借该书理解学生的思维和语言发展规律,从而进行阅读和写作指导;对于学生来说,该书是一本写作导入的好书。这本书讲述的是一只住在图书馆里的老鼠山姆,在读了大量书后,开始创作,成为人们心中的神秘大作家,并激励人们也开始创作自己故事的故事。

哲学家怀特海对于人类学习的研究表明,人类学习是一个"浪漫—精确—综合"的过程。早期大量的"浪漫阅读"是日后形成精确理解能力(即"自动化阅读"能力)的前提。所以,老鼠山姆的浪漫阅读,即大量"输入",是他形成自己语言并成功"输出"的非常重要的智力背景。写作也遵循"浪漫—精确—综合"的过程,在阅读量达到一定数量后,浪漫期的"写作"必然到来,这个阶段学生的灵感喷涌而出,如果教师不是用结构、修辞等语文专业技法来限制学生,而是由学生信马由缰地去说、去写,那么学生便会源源不断地创造出作品,等这一时期有足够长度之后,他就具备了精确阶段的写作能力。

"我是幸福小作家"就是这本书阅读后需完成的微项目。(详见附录八)

(二)读《我要做好孩子》,正确认识自我

《我要做好孩子》是一部很有趣又很有意义的儿童小说。作者黄蓓佳以小学六年级学生金铃这一主人公为视角,艺术地展示了一位小学毕业生的学校、家庭生活,成功地塑造了金铃、于胖儿、尚海、杨小丽等小学生和妈妈、爸爸、邢老师、孙奶奶等大人的形象,情节生动,情感真切,语言流畅,富有鲜明的时代特色和浓郁的生活气息,并能给读者以思考和启迪。

小说很有趣,单看目录就感觉生活气息满满。如"好学校,坏学校""好孩子,坏孩子""要命的数学""病急乱投医""为女儿减肥,减瘦了爸爸和妈妈""狼狈的模拟考试""老师病了""种瓜得豆,而且是颗金豆""我可以养蚕了""妈妈当了侦探""最后一个儿童节"。

小说很有意义。金铃的成长历程对小学生很有启迪。什么是好学校、坏学校,什么是好孩子、坏孩子,什么又是好老师、坏老师。小学三年级以后的小学生随着学习难度上升,个人心智逐渐成熟,他(她)面临着对自我认同的巨大挑战,

是成为坏孩子,还是保有自信,努力向前成为好孩子,小学三年级的确是一个非常重要的转折点。阅读这本书,可以引导学生和家长、教师获得正确的评判角度。

【阅读项目设计】

读金铃看自己,绘制自己的成长路线

【阅读活动设计】

1.根据下面的阅读思考单,边读、边思考、边记录(见表5-2)

表5-2 《我要做好孩子》阅读思考单

"好孩子"的标准	
大人的角度看	孩子的角度看
学习:	学习:
性格:	性格:
与他人相处:	与他人相处:
品格:	品格:

2.小组讨论,梳理金铃成长历程(见表5-3)

表5-3 《我要做好孩子》人物成长记录单

人物	表现	成长得分(分)	章节或页码
金铃	活泼可爱"自然熟";学习上粗心、稀里糊涂;没上好规矩,丢三落四,自我管理能力较差	60	第一章 第二章
	和邢老师关系僵了两个月。上强化班,扔垫子事件(忍辱、机智讨回公道)忽然对妈妈说:"妈妈,从今天起,我要争取做个好孩子。"	70	第五章
	坚持做完10道数学题,看心理医生	75	第六章、第七章
	为减肥努力	74	第八章78页
	照顾幸幸,数学成绩反而提高	80	第九章
	当家理财懂得钱的意义,也理解父母对她的期望,表示要加倍努力学习	85	第十章112页
	上电视表演猪八戒(反劣势为优势)	90	第十一章
	为家分忧卖手表	92	第十三章

147

续表

人物	表现	成长得分(分)	章节或页码
金铃	寒假做习题,坚持	92	第十四章
	获奖,认识进步了	95	第十六章
	获奖专业户(电视台招聘,自信,对生活的认识更成熟了)	95	第十七章
	邢老师生病期间,主动探望,帮忙做事	100	第十九章
	认识孙奶奶,有自信,能控制自己	110	第二十一章到第二十四章
	最后一个儿童节,对成长的认识,能接受压力	150	第二十五章

(说明:成长得分以60分为基准,以学习、性格、与他人相处、品格四个方面为观察点,像计算题一样,适当量化。)

3.根据表5-3绘制金铃成长曲线图(见图5-1)

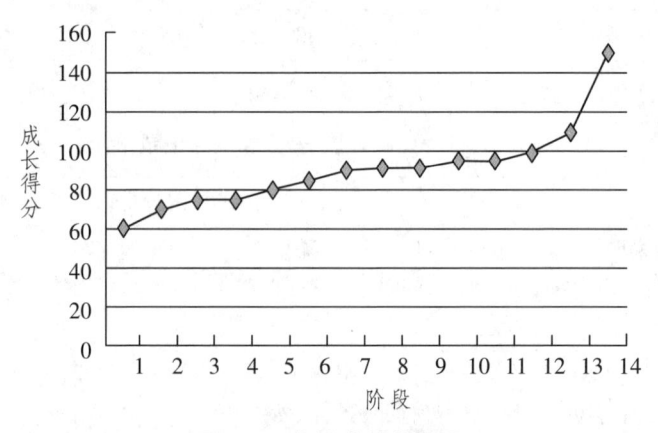

图5-1 金铃成长曲线图

4.讨论,你认为金铃成为一个"好孩子"了吗?从她的成长曲线图,你读出了什么?

5.讨论,小说的结尾为什么不明确点出金铃成长的结果?

6.绘制自己的成长路线图(时间+关键事件+得分),回答这几个问题:你是一个好孩子吗?你想成为一个什么样的好孩子?为此,你将付出怎样的努力?

【阅读成果展示】

1.自己的成长路线图。

2.自己成长中的小故事。

（三）读《中国古代神话》，解决世界危机（改自厦门五缘第二实验学校蔡艳雯的设计）

统编语文教科书里所选的《盘古开天地》《精卫填海》《女娲补天》，故事主人公不但具有非凡的神力，还具有无私的奉献精神。盘古为了撑住天和地，累倒了，身体化为世界万物。女娲为了平息人间灾难，炼石补天，斩鳖足立四极，杀黑龙止兽侵，烧芦灰堵洪水。伏羲，是华夏民族人文先始、三皇之一，亦是百王之先，是福佑社稷之正神。他根据天地万物的变化，发明创造了占卜八卦，创造文字结束了"结绳记事"的历史。他又结绳为网，用来捕鸟打猎，教会了人们渔猎的方法，发明了瑟，创作了曲子。

小学四年级学生好奇心强，善想象。面对当下世界发生的各种大事件，他们渴望化身为一个超级英雄来拯救世界，那怎样成为超级英雄呢？

【阅读微项目设计】向世界联合国人力资源官推荐最能解决当下世界危机的神话人物。

现在地球面临着很多危机，例如战争爆发、粮食安全、资源枯竭、自然灾害频发、疫情传播等危机，世界联合国人力资源官现在要从《中国古代神话》中聘任出最适合的神话英雄来帮助国际社会解决当下危机。请你作为推荐人，向世界联合国人力资源官推荐人选，请你准备好相关推荐资料并做推荐。

【阅读活动设计】（见表5-4）

表5-4 《中国古代神话》阅读活动安排表

具体任务	子任务	要求	作品制作	组内负责人	预计完成时间	备注
制作人物简历	绘画人物照	具有高度人物辨识度，突出人物的外形特征	人物图片（手绘）			
	编写技能特长	用关键词概括人物的技能特长并从书中找到文本依据	一段讲述人物技能特长的文字			
	故事情节图谱	从原文中概括出人物的故事，并说清楚故事的起因、经过、结果	一段讲述故事的文字			

续表

具体任务	子任务	要求	作品制作	组内负责人	预计完成时间	备注
制作人物简历	写好人物评价	根据你对人物的了解提取评价人物性格特征的关键词或关键句并能说明理由	几个描写人物性格特征的词语或句子;能够口头有理有据说明理由			
	挑选适合岗位	讲清推荐人物要解决的危机类型,可根据自己对世界危机的了解和对神话人物的认识进行合理匹配,并说明理由	一个岗位及一段文字说明			
	筛选整合信息,制作简历	综合以上五个板块的内容,进行合理排版,最终制作完成人物简历	一份人物简历档案(手工制作,文字可打印粘贴)			
现场推荐会	综合人物简历资料撰写一份现场推荐会要用的演讲稿	注意围绕中心讲清楚推荐谁,担任什么职务,拟解决什么危机,可发挥想象,假如你推荐的神话人物成功被聘任,他会做什么事?多使用短句、口头用语,适当运用修辞,使演讲吸引听众	一份演讲文稿(可手写或打印)			
	练习推荐会的现场演讲	适当利用背景图片和背景音乐,落落大方,富有感染力地进行推荐演讲	一段推荐神话人物的演讲视频			

第三节 跨学科共读推进

在固有思维里,阅读是语文学科的任务,整本书阅读也必然是从语文学科的角度出发,落脚在语文学科目标的达成上,因此,更多关注的是整本书的写作内容、写作主旨、写作方式,以及学生阅读的完整度和理解的深度。这显然是忽略了整本书本身的丰富内涵,也忽略了不同学生的阅读兴趣与阅读需求。

著名阅读推广人周益民在2014年第一次主动地以跨学科视角,组织班级学生开展阅读。他认为跨学科视角,为学生创造了更多的机会,扩展了阅读的空间。当然,如果从成人阅读的角度或研究者的角度,整本书阅读中的跨学科现象早就存在,典型的如"红学""水煮三国"等。为此,我们提倡跨学科共读一本书。

我们对跨学科共读的定义是:根据图书本身丰富的内容和多样的表达形式,从不同的学科视角进行解读,设置有真实意义的阅读情境,引导学生为完成具有一定挑战性的真实任务,运用不同学科知识开展系列阅读活动。系列阅读活动是有目的、有计划、有结构的学生阅读进程安排,其方案总和具有课程意义。跨学科共读有助于践行"适·度"阅读教学主张。

一 跨学科共读的操作要点

(一)科学选取跨学科阅读点

根据图书特点、学生需求以及学校师资力量,选取合适的跨学科阅读点是开展跨学科整本书阅读必须注意的。文学类图书以体验阅读为主,语文学科教师驾轻就熟,它的跨学科阅读点在哪里呢?科普类图书明显自带跨学科成分,是否就全部由科学教师带领阅读呢?

如果回归到林崇德教授提出的中国学生发展核心素养框架,把跨学科整本书阅读与指向学生发展核心素养结合起来,阅读点的寻找就呈现出清晰的逻辑了。中国学生发展核心素养包含三大方面,即文化基础、自主发展和社会参与。

文化基础又分人文底蕴与科学精神。人文底蕴，涉及学生在学习、理解、运用人文领域知识和技能方面形成的基本能力、情感态度和价值取向，包括人文积淀、人文情怀和审美情趣等。科学精神，指学生在学习、理解、运用科学知识和技能方面形成的价值标准、思维方式和行为表现，具体包括理性思维、批判质疑、勇于探究等。

自主发展分为学会学习与健康生活。学会学习，关注学生在学习意识形成、学习方式方法选择、学习进程评估调控等方面的综合表现，如乐学善学、勤于反思、信息意识等。健康生活，涉及学生在认识自我、发展身心、规划人生等方面的表现，包括珍爱生命、健全人格、自我管理等。

社会参与分为责任担当与实践创新。责任担当，指学生在处理与社会、国家、国际等关系方面形成的情感态度、价值取向和行为方式，涵盖社会责任、国家认同、国际理解等。实践创新，指学生在日常活动、问题解决、适应挑战等方面形成的实践能力、创新意识和行为表现，具体包括劳动意识、问题解决、技术应用等。

结合中国学生发展核心素养框架，分析一本书对学生的阅读发展价值，有助于寻找到合适的跨学科阅读点。以科普类图书《十万个为什么》为例，其对学生的科学精神、实践创新培养最有帮助，就可以与科学教师合作，重点理解书中展现出来的科学家观察、思考与实践。以社科类图书《雷锋的故事》为例，其对学生的健康生活、责任担当很有帮助，就可以和历史教师、道德与法治教师、心理教师合作，重点理解书中展现出来的人物的高尚品质。

（二）合理协调跨学科阅读进程

跨学科整本书阅读需要不同学科通力合作，依据总目标合理分解，分阶段完成，而后再整合推进，共同促进总任务的达成。要落实学科间的合作需要项目总负责人的协调安排。一般来说，语文教师是整本书阅读最合适的项目总负责人，由语文教师先带领学生完成基础阅读，并收集学生阅读困惑与需求，帮助学生寻求不同学科的阅读支援。其他学科教师根据学生的需求，分阶段、分小组给予学生阅读支持后，语文教师再总体评估学生的阅读进展，根据目标任务的达成要素，做进一步的阅读指导，同时邀请其他学科教师对学生的阅读成果作出评价。

由于课内的阅读时间有限,各学科教师也承担着多种任务,跨学科研讨存在实际困难。因此,需要各学科教师打破常规阅读指导模式,借助信息技术,录制指导视频或传输补充资料等,利用碎片化时间,协助学生解决阅读障碍,完成阅读任务。重庆九龙坡区谢家湾小学跨学科、跨年级共同使用一个办公场所,就是为了方便跨学科随时、及时开展教研。跨学科整本书阅读指导也可以借鉴这一方式,使阅读进程的安排更加科学合理。

(三)适当规划跨学科阅读成果表现

有了不同学科介入,学生在整本书阅读过程中会产生丰富多彩的、令人意想不到的阅读成果,因此我们需要考虑采用什么方式,提供什么载体供学生展示,以更好、更大程度满足学生阅读成就感,激发学生阅读兴趣。

《2022年版课标》提出要引导学生多媒介阅读和展示,因此如何用好多媒介呈现跨学科阅读成果是需要预先筹划的。当然,学生阅读成果的呈现与展示一定会与各学科特性相关,美术学科以画作、手工为主,科学以实验、观察记录为主,体育以运动为主,数学以问题解决为主,语文以语言的口头或书面表达为主。在有限的时间里,不可能全面完成所有任务,因此可以依据整本书阅读目标合理规划,有重点地选择完成。同时也应注意成果的综合性,在某一综合成果中融入各学科因素。

如阅读《西游记》,师徒四人西游路线图谱的制作是一项基本阅读成果。这一成果可看作是语文学科阅读整本书后对图书主要内容的梳理,也可以融入美术学科,在故事发生的每个时间段,每个发生地,遇到的每个妖怪,运用美术特有的色彩、造型等方式给予表现,这就可以体现出美术学科的阅读成果。课本剧表演是多学科融合的阅读结果,可以围绕剧本演出这一终极任务,分阶段邀请不同学科协助指导,完成其相应板块的阅读成果。

项目化学习的研究经验确实有助于选择并完成整本书阅读成果的表现,因此当下跨学科阅读成果的表现一般都与某一具体项目有关,也多以项目完成来评估阅读成效。但这样的评价框架比较偏向显性阅读成果,在整本书阅读评价里还应重视考查学生阅读习惯的养成,考查学生阅读经验积累等内隐性更强的方面。因此,跨学科整本书阅读成果的表现应更全面、更多元。可以从最基础的阅读计划制订、阅读进程落实、阅读合作表现、阅读交流态度等做起,收集过程信息,以质性评价为主。这样就能对全体学生阅读全过程的阅读成果有比较科学、合理的评价,推动全体学生热爱阅读。

二 跨学科共读的案例

(一)《没头脑和不高兴》(详见附录九)

(二)《雷锋的故事》(详见附录十)

(三)《红岩》(详见附录十一)

第四节 群书主题阅读推进

一 群书主题阅读推进的价值取向

阅读的最高层级是主题阅读,即围绕某一主题或某一目的寻找、阅读多本书,从中梳理、汲取有效观点或信息,帮助自己形成新的观点,解决问题,并完成任务。在成人的阅读中,经常需要进行群书阅读,而群书阅读并不需要同时精读所有书,所以对学习、运用、发展阅读策略很有帮助。学生经历群书阅读之后,阅读速度会大大提高,思维的宽度和深度也会发生质的飞跃。能融入群书阅读活动的学生,其思维深度往往较好,易于产生积极的阅读成就感而获得较高的阅读化验,还能转化为自觉的阅读习惯。

群书主题阅读一般在高年级开展。此时的学生处于生长快速期,心理敏感性高,教师若能从学生感兴趣的图书入手,逐步提炼出阅读主题,然后围绕主题推荐相关图书拓展阅读,引发思考,最后在交流总结中提升对主题的认识,学生将获得巨大的认知发展和强烈的价值认同。统编语文教科书小学六年级下册安排的最后一个单元:综合性学习——难忘小学生活。这就有主题阅读的意味,只不过教科书中呈现的是群文,群文阅读加实践活动。在这个单元里,学生不仅回忆师生情、同学谊,还通过制作成长纪念册梳理自己成长的足迹,汲取继续向上生长的力量。教学中,我们发现,每一位学生都能在自己的成长纪念册里填满代表成长的证明,一枚小奖章或一张小奖状……

二 群书主题阅读推进的操作要点

第一,关注学生阅读兴趣确定主题。群文阅读尚存在时间不足的困难,群书阅读就更难了,但只要学生足够感兴趣,他们就能用好碎片化时间,积极主动交流,完成群书主题阅读。如秦霜霞老师带领学生开展成长系列的群书阅读,就源于学生爱上了一部新电影《少年Pi的奇幻漂流》。秦老师巧妙地以同名小说阅读为突破口,将本册外国名著小说融进来,又拓展开去,让大家读了不少的人物传记,还回顾了以前读过的很多作品。

第二,在阅读实践中渗透阅读方法指导。整本书阅读需要较好的阅读方法支撑,理性讲解往往效果不佳,教科书中虽也安排专门的阅读策略单元,但缺少真正的实践锻炼,效果也不够明显。群书阅读,面对如此海量的阅读任务,迫使学生实践运用有效的阅读方法以完成挑战。此时,教师有意识地再教学,并及时引导梳理总结,效果最好。学生往往还能总结出带有个人特色的专用好办法。

第三,群书阅读重在挖掘个性化。教师指导时,不应刻意追求阅读的宽度和深度,而是通过问题的不断提出,交流的不断叠加,激发学生间产生认知冲突,从而促使学生产生强烈的求知探索欲望,每一位学生都发表阅读心得,都被看见,这样自然而然地就扩大了阅读边界,挖深了阅读立意。

三 群书主题阅读推进的课例

(一)成长系列:《少年Pi的奇幻漂流》《鲁滨逊漂流记》《童年》《西游记》等

厦门五缘实验学校秦霜霞老师带着她班上的学生一起围绕"成长"主题,主要阅读了四本书——《少年Pi的奇幻漂流》《鲁滨逊漂流记》《童年》《西游记》,还有其他人物传记,这不仅在阅读量上远超出课标要求,也在阅读方式上成功创新,更为学生健康成长发挥了积极作用。

回溯开启这个系列阅读的起因,一个是小学六年级下册第二单元的"快乐读书吧"主题是"成长小说",另一个是秦老师班上的学生向她强烈推荐电影《少年Pi的奇幻漂流》。

电影《少年Pi的奇幻漂流》根据扬·马特尔于2001年发表的同名小说改编,由中国、美国、英国、加拿大合拍,李安执导的一部奇幻冒险电影。主人公"Pi"17岁那一年,他的父母决定举家移民加拿大以追求更好的生活。当船只在大海上遇到足够将其吞噬的暴风雨时,Pi却奇迹般地活了下来,搭着救生船在太平洋上漂流,而且有一名最令人意想不到的同伴——理查德·帕克,这是一只孟加拉虎,神奇的冒险旅程就这样开始了。

阅读同名小说《少年Pi的奇幻漂流》，秦老师发现了一些与小学六年级学生渴望冒险、渴望新奇相关的兴趣点，因此，她决定把阅读小说、欣赏电影和语文教科书第二单元的成长主题整合成一个群书阅读专题，带领学生一起思考"成长"的内涵，明确"成长"的方向。

1.第一阶段，同名小说《少年Pi的奇幻漂流》阅读

第一步，以教师的"阅读建议"引导学生有思考地进入阅读，而非仅凭猎奇心理。

你听说过"Pi"这个人吗？你想过与老虎一起旅行吗？你想象过海上漂流的情景吗？你知道食人岛是什么样的吗？世界上真的有食人岛吗？Pi究竟经历了什么呢？

一个印度少年，曾有过一段不可思议的经历，他将通过这本《少年Pi的奇幻漂流》，把他的亲身经历讲给我们听。你准备好了吗？在阅读这本书的过程中，我发现以下内容很有趣：1.Pi的名字由来；2.Pi竟然同时信奉三种宗教；3.Pi对动物了解非常多；4.Pi在漂流过程中的心路历程；5.Pi能在海上存活，老虎理查德·帕克功不可没；6.Pi在讲述两次海上遇险时的语言非常特别。

读完这本书后，我还有两个问题极为疑惑：Pi的漂流故事有两个版本，它们之间有什么关系？究竟哪个版本是可信的呢？

阅读过程中，你会发现哪些有趣的内容？又会产生哪些疑惑呢？期待你快快打开这本书，边阅读边记录你的阅读感受、困惑，以及其他思考，与我分享哦！

秦老师的阅读建议很接地气，有效激发学生深入阅读，并热情展开分享、讨论，逐渐产生有价值的深度阅读话题。

第二步，课堂汇总讨论，聚焦话题二次阅读。初步阅读后，学生对人虎关系产生了极大的兴趣，教师决定以此为话题进行二次阅读。此时，教师引入SOLO评价体系，通过课堂交流与点评，帮助学生在原有基础上进行改进，进一步完善自己的思维。学生对人虎关系的认识越来越全面，能把故事中错综复杂的关系理清楚，有理有据，有个人的见解。

第三步，小结收获，梳理阅读方法，积累阅读经验。每位学生结合自己的阅读过程进行个性化梳理，然后在班级进行分享。学生的阅读经验很独特。如"不管哪一本书，读的时候，都可以被我当作一位先生或女士在为我讲解他的故

事。而我就是那个倾听者。倾听者要与讲述者的思考角度相同才能做到感同身受,你才能更好地明白作者的意思。""读书一定要认真品,不然书给你的感觉一定是枯燥无味的。但当你从作者为什么要写这本书的思维去读,就不会太枯燥。""切记,读书的时候要去猜想下一个情节,这样不仅能锻炼自己的思维,也可以了解那个作者的思维。"学生的这些总结俨然是学习了接受美学的观点,又学习了建构主义的观点。学生表现出主动思维、创新思维的阅读积极状态。

2. 第二阶段,阅读第二本书《鲁滨逊漂流记》

对这本书至少进行四轮阅读,包括通读梳理"人与自然""人与他人""人与自我"等人生哲学专题阅读。尤其在后面三个轮次的阅读讨论中,学生主动关联《少年Pi的奇幻漂流》,提升了对两本书的理性认识。

学生1:我是从星期五的角度来看的。星期五最早生活在野蛮部落,每天遇见的是杀人与被杀。但后来受到鲁滨逊的感化,学会了以文明的方式生活和交往。所以,我觉得通过陪伴,一个人是可以改变另一个人的。

学生2:其实,这里也可以回到《少年Pi的奇幻漂流》中我悟到的主题,这是人性由恶到善的过程。依然符合荀子的性恶论。(见表5-5)

表5-5 《鲁滨逊漂流记》《少年Pi的奇幻漂流》对比阅读表

书名	相同点	共有的不同点	分别的不同点
《少年Pi的奇幻漂流》	1.均为虚构 2.都是主人公在海上遇难后发生的故事 3.都关于成长 4.乐观 5.都信仰宗教 6.善良 7.动手能力强 8.都有伙伴 9.曾经都很固执 10.都在经历中成长了许多	1.作者时代不同 2.描写的重点不同,《少年Pi的奇幻漂流》重点写的是海上漂流,而《鲁滨逊漂流记》重点写的是岛上生存	1.宗教对他很重要,是他活下去的希望 2.他的伙伴曾是敌人,理查德·帕克对他来说更多是精神上的支柱 3.他的冒险挫折更多 4.冒险时间更短
《鲁滨逊漂流记》			1.宗教对他来说并没有那么重要,可有可无 2.他不只有一个伙伴,其中的星期五给了他许多生活层面的帮助 3.他的冒险更多时间是比较平静的 4.他的冒险持续了很长一段时间

3.第三阶段,阅读第三本书《童年》和第四本书《西游记》以及自选传记,如《贝多芬》《居里夫人传》《乔布斯传》《你当像鸟飞往你的山》等

在前两个阶段对那两本书的详细指导基础上,这一阶段弱化了教师的指导过程,大部分采用放手让学生自主阅读、梳理然后进行班级交流的模式进行。其中《童年》主要采取了绘制生活地图、梳理人物生命线两个专题,探索成长密码;《西游记》主要采取了自主计划落实、梳理西游地图、绘制连环画、讲西游故事、绘制人物名片等活动;自选传记完全由学生独立完成,学生都能制作思维导图梳理图书主要内容,概括传记主人公形象特点。这可以算是对成长系列阅读能力提升的一次阶段性检测。

4.第四阶段,整体梳理回顾,以"在_____中成长"为题,整理自己关于"成长"主题的感悟

学生联系阅读了多本书,发表了富有个人思考色彩的感悟。有在困难中成长、在磨难中成长、在恐惧中成长,也有在思考中成长、在"爱"中成长。其中关于"在思考中成长",学生对比了 Pi 和鲁滨逊,得出一个感悟,"我认为思考是人活着一种非常本能的行为,人所谓的聪明和愚蠢就是思考的结果。人在任何时候都需要思考,包括'选择困难'也是人在思考的过程。"关于"在恐惧中成长",学生对比了阿廖沙、小英雄雨来、Pi、鲁滨逊后,得出一个感悟,"恐惧,往往会让人慌张,但若你在恐惧的环境中能直面恐惧,你一定可以战胜恐惧,收获成长。"关于"在爱中成长",学生对比了《童年》中的阿廖沙和《妖精的小孩》中的萨思琪,领悟到"爱"可以让人感受到人世间的温暖,可以改变自己的看法,就算到可怕的地方,内心也会充满希望。

通过这样一次长程阅读,学生既完成了阅读数量的要求,也在阅读策略的学习和使用方面有了属于自己的进步,更是对"成长"以及"如何成长"有了深刻的认识。从《少年 Pi 的奇幻漂流》到自选传记,我们可以看到学生在认知思维方面、精神世界方面的提高。同时,从教师所选作品的数量、内容,也可以感受到学生的思维整理能力也有所增强。

(二)京剧欣赏:《京剧趣谈》《京剧二十讲》《京剧欣赏》等

统编语文教科书小学六年级上册第七单元以"艺术之美"为人文主题,以"借助语言文字展开想象,体会艺术之美""写自己的拿手好戏,把重点部分写具

体"为语文要素。其中选编了《京剧趣谈》一文,作为单元略读课文。这是一篇文艺性说明文。语言极富口语化,作者徐城北先生像一位老朋友,以聊天的口气介绍了京剧的两种表演形式,平实生动,通俗易懂。南方的学生对京剧相对陌生,京剧艺术特殊表演形式背后的"奥秘",京剧艺术特有的中国美学韵味,学生不容易理解。

厦门实验小学刘冰老师为了帮助班上学生读懂徐城北先生的《京剧趣谈》写作特色,理解京剧美学,推荐学生补充阅读由长江文艺出版社出版、高新著作的《京剧欣赏》,同时登录"国家京剧院"官网,点击"艺苑殿堂"栏目下"国剧课堂"子栏目查阅资料学习。通过一段时间的群书阅读,学生以作文的形式呈现了对京剧艺术的独特理解。

例1.京剧美谈

有一种艺术令人惊叹,有一种装扮令人震撼,有一种声音令人称赞。它是生活的剪影,是中国的国粹,更是戏剧艺术的瑰宝。它的美古色古香,它的美独具风情。它是什么?没错,它就是韵味十足的京剧。

以前在看电视时,我总会快速跳过京剧频道;上完《京剧趣谈》公开课后,在老师绘声绘色的讲解中,我对京剧产生了浓厚的兴趣,不觉发现了京剧的美无处不在,值得我们细细品味。

京剧有"五美":唱腔美、剧情美、表演美、脸谱美、服装美。京剧以丰富生动的故事情节、悦耳动听的声腔、千变万化的脸谱、色彩艳丽的服饰以及扣人心弦的表演,吸引了古今中外广大观众,让人们感受到了中国戏曲的独特魅力,也让人们从耐人寻味的故事情节中辨别真善美和假恶丑。

无数的风风雨雨使它流传至今,无数套精美的装扮映入眼帘,无数台经典的戏份埋藏人心,无数句动人的腔词回响耳畔。这就是京剧的魅力所在,这就是京剧的华美之处!

例2.京剧史谈

京剧,算得上是中华文明的文化瑰宝。它的由来,可以算得上"新生代"戏剧。此话怎讲?听我娓娓道来。

1790年,四大徽班进入了北京,与其他的艺人合作。由于各自的戏派不同,又要同台演出只得改来改去。由于演出得多了,各种戏曲的文化渐渐融合在一起,形成了一个具有各种戏曲特色的新剧种——京剧。

由于京剧拥有全国各地戏曲的文化特色,导致它很快风靡全国,在不断地融合中,它也有了自己的独特唱腔、行当,令人在熟悉中多出一分亮点。

后来,京剧在全国影响力越来越大。上至八十老翁,下至七岁顽童,都对它了解一二。也因此,它被誉为"国剧"。

例3.京剧闲谈

一支勾勒眉角的笔,一袭染尽红尘的衣,一段花腔婉转的唱词,一篇死别生离的曲艺。京剧,穿越千年的曲调还依稀在耳边响起……儿时不知京剧的魅力,与家中长辈坐于台下,闻台上演员"咿咿呀呀"的唱腔,见身着戏装,化着夸张惊艳的妆容的演员在戏台上唱、念、做、打。记忆之中的腔调已模糊,但那精致的脸谱与色彩艳丽的戏服还不时于脑海中闪过。不知是那独特的唱腔,还是演员的华丽妆容,又或是台上演的那一个个故事,都吸引住了我,演员的每一个动作、每一个眼神都充满诗意,令人陶醉。

我知道,这是独属于我们中华民族的传统文化气息,充满着光明美好。京剧,这颗东方艺术明珠,历史悠久,熠熠生辉。它是我国戏剧中的瑰宝,是中国的国粹。在舞台之上,唱念做打,五彩斑斓,映照出传统文化的深厚底蕴。

刘冰老师以教科书中《京剧趣谈》选文为例,带领学生阅读徐城北先生的《京剧趣谈》整本书,感受京剧的艺术魅力,也感受徐城北先生亲切幽默的写作风格。然后再浏览高新的《京剧欣赏》,感受京剧艺术的丰富。群书阅读之后,学生见识打开了,作文写作自然有内容,有情趣了。

(三)名家经典阅读周

刘发建老师喜爱研究鲁迅,多年来耕耘于鲁迅作品的儿童阅读指导。他创建的"名家经典阅读周"在全国颇具影响力。"名家经典阅读周"实际上就是群书主题阅读。比如"鲁迅阅读周",学生阅读的作品出自鲁迅的不同本书里,有《朝花夕拾》里的《阿长与〈山海经〉》所节选出的片段《长妈妈》,《从百草园到三味书屋》所节选出的《美女蛇》,也有《阿Q正传》里节选出的《阿Q,阿Q》,《且介亭杂文》里的《说"面子"》所节选出的《中国人的面子》等等。

不同图书节选出的作品会彰显不同图书的特色。学生在广泛接触中就基本了解了鲁迅创作的风格。刘老师说一个名家阅读周后,学生课外还会自觉阅读名家的其他经典著作。譬如老舍周结束后,学生会去读《骆驼祥子》;鲁迅周结束后,会去读《朝花夕拾》和《呐喊》。到了中学后,学生还会反复阅读这些名家经典,越读越有味道。

经典名家作品难读吗?确实有难度。如何解决?刘老师提炼出五磨教学法,也是五磨读书法。五磨读书法:一磨,听读——磨磨耳朵;二磨,朗读——磨磨嘴巴;三磨,品读——磨磨思维;四磨,抄写——磨磨心境;五磨,仿写——磨磨笔头。这是一条指向语言学习的简单有效的教学策略,也是名家经典阅读的最朴素方式。刘老师执教《中国人的面子》一课,40分钟完成四个层次的读,学生不仅能熟读文章,也能领悟该文的主旨——所谓面子就是一种活法,解决了鲁迅作品阅读的困难点。

群书阅读,很困难,也很有意义。围绕主题,有序引导,学生会有很精彩的回报。

第六章

"适·度"阅读的保障机制

如何使儿童整本书阅读达到"适·度"阅读教学主张的预期,落实《义务教育课程方案(2022年版)》《2022年版课标》的要求?建立健全系列保障机制也是其中的关键要素。本章结合已有实践经验,分别从区域、学校、教师、校外等不同层面,从阅读环境建设、阅读管理制度执行、阅读课程建设、阅读评价实施等不同方面提出共同努力的方式方法。需要说明的是,不同层面的岗位功能与职责不同,其所能采取的推进措施也不同。厦门市多年来一直致力于拓宽做实儿童阅读,各层面各部门已能各司其职,合力推进,他们总结出来的经验可供大家参考,尤其是学校内的教研支持与创造、课程建设与活动设计,校园外的场馆支持与利用等,都是新时期产生的新事物、新方法。

第一节 区域推进措施

推进整本书阅读的过程中,合理发挥区域的力量显然非常重要。在区域中,学校之间、教师之间的交流平台扩大,经验汲取更丰富,成果展示更有成就感,更有利于推动学校、教师深度参与。

一 阅读活动规划

(一)以赛促读

长期以来,整本书阅读难以有效推进,即使2016年统编语文教科书以"快乐读书吧"的形式把整本书阅读课程化,也收效甚微。在一线调研中了解到一个不争的事实,那就是家长对"快乐读书吧"整本书阅读的认识存在较大差异。整体上说,城市学校好于农村学校,家长学历越高越重视孩子课外整本书阅读。学校层面在落实整本书阅读也存在严重差异,除城市校与农村校之间的差异外,还有校长的观念差异和执行力差异。教师的差异主要来自上级评价政策的理解与执行,其次是自身的阅读素养差异。

厦门市从2020年开始筹备开展小学生语文阅读风采大赛,以后每年一次。此举有效推动了全市对整本书阅读的重视,涌现出一大批优秀的学生、教师和卓有成效的经验。2022年活动结束后,《中国教育报》对本场活动进行了专门报道,[①]现摘录如下。

一场7万人参加的阅读比赛

"我最喜欢《三国演义》,先看儿童版,再看原著,里面能看到英雄的豪情,还能看到英雄的勇敢,更有智慧。"来自厦门市思明区群惠小学的四年级学生张骏懿向评委介绍了自己的书单,并讲述其中《三国演义》的主要内容以及阅读的感受。这是厦门市小学生语文阅读风采比赛决赛的场景。

[①] 熊杰.推动课外阅读:如何用好评价这个指挥棒——一场7万名小学生参加的阅读比赛留下的思考[N].中国教育报,2023-03-01(10).

此次比赛由厦门市教育科学研究院主办,前后历时近4个月,共经历4轮赛程。第一轮由全市7万名小学四年级学生参加线上初赛,在"厦门市中小学阅读平台"上进行。平台除了能进行阅读闯关比赛,还能在线上阅读整本书籍。第二轮由各区属学校以及市教育局直属学校分别开展比赛,最后按比例推荐共900名选手参加第三轮全市笔试,评出一、二、三等奖。而在第四轮,按笔试成绩组织获得一等奖的94名选手参加面试,角逐特等奖。最终,来自厦门市海沧区延奎实验小学的孙启恒等19位选手获得特等奖。

比赛的主要组织者邵巧治介绍,比赛不与学生升学挂钩,也不与学校考核挂钩,主要目的是促进学生多读书,推动教师多关注阅读,少一些"题海"战术。

"班上大多数同学都参加了比赛,没有刻意准备。"厦门市同安区大同中心小学的池雨昕是决赛选手,她说:"我有两柜书,这10本书只是我读过的一小部分。"

"接到比赛通知后,我们只是进行了正常的准备,这10本书是常见图书,班上很多学生都读过,没读过的学生花了一两个月也读完了。"厦门松柏小学语文教师林晨说。

"不超标、不刷题、不内卷"

"比赛的目的是促进阅读,我们不希望学生为比赛而比赛,更不希望加剧'内卷'。"邵巧治说,本次比赛推荐书目一共是10本,包括《安徒生童话》《中国古代寓言》《雷锋的故事》《昆虫记》《小学生必背古诗词》等,《厦门日报》作为新闻类读物也被引入其中。这些书大部分来自小学三年级语文课本"快乐读书吧"中的推荐书籍,可以说是最普通的读物,这样做,首先保证了不超标,其次,书目兼顾了文学类、科普类、新闻类等多种类型,也保证了内容的丰富性。

《姜从树生》这个故事讽刺了什么样的人?《眉眼嘴鼻》中,谁不愿和大家争位置?这是市级笔试的两个选择题。"这两个题目都不难,只要学生看过书都能答出来。"厦门市海沧区语文教研员席霍斌介绍,线上初赛的题目和这两个题目难度差不多,都没有过于强调细节的记忆,有利于促进学生投入阅读。目前不少学校阅读活动开展得很积极,交流会、读书活动也比较多,但仍有个别学校下发"阅读应知应会习题册",让学生在未经真正阅读的情况下刷题应对比赛,这种现象是要防止的。

"比赛题目更多的是启发思考,相对灵活,所以刷题是没有效果的。"参加完阅卷工作,看着新鲜出炉的获奖名单,评委们有了共识:还是那些平时爱看书、爱思考的孩子能出彩。

厦门市音乐学校教师阮宇航长期关注儿童阅读,曾主编过《爱阅读》校本阅读资料,她认为,对阅读的评价,重点不是读书内容的积累,而在于读书品质的呈现;学生读书不应过多依靠记忆力,而要全面运用理解、分析、鉴赏,甚至有参与创作的能力,这样才能让学生真正在读书中获得发展。

在决赛环节,要求学生列出自己的书单,只列出6本即可,数量并不作为主要考核标准,评委通过提问重点考查小朋友是否真正读过这些书。"不过多地强调阅读书籍的数量,也不考一些纠缠于细节的题目。"来自一线的评委黄黎明说,"这样考,我们都不必担心'内卷',学生也不用花心思做'表演'来展示阅读了。"

如何引导学生读好整本书

据介绍,《2022年版课标》首次明确提出要阅读整本书,对于中年级学生要求初步理解主要内容,主动和同学分享自己的阅读感受。同时提出,要养成读书看报的习惯,并收藏图书资料,乐于与同学交流,课外阅读总量不少于40万字。席霍斌介绍,厦门市推广儿童阅读已有10多年,学生阅读数量基本有保障,但阅读品质还有较大提升空间。

"我们希望通过多层级评价,来引导学生在思考中读书,提升阅读品质。"邵巧治介绍,国际阅读素养进展研究项目PIRLS2011中,将学生阅读能力分为关注并提取具体信息的能力、直接推论的能力、解释并整合观点的能力、评价内容和语言的能力。依据这些认识,并结合布卢姆关于认知维度的划分,厦门市教育科学研究院在评价学生整本书阅读过程中,将阅读能力测评划分为提取信息、整体理解、解释分析、作出评价、创意运用五个维度。相比于单篇阅读,整本书阅读更需要重视整体理解能力,利于学生迁移阅读其他书籍,产生关联,获得阅读兴趣与发展。

在决赛现场的问答环节,第一个题目让学生提出问题,现场与教师探讨。第二个题目为:从自己的书单中选择最喜欢的一本书,说说它和比赛推荐的书有什么相同和不同之处。"第一个题目,要求学生在理解的基础上进一步分析和评价,学生能提问题,并能与师长交流,说明是真把书读懂了。第二个题目主要考查学生是否具备创意运用能力,是一种学习迁移。两个题目均考查了学生高阶思维能力和个性化阅读的水平,这是无法通过背答案和刷题能做好的。"邵巧治介绍。

福建省普教室教研员黄国才这几年一直力推整本书阅读,他认为促进孩子读整本书,就要多引导孩子交流,让他们说出阅读的感受。可以引导教师设计一些学生愿意交流的话题,这样他们慢慢地就会真正把读书当作喜欢的事情,做到越交流、越分享、越喜欢。

"本次比赛不只是针对学生,我们也希望让教师懂得如何教孩子做好整本书阅读,特别要让他们明白,如何通过评价来促进孩子整本书阅读。"厦门市教育科学研究院副院长傅兴春说:"课本里'快乐读书吧'部分推荐的书,特别是必读书目,教师一定要仔细研读,并形成自己的思考,沉淀成自己的东西,师生共读才能形成高品质交流。"

回顾这场活动,我们认为,首先,在区域推进中,方向正确、可执行的方案设计应最先考虑的。2022年厦门市小学生语文阅读风采大赛的参加对象是小学四年级上学期的学生,考查的图书是小学三年级的图书,这就意味着学生可以有一整年的时间阅读准备,这是一种慢阅读,一种可发挥个人阅读体验,甚至可开展"阅读+实践"的沉浸式阅读,有效解决整本书阅读没时间的困扰。其次,阅读图书选自教科书中的"快乐读书吧"、课标要求背诵的古诗词、地方最具影响力最易接触的报刊,以及自己喜欢的其他图书。常见的图书,经典的图书,使师生易得易读,不会形成压力。再次,号召全员参与,扩大受益面。阅读比赛的目的不是选优,而是推动所有学生参与阅读,并从中受益。阅读平台的使用,初阶难度的资格赛,就是为了吸引所有学生至少完成浅阅读。最后,特别的面试,全新的评价标准,引领师生正确认识阅读,正确开展校内阅读活动,同时也引领家长转变阅读整本书的观念。

阅读风采大赛的组织是规范的,每一个阶段的活动内容与要求都非常明确,市级比赛的组织是严谨的,从命题、阅卷,到面试评委的抽选、培训,让所有选手都看到自己的努力付出与成绩回报是对等的。以赛促读,氛围感饱满,有力推动儿童整本书阅读。

(二)以赛练导

学生整本书阅读需要教师指导,教师指导力提升也可以依托比赛来促进。厦门市集美区非常重视学生整本书阅读,该区以教师同步阅读为抓手,先行开展语文教师"整本书阅读"赛课活动。他们认为,只有教师自身阅读了,会指导了,学生的阅读质量才能提高。集美区在片区选拔的基础上遴选了十三位教师,展示了十三节精彩纷呈的阅读指导课。

1.双塔片区乐安小学的林玲老师引导学生阅读了《伊索寓言》。林老师在"寻找阅读宝藏"的大情境下设计了四个关卡、四个任务,让学生根据不同的闯关任务,即"知文、明理、联结、导行",在活动中综合运用多种阅读策略,最终获得阅读金钥匙,打开寓言故事"小故事、大道理"和"老故事、新道理",以及多种阅读方法的宝藏。

2.康城小学的黄海燕老师引导学生阅读了《中国古代寓言故事》。黄老师以"寓言杯"人物评选——"最可笑的人"为情境,以人物形象为切入点,引导学生从人物的行为、语言、想法等角度分析人物。与此同时,借助鱼骨图梳理故事情节,分析人物形象。课堂集情境性和实践性于一体,并构建了学习任务群,使课与课的衔接紧密。

3.集美小学的杨敏老师引导学生阅读了《中国古代寓言故事》。杨老师从学生的实际出发,引导学生关注故事情节、人物形象和寓言意义,通过评选"最可笑""最智慧""最傻"的寓言人物,利用多元评价量表教学生进行归类阅读。在阅读过程中,学会借助多种阅读方法扫清阅读障碍,并从道理出发,进行归类。

4.杏滨小学的许慧老师引导学生阅读了《格林童话》。本节课旨在引导学生通过分类阅读明白《格林童话》故事的类型;通过代入角色,品读人物品质;通过对比阅读,发现《格林童话》的内涵和情感。让学生能够借助方法和多种资料走进格林童话,感受故事的奇妙和温暖,从书中获取力量和勇气。

5.杏东小学的曾燕滨老师引导学生阅读了《格林童话》。曾老师让学生通过对语言和童话人物形象的欣赏,感受童话所独具的审美价值,即童话背后所蕴含的真、善、美。在教学中,引导学生通过各种形式的人物语言朗读,关注人物形象,更好更深入地理解人物品质,最后让学生发挥想象,创意表达阶段阅读的收获。

6.灌口小学的林丽春老师引导学生阅读了《安徒生童话》,在教学中融入跨学科学习元素,呈现了新课标理念。林老师采用目标先行,逆向设计的思维,给予学生实用的方法支撑,在项目的推进中融入评价,并在评价的过程中跟进。多样化、创意性的成果,给了学生极大的阅读兴趣。有了这样的启发,相信学生在今后的阅读中,会更加多样、多元、有创意。

7.后溪中心小学的翁美凤老师立足《稻草人》整本书阅读推进课目标,深入文本,引导学生欣赏作品语言美,培养学生的语言表达能力及想象力,激发学生养成阅读积累的好习惯。并从阅读思辨中,读懂童话中的人物和道理,再迁移阅读方法,推进其他篇目的阅读,真正提升了学生的阅读能力。

8.园博学校的徐璘老师引导学生阅读了《寄小读者》。在课堂上,徐老师先创设情境,吸引学生前来挑战,再倾听学生在阅读过程中遇到的困难和阅读感受。学生通过思维碰撞,解决阅读困难,习得阅读方法,同时感悟了冰心奶奶笔下的"爱"。

9.新源小学的黄彬彬老师引导学生阅读了《寄小读者》,通过创设招募文学作品"小小推荐官"的任务情境,引领学生走进冰心文学馆,微观冰心,初识作品,浅谈感受,激发学生的阅读兴趣。并指导学生制订阅读计划,养成良好阅读习惯,形成独特阅读感受。

10.华侨大学集美附属学校的林冬霞老师以"听一场春雨,寻一份诗意"为主题,串起《春夜喜雨》《送元二使安西》《早春呈水部张十八员外》三首诗,带领孩子们开启了一段浪漫的赏雨之旅。课中通过分类比较法引导学生学习相同主题的古诗,鼓励学生课后用上课中所学的方法,多多阅读古诗文,去打开诗意的大门,追寻生活的浪漫。

11.西亭学校的苏安琪老师另辟蹊径,带领学生读《厦门日报》。《厦门日报》是闽南金三角影响力较大的报纸,报刊的导读课对学生的阅读提升有着特别的价值和意义。苏老师在教学中重视了三个方面:一是教报刊阅读的程序与阅读的方法;二是重视读报活动的当堂实践;三是指向课外的进一步拓展。苏老师在教学中,对学生不仅授之以鱼,更是授之以渔,激发学生读报的兴趣,养成良好的读报习惯。

12.杏北小学的李颖老师引导学生阅读了《雷锋的故事》。在学生进行阶段性阅读之后,李老师设计了成果汇报活动,让学生讲述对人物品质的初步感受。李老师在教学中善于运用联结的策略(联系文本、联系资料),通过三对关键词(受苦——坚强,受助——感恩,立志——爱学习、爱劳动)推进学生阅读思维的进阶,帮助学生读得更加深入,帮助学生建立起对雷锋的崇敬,在学生心中埋下雷锋精神的种子,让雷锋精神发扬光大。

13.曾营小学的吴燕萍老师引导学生阅读了《昆虫记》,吴老师从书名入手,引导学生了解作者、看图片识昆虫,激发学生阅读兴趣。吴老师善于联结已有的知识结构,从图片预测故事的发展,借助微课让学生了解萤火虫捕食的过程,让学生以"我是小小解说家"来呈现阅读成果,让学生学有所得,学有兴趣。

这十三节课涉及不同的图书,指导角度与方式有异同。

第一,依据图书特点和学生阅读困惑进行有针对性的指导。如童话类的作品注重朗读体验,理解人物形象,感受童话所独具的审美价值。冰心的散文比较难,则以初识作品浅谈感受为主。对于古诗积累,学生并不是很感兴趣,教师则以主题引领,前后有序连接,把一首首独立的小诗连接起来,丰满的主题与意象带来新的挑战,也带来新的阅读兴趣。

第二,重视指导学生学习与运用阅读策略,授之以渔。如《厦门日报》这种报刊类的作品,学生虽常见,却仅是流于随意浏览,甚至因为网络便捷,碎片化信息阅读侵占了纸质信息的阅读。《厦门日报》有多个版面,信息量丰富,如何阅读并提取对自己有用的信息,别人又会关注什么信息,假如自己是媒体人,应报道什么信息才能引发更多读者的关注?教师从三个方面着手引导:一是教报刊阅读的程序与阅读的方法;二是重视读报活动的当堂实践;三是指向课外的进一步拓展。这样紧贴学生需要的指导为阅读打开了一片新的视野。

第三,同一图书不同角度挖掘引导,带领学生品尝经典的丰富,引发更浓的探索热情。如同是寓言故事,有常规的教学引导步骤——"知文、明理、联结、导行",帮助学生学会读懂寓言故事。也有归类阅读,利用多元评价量表引导阅读。学生在评选"寓言杯"人物中更进一步读懂寓言,理解寓言这类图书的价值。

区域阅读指导课的比赛研讨有力推动了教师在指导学生阅读方面的方式方法积累,克服了一线教师的畏难情绪,他们在领略"整本书阅读"的风采中,进一步感悟"整本书阅读"的价值,对整本书阅读教学也有更加深入的认识和理解,自觉投入整本书活动开展中。同时也为区域学生市级阅读比赛提供有力支持。多种类型的课例展现的也是不同角度、不同层级的指导,契合"适·度"阅读主张。

(三)以师读促生读

组织教师阅读能力竞赛可能是各级教育行政部门、教研部门一直忽略的。一般认为,教师阅读能力是优秀的,不必专门组织这种比赛活动。也有人认为组织教师阅读能力竞赛有功利成分,为了学生比赛而组织教师比赛。但从另一个角度看,教师自身若有参赛的经验,指导学生就更有针对性。正如写作指导,能写、善写下水文的教师所指导的学生写作也必然质量较高。整本书阅读对学生有挑战,对小学语文教师同样有挑战,大部分教师因琐碎的教育教学工作挤压了工作之余的阅读时间与精力,教师自身整本书阅读不足,指导力较低,参赛的经验更不足。

厦门市集美区在片区教师读书比赛的基础上,每个片区推选部分热爱阅读、有志于儿童阅读推广的一百多名教师参加比赛,比赛分笔试和面试,既检验阅读的宽度,也检验阅读的深度,笔试主观题以SOLO分类评价方式评测答题者的思维,分级赋分。面试时,教师需要展示自己一份书单,要求体现一定的阅读广度。然后选取一本书面向评委介绍图书主要内容和自己的阅读感受,考查阅读的深度。最后现场答辩,由评委根据推荐的图书提出相关问题,教师现场答辩,展示教师良好的阅读素养和临场反应。

教师读书能力比赛让每一位教师加深了对学生阅读需求的理解,加深了整本书阅读策略的认识,从而提升了学生整本书阅读指导的水平。该区学生在市级整本书阅读比赛中成绩优异,160名学生参赛,134名学生获奖,获奖率为83.75%,6人获特等奖,15人获一等奖,46人获二等奖,67人获三等奖。值得一提的是,该区偏远农村学校进步明显,不仅在获奖方面有突破,有一所农村小学校还从中得到学校特色建设的启示,努力将阅读做成学校的特色项目。

(四)以评价引领阅读

评价是指挥棒,《2022年版课标》强调"教—学—评"一致,更明确了评价对整本书阅读活动的引领。我们反思儿童整本书阅读的困境,决心突破评价这一瓶颈,将课标中的相关表述、教科书中的相关要求,转化为可落地、可执行的评价指标,开发出恰切的评价工具。《2022年版课标》提出,"根据阅读目的和兴趣选择合适的图书,制订阅读计划,综合运用多种方法阅读整本书;借助多种方式分享阅读心得,交流研讨阅读中的问题,积累整本书阅读经验,养成良好阅读习惯,提高整体认知能力,丰富精神世界"。[1]我们结合此段表述,结合后续学业质

---

[1] 中华人民共和国教育部.义务教育语文课程标准:2022年版[S].北京:北京师范大学出版社,2022:31-32.

量标准中的相关描述，拟定整本书阅读评价的关键指标和评价工具与方式(见下表6-1)。

表6-1　2022年厦门市小学生整本书阅读评价表(试行)

关键指标点	评价工具	评价方式	"三度"对应
选书	个人书单	观察、面试	温度、宽度
制订阅读计划	个人阅读笔记	书面展示	温度
阅读方法	试题	笔试、面试	深度
分享阅读心得，交流研讨阅读中的问题	试题、话题	笔试、面试	温度、宽度、深度
阅读经验	话题、试题	面试、笔试	宽度、深度
阅读习惯	问卷、访谈提纲	问卷调查、观察	温度、宽度
整体认知能力	试题、话题	笔试、面试	宽度、深度

从表6-1中可见，我们既保留传统的笔试部分，也注意通过面试、问卷、调查访谈、观察等形式考核学生不易被量化的阅读成果，即重视表现性评价。即使是传统笔试，也在命题内容方面大胆突破，尝试考核学生的整本书阅读方法、阅读经验。在考核学生整体认知能力方面，还注意通过笔试题区分不同的阅读能力层级。总体而言，是遵循了"三适"原则，努力达成"三度"目标要求。具体做法如下。

第一，资格赛笔试。以图书最基本的内容和主旨为信息提取点，考查学生浅层阅读情况。要求所有学生参与。提供网络平台，在规定的期间里，可不限次数重复答题，取其中最好成绩。

第二，区级初赛。各区在学校、片区推荐的基础上，采用笔试加面试的方式或根据实际情况命制一定的试题，自行考核学生阅读水平。

第三，市级决赛。市里根据不同图书特点，命制不同类型的题目。试题分三大部分，第一部分"广泛阅读"，考查学生对图书主要内容和主旨的了解，包括主要人物、主要情节等，约占46%，其中选择题占比约为36%，判断题占比约为10%。除再次考查学生提取信息能力外，重点考查理解分析、评价欣赏等高阶能力。第二部分经典欣赏，考查学生对图书精彩片段的理解，片段与作品整体乃至整本书的关联理解，片段与生活运用的关联等，约占36%，其中文学性文本约占12%,科普类文本约占14%,非连续性文本约占10%。每一种文本都有1~2道开放题,考查学生的深度理解水平。第三部分,情境运用题。设置一个情境,引导学生联系整本书阅读所得完成相应任务,约占28%。这样的题目灵活,答案开放,思维含量高。

第四,市级面试。大概100人可进入现场面试。每人15分钟。内容与流程如下:①介绍自己的阅读书单,不少于6本(一种报刊连续阅读一个月为一本),不少于3种类型(文学、科普、历史、军事、报刊等),用时1~2分钟;②从规定阅读书目中自行选取一本,面向评委介绍图书主要内容和自己的阅读感受,用时5分钟;③现场任务完成8分钟(小组合作准备30分钟后现场展示)。

第一、二阶段,学生可以事先准备,可有成人提供帮助,但第三、四阶段就非常考验学生平时阅读思考的真实水平了。虽然学生平时也做阅读笔记,但多局限于完成教师预先设计的栏目,如摘抄好词佳句,写点读后感受,画点插图等,阅读的质量体现不足。选手如何有理由地讲述自己选出的阅读笔记质量的优劣,如何进行修补完善。浅阅读、假阅读、无个人见解的阅读,只能按套路答题,难以获得好的成绩。况且这项任务需要抽签决定与陌生选手临时组队,此时的互相交流,见解表达,更需要平时的阅读积淀做支撑。

第一届市级比赛,在面试环节的第三个问题,设置为选手与评委现场提问互动,选手先提问题,评委解答,选手再评价评委的答案。我们根据选手是否能提问、问题质量、答案评判水平等评价选手表现等级。这样的评价方式对选手的考验也非常大。

市级阅读比赛,从赛程规定,试题命制,到评价标准制定,都是朝着引领师生有思考地阅读、真实地展开阅读方向而努力的,符合课标精神。学生不仅可以读自己喜欢的书,读各种类型的书,也可以尽情发挥个人主观能动性,寻找有依据的答案。可以说,这样的评价,全面落实了阅读的温度、宽度和深度。评价目标适切,评价工具可用,评价结果可说明,可引领阅读持续健康发展。学校、教师也可以按此评价要求(尤其是市级面试的评价模式)落实于平日学生阅读的考查中,有效促进学生阅读发展。

第二节 学校推进举措

一 场馆建设与应用

学校图书馆在儿童整本书阅读中发挥着重要作用。优质的学校往往图书馆建设好，功能全面。厦门市海沧区北附实验学校是一所九年一贯制学校，学校图书馆建设在学校建设规划中占据了重要的位置，不管是占地面积、藏书规模，还是专业管理人员配置，都优于很多学校。图书馆成为该校一大品牌。海沧区北附实验学校在图书馆建设与应用方面有如下特色。

第一，差异化图书资源配置。学校图书馆对藏书和格局进行了三三分段，按照不同学段，布置不同馆区，小学、初中，不同校区的低、中、高年级，都有自己的阅览室、书库，并且是开放借阅，充分关注到学生的差异性与个性化阅读，营造"人人爱读书、时时想读书、处处讲读书"的良好氛围。同时，图书馆根据教师教学需要，灵活调拨图书，或临时增加采购计划，或与市、区图书馆联络调拨，保障教学活动顺利进行。

第二，特别的零点图书馆设置。学校为深入推进"双减"工作，鼓励学生利用边角时间或空闲时间多读书、读好书、善读书，读整本书。于是学校就设置了零点图书馆，从早晨7:40开馆，一直延续到傍晚课后延时结束，让早到或晚归的学生在等候时间可以沉浸在轻松、美好的书香之中。

第三，有主题的图书角建设。学校的嵩屿校区是雷锋特色校园，全开放式的雷锋阅览区，图书资源丰富，适合小学生阅读。通过读书，学生理解了雷锋精神，都争着成为图书馆的小义工，帮忙整理图书馆。

类似这样的主题馆，还有"我们的中国"，图书包含《中国传统节日故事》《我的祖国》《大师中国绘》《读图识中国》《中国绘本故事》《中国神话故事》《中国民间故事》《我们的历史》等，不同的图书在大的主题之下建立了关联，增强了学生的"文化认同""文化自信"。

第四，充分利用图书馆开展实践活动。如二十四节气特色活动、传统节日故事会、故事大王比赛、故事家长讲故事、作家进校园、"一豆烛火"阅读社团等，营造浓厚的家校共读氛围，保持持续阅读的热情，养成持续阅读的习惯，促进阅读能力转化为终身发展需要的学习能力。(见图6-1、6-2、6-3、6-4)

图6-1 雷锋主题阅读馆布置一

图6-2 雷锋主题阅读馆布置二

图6-3 快乐阅读

图6-4 整理图书

像海沧区北附实验学校这样重视学校图书馆建设，充分利用图书馆资源的学校在厦门还有很多，比如厦门市深田小学、厦门市湖明小学、厦门市湖里实验小学、福建省厦门实验小学等。

厦门市深田小学是一所新办校，该校图书馆极具特色。学校坚持以阅读立校，引导广大师生养成"爱读书、读好书、善读书"的阅读习惯，厦门市深田小学荣获2023年度厦门市"书香校园"称号。该校"走进红色经典 赓续革命精神 塑造文化自信"专题活动在《中国教师报》主办的"课改中国行"上展示。

深田小学将图书馆称为"书田里"，面积有400多平方米，不算大，但在设计上挺有创意，分为"春生：绿野仙踪""夏长：童心向党""秋收：金华硕果""冬藏：蓝田玉生"四个区域。这四个区域通过"阅读时光隧道"相连，犹如漫游阅读之四季。美观舒适的环境，加上好看有趣的童书、绘本，非常吸引同学们。学校图书馆还特别推出一项选书购书制度。每年的国际读书日（4月23日），学生们可以和家长自行到外面的图书城选书，把自己最喜欢的书记录下来，学校经过审核、统计、出资购买，正式进入图书馆。"六一"儿童节这天，在"书田里"图书馆为学生们准备了一份特别的惊喜活动——学生们自己选的图书上架啦。看到自己挑选的书上架了，他们都很兴奋，并且开心地和同学们分享自己推荐的书。这样的选书、荐书经历，极大激发了学生们阅读的主动性、积极性和持续性。学校图书馆的利用率非常高。学校还让小学一年级的学生佩戴上"图书馆小管理员"胸牌，叮嘱小管理员们："以后图书馆就拜托你们啦！"

海沧区北附实验学校、深田小学这样的图书馆的建设紧紧以学生的需求为建设的轴心，让学生把图书馆当成是自己的第二个班级，甚至是第二个家，学生就与阅读建立了有温度的情谊。同伴、师长不同角度的选书、荐书又为学生带来了宽阔的阅读视野。

二 课程建设与推进

学校图书馆在整本书阅读活动中发挥了重要作用，他们积极搭建课程框架，筹措图书，推荐阅读，协助学科教师顺利完成各项阅读任务，引领学生在课程学习中感受到阅读的精彩。

（一）海沧区北附实验学校的课程建设

海沧区北附实验学校是厦门市图书馆课程建设最早的学校。该校在图书馆课程建设方面主要有以下三点做法。

1.整理书单

借鉴兼顾儿童性与经典性的成熟书单，包括：教育部基础教育课程教材发展中心的《阅读指导目录》、2019年全国中小学图书馆（室）推荐书目、统编语文教科书"快乐读书吧"书单、亲近母语分级阅读书目等，整理、推荐适合学校孩子的"共读+选读"书单。到2023年为止，每个年级可以推出三四十本适合学生们阅读的图书，从中选出十本左右的共读图书。

2.别致的"认识图书馆"课程

学校一般都会在小学一年级学生入学后,由班主任带领学生进入图书馆游览一番,算是认识图书馆了。海沧区北附实验学校则是从认识图书开始认识图书馆,进而爱上阅读。

他们先推荐学生阅读和图书相关的图画书,如《我讨厌书》《傻鹅皮杜妮》《一只有教养的狼》《癞蛤蟆读书记》《武士与龙》《爱书的孩子》《洛克的阅读课》《图书馆里的老鼠》等。阅读课教师(即学校图书管理员)和学生一边读故事,一边讨论有趣的问题:对于书中人物而言,书意味着什么?书中有什么?书会带来什么?书改变了什么?有时候也会反复问:你喜欢哪个角色?你会怎么向别人推荐这本书?有时是一边读一边把有趣的内容随手画下来或写下来,和大家说一说自己的感受。然后再拿一本书,继续读。

等把这些图画书读完,有些原本讨厌书的学生开始喜欢书,他们对图书有了了解,就有了想要进一步亲近图书的念头。此时,教师就带学生正式走进图书馆、认识图书馆,引导学生阅读与图书馆相关的图书。如"图书馆系列丛书":《图书馆里的奇妙事件》《图书馆里的老鼠》《图书馆狮子》《请安静!图书馆里有只金丝雀》《蝙蝠在图书馆》《喂!等一下,那是我的书》《吃书的狐狸》。通过阅读这些发生在图书馆里和图书馆有关的故事,了解图书和图书馆的功能和规则。

当学生了解了图书和图书馆的功能和规则后,教师再继续推进阅读,就能起到辅助学科教育教学的作用了。比如语文教师讲到母爱,图书馆就推荐学生阅读《我妈妈》《妈妈发火了》《换妈妈》;数学教师教大家看钟表,图书馆就推荐《时钟的书》《老狼老狼,几点钟》《时间的故事》,鼓励学生结合课内外阅读进行自己的思考。这样的图书馆课程真实、扎实、生动、有趣、有效。学生不爱上阅读都很难。

3.根据学段设定阅读课程梯度

低年级是"阅读兴趣"课。"阅读+游戏"模式,如阅读《与大自然捉迷藏》《找找看,虫虫在哪里》,同学们在阅读的过程中睁大"火眼金睛"寻找,不知不觉中,游戏结束了,书也读完了。如果意犹未尽,那就画自己的"捉迷藏书",或者到大自然中玩"找找看"。读《叽叽和喳喳的石头剪刀布!》,玩不一样的石头剪刀布——"钉子和气球"的PK,还有"橡皮和铅笔""网和蝴蝶""火水土""虫子叶子阳光""猴子香蕉和香蕉皮"等。读完动笔在故事格里,画自己的PK图。有小朋友画"口罩和病菌"的PK,提醒大家出门戴口罩,可远离病菌。没有哪个小朋友会觉得这是讨厌的作业。低年级的童书都很有趣,还有以识字为主题的图画书,如《跑跑镇》《超级跑跑镇》。一个系列读下来,学生们也认得了不少汉字。

中年级是"阅读方法"课。设计"阅读日志"单,读完一个故事或者一本书,涂一个喜欢的颜色,留下自己的阅读足迹。设计情节格,教学生关注故事的结构。设计人物单,教学生围绕人物的样貌言行想法,了解人物。设计联结单,鼓励学生联结阅读与生活,在阅读中观照生活中的自己。思考故事里的人物让你想起了谁?你有没有做过类似的事情?此外,还可以建立单元与单元、主题与主题之间的联系。有的单元聚焦情节,画情节格、情节梯、情节环、情节山。有的单元聚焦人物,画人物图、做人物名片、写人物小传记。以单元或主题推进,学生从学习到学会、到会用,留下深刻印象。

高年级的是"深度阅读"课。持续阅读经典和独立思考,这是培养学生深度阅读的最佳方法。像《柳林风声》《汤姆·索亚历险记》这样的书,第一眼并不吸引人。有的学生连开头都看不进去。教师利用导读课,呈现情节的起起伏伏、精彩变化,或借助"人物变化图""人物全向度点评表""人物比较单"等,引导学生思考背后的原因,有时还把交流的话题融入读后交流单中,分享阅读收获,说说自己的推荐语、自己的疑问等。图书馆创办《书虫》杂志,专门发表学生的读书收获、读后感受、读书随笔。

学校还鼓励学生和朋友、家人,共同设计新颖有趣的读书话题,如"从书到电影""从书中人物、电影中人物到生活中人物"等,引导学生与作者对话、与人物对话,在故事中发现自己。经典文本互联阅读也是一种深度阅读。例如"灰姑娘"多文本互联,比较阅读中外多版本,从图画书、桥梁书到文字书阅读,逐渐深入。"三只小猪的故事"多角度阅读,读从前的故事、现在的故事,小猪眼中的故事、大灰狼眼中的故事,以不同视角看到不同故事。

(二)其他学校的课程建设

关于课程建设,不同学校有不同的方式与路径。厦门市音乐学校、厦门五缘第二实验学校主要致力于跨学科整本书阅读,围绕一本书,根据学生的兴趣点和困惑点,组织不同学科的教师一起设计阅读指导课,完成各具特色的阅读任务,形成有意思、有意义的课程内容。如厦门市音乐学校开展小学五年级《西游记》阅读，就形成了"西游路线探寻""历史上的唐僧与小说里的唐僧""从孙悟空的服装变化看形象变化""唐僧师徒四人的服饰之美""西游故事课本剧""西游故事立体绘本""《西游记》中的仙术与科学技术"等系列课程内容，引导学生全方位感受《西游记》整本书的风采。教师引导学生到图书馆借阅图书、查询电子资料，共同完成任务。

厦门市湖明小学则围绕二十四节气，推荐阅读马浩的《藏在诗词里的二十四节气》、蕾玲的绘本系列《聆听二十四节气》、刘兴诗的绘本系列《讲给孩子的二十四节气》等，开发多学科阅读课程，引导全校师生卷入阅读与项目实践。如清明节气，语文课开展古诗文诵读，诵读春天的诗歌，描写春天的美文，以及红色经典图书《雷锋的故事》里的片段等。科学课开展"读科普，做实验"的活动，学生们收集了科技常识、科技发明、科学家的故事、科技制作的指导，将这些知识内化，创造性地开展小实验：《雨水节气——雨水的产生》《处暑节气——放河灯的浮力研究》……在节气小实验中体验探索的乐趣，创造的艰辛，感受科技的巨大力量。数学课，绘制二十四节气表或年历，进行二十四节气历法、相关数学知识演算（经纬度、日出日落等），将二十四节气育人内涵融入数学实践中。英语课，查找吟诵关于四季的英文诗歌、感受季节变换之美，激发热爱四季、中国二十四节气的情感。

厦门市深田小学以项目化开启学生整本书阅读活动。学校以"如何让书香溢满校园？"为驱动性问题，开展"阅读+环境"项目式学习课程，把校园环境建设权利交还给学生，鼓励他们小组合作，围绕校园真实环境，用书香装点校园。具体地，一读，学生首先跃入图书的海洋去寻找答案。以静心读、与友读、亲子读等多种形式进行。二访，为了得到答案，学生通过实地观察、调访亲友，总结归纳出校园环境建设的可优化之处。如某个楼梯转角，或班级一角。三研，学生利用假日到城市中的各个角落，学习书香环境设计，研究其设计思维，最终形成自己的创作方案。四创，在丰富的资源与鲜活的实践后，每位学生的大脑都仿佛变成了一个无尽的宝库，都成为学校空间优化的设计师，他们用自己的方式让书香溢满校园。五议，在寒假的尾声，各个班级分别进行了一场线上班会。学生分享自己的学习经历、实践经历、创作经历，票选出班级最佳作品，再继续优化，使它成为凝聚班级共识的"代表作"。

三 教研支持与创造

整本书阅读是语文教育教学中的难点,也是学校课程实施中的难点,校本常态化教研的支持就显得尤为重要。一个人可以走得快,一群人才能走得远。有了群体的力量,方法总比困难多。教研的支持可以使儿童整本书阅读朝着"适·度"阅读的主张方向健康发展。

在传统观念里,整本书阅读是语文学科的任务,是语文教师应尽的责任,与其他学科教师无关。同时,部分教师认为,整本书阅读很难,评价更难,既然上一级业务部门不会以此为考试内容,那么有的语文教师不开展整本书阅读也是没有关系的,常规的校本教研也是可以避开这个话题的。因此,在固有的认知里,鲜有学校语文教研组会积极主动开展整本书阅读教学研讨活动,更别提主动邀请其他学科教师加入,其他学科教师也无意浪费时间于此。

(一)厦门市音乐学校的教研

厦门市音乐学校以课题研究为依托,逐渐改变了固有的教研现状,打破教研的学科壁垒和学段隔阂,以教研支持整本书阅读,取得了创造性成效。

2022年至2024年,厦门市音乐学校小学部阮宇航老师参与了省级课题"跨学科视域下的整本书阅读课程设计研究"、主持了省级课题"整本书阅读表现性评价"。围绕课题研究,阮老师召集了不同学科、不同学段的教师,依照课题研究的进程,采用多种方式开展教研,在较短的时间里,课题便取得了不少成绩,进而又吸引来更多的教师参与。如此良性循环,有效保证了儿童整本书阅读在学校顺利实施,并扩展到其他学校。

如《故宫的古物之美》整本书阅读。这是一本文化散文集,作者选取了18件故宫藏品,以散文的形式讲述一件件故宫藏品的前世今生,连缀起一部故宫里的艺术史,再现中华文明的营造之美。小学生要看懂这本书不是太容易。语文组小学五年级三位骨干教师,同年级美术和信息教师一起,他们利用每周一节阅读课带领学生初步读懂整本书,然后他们就商量着带领学生走进厦门鼓浪屿故宫参观文物。尽管厦门鼓浪屿故宫展览的文物不是书里所介绍的文物,那一期展品主要是乾隆的书画,但实地参观和讲解员讲解,使学生对文物有了切身的体验,阅读兴趣大增。美术教师还借鉴故宫古物文创的思路,带领学生参观鼓浪屿上的手工织绣工作坊,让学生直观体验文物纹样变成织品的过程。于是,课题组大胆设定一项任务——在"六一"儿童节组织学生进行文创产品义卖。

为了实现这一任务,不同学科教师分工合作,寻找资源,帮助学生从阅读走向实践。如两次邀请家长(厦门大学的教师)进校园讲解文物相关知识,如"像考古学家一样思考""故宫古物之美——古陶瓷赏析"。美术罗老师带领学生做团扇、背包、发簪、书夹等等,信息技术教师教学生拍图识文物等。其他教师发掘家长资源,帮忙联系印刷厂,帮忙对学生作品规划展区等。"六一"儿童节当天,学生们的产品很快就被"抢光"了,切身体验了一把文物的受捧热度。

《故宫的古物之美》这本书的校本教研属于早期阶段的磨合,边读边做,边研边找到解决方案,充满了磕磕绊绊。到了阅读《小狗钱钱》这本书,教研组内、课题实验校之间的默契程度增加了不少。

《小狗钱钱》是一篇儿童财富管理童话,作者博多·舍费尔借故事强调了理财教育的重要性,鼓励儿童正确地认识和使用金钱,培养责任感和自信心,积极合理地规划自己的人生,并为实现梦想而努力。这样的理财教育对多数人很陌生。课题组先行组织所有成员阅读了这本书,决定利用寒假时间引导小学五年级全年段学生共读。阅读中,要求学生对文中"钱钱"的观点提出自己的思考。数学教师线上指导学生读懂如何用百分比来进行财富分配。

在开学第一周,课题组邀请兴业银行的金融专业人士吴先生(学生家长),结合《小狗钱钱》整本书阅读开展一场别开生面的"儿童理财讲座"。面对同学们对金融知识的渴望,兴业银行吴先生从基础金融知识普及、小狗钱钱的投资俱乐部、找到属于你的"小狗钱钱"三个方面,为学生深入浅出地讲解金融方面的相关知识。同时结合学生的成长特点,畅谈了如何树立正确理财观念,并寄语学生要养成正确消费观,要学会储蓄,要增强安全意识、保护好个人身份信息,要多多了解金融知识避免上当受骗。

在这次讲座之后,面对学生们撰写的富有生活气息的阅读日记,教研组再次展开调研,决定收集整理优秀作品,推荐发表。同时鼓励学生与家长商讨,自制理财规划,管理好自己的压岁钱。

我们在分析厦门市音乐学校两本书阅读指导取得成功的教研案例后,发现以下几点做法值得推广。一是以课题研究带动。每位教师都有专业成长需求。课题研究就是其中一个重要的板块。因此,选定课题项目,组织研究团队,为整本书阅读教研打下坚实基础。二是以学生的成长需要带动。学校中有子女的教师都很关切自家孩子的成长,好的图书能帮助引导儿童成长,自然吸引相关教师参与教研,参与读书活动。如带领学生阅读《小狗钱钱》后,学生树立了正确的"理财观",能够正确管理压岁钱和平时的零花钱。三是以成果展示带动。阅读中,阅读的成就感还来源于阅读成果被看见,被认可。课题组组长阮宇航老师积极联系各种报纸、杂志等媒体,刊登学校阅读成果;积极参与各种比赛评选,如优秀阅读项目评选、优秀阅读推广人、优秀跨学科作业设计评选等。以成果展示推动教师参与教研、参与实验的热情。四是以"阅读+"创新阅读方式和教研方式。阅读,不仅有纸媒阅读,还有研学阅读,形成"阅读—社会实践—再阅读—生活应用"的丰富链条。教研活动,不仅有读书交流,还有课堂观摩、线上展示、专家互动等,形式灵活多样。教研是真正的思维碰撞,扎实的任务驱动。音乐学校课题组的老师们每要启动一本书阅读时,都会组织老师先阅读,再交流,碰撞出任务设计点、成果形成点,以及指导切入点,然后分工准备,实施一个阶段后,再反思改进,最后展示成果总结经验。

(二)厦门市海沧区青礁小学的教研

厦门市海沧区青礁小学是一所偏远农村校,办学规模不大,在2023年全市小学生语文阅读风采大赛中成绩斐然,学校获评市级优秀组织奖,是28所获得该项殊荣中唯一一所农村校。学校开展阅读,促进学生成长的做法具有可复制性,给厦门市约五分之一的同类学校做了非常好的榜样,也鞭策了条件更好却未有进步的学校。学校以课题为引领,落实教研,稳步坚持读书活动。其主要经验分享如下:

第一,以课题为引领,深耕阅读课教学。教师积极申报课题,以课题为载体,将课题真真实实落实在课堂上。如王伟娟老师主要开展思维图示方面的课题研究,她们年段的教师都是课题组成员,她们一起备课,将图示法融合阅读课展开教学,让学生每读完一本书,就绘制一张思维图示,然后择优进行校级层面的表扬和展示。图示的内容可以是针对自己最喜欢的章节内容,也可以是对于整本书有相同主题的内容进行归类绘制等等。学生在绘制图示的时候,就在对整本书进行再次的分析和思考。课题研究和教学任务两不误,一举两得。

第二,以教研为基础,开展阅读观摩课。在学期初,学校教研组根据教师的任教情况,安排对整本书课外阅读有经验的教师,在本学期的校级公开课上为全体组内教师做整本书的导读课、推进课、交流课三种课型的教学,带动年轻教师们开展整本书教学。

第三,充分利用周末时间,开展亲子阅读实践。以全组语文教师轮周的方式,以低年级学生自主报名的形式,教师到校指导整本图画书阅读。教师精心备课,以图示展示图画书的逻辑,锻炼学生的思维,提升学生阅读的乐趣,培养学生从小乐于阅读的习惯,也促进亲子阅读的可持续发展。

第四,以学科节、阅读节为平台,开展趣味阅读。在低、中、高年段中开展不同的趣味阅读活动,共筑学生共读的氛围,提升学生阅读的兴趣。比如,在寒暑假来临之际,就选好阅读节要共读的图书三本(图书多为"快乐读书吧"推荐图书)让学生在寒暑假先进行第一遍阅读,要求阅读时批注。开学伊始,就让孩子们利用早读之前的一段静默时间(早晨7:50之前的这段时间)进行每日共读一个章节的阅读,并进行简单的摘抄和读后感交流。最后在每周一次的阅读课上进行师生、生生的互动交流分享。三遍读完,学生对内容熟悉了,交流起来有更多自己的想法,阅读课上人人跃跃欲试。

四 活动设计与实施

(一)活动设计要动态化

"适·度"阅读主张下的儿童整本书阅读强调阅读不应局限于纸媒,也不应局限于教室,更不应局限于静态阅读。古人早有经验:"读万卷书,行万里路"。阅读与实践紧密挂钩,将所读应用于学习、生活,折射进自己、同伴、他人的具体言行,这样的阅读才具有生命力,能唤醒深层的阅读兴趣,转化为持久的阅读行为,进而产生富有个性的阅读理解。因此,校园内外简洁又生动活泼的阅读活动设计显得非常有必要。

比如,厦门市音乐学校带领学生阅读《故宫古物之美》,参观鼓浪屿故宫,邀请家长介绍文物知识等就是一项阅读活动。厦门五缘第二实验学校带领学生阅读《十万个为什么》,带领学生利用课余时间观察校园,提出问题,寻找答案,创编校园版的《十万个为什么》,也是一项非常具体、可落实、可评估的阅读活动。其主要步骤有:首先,观察生活中的现象,提出心中的疑问,即提出"为什么";其次,查阅资料,用科学知识解答"为什么",即分析"为什么";再次,尝试用生活经验或科学知识解释这个疑问,即解释"为什么";最后,用有趣的故事串联整个"为什么",并写下来,使读者一看就明白,即完善"为什么"。学生阅读、研究的热情非常高,研究内容丰富多彩,"为什么一上课就饿得快""为什么考试要用2B铅笔""为什么教室要摆放绿植""黑板是用什么材质制成的""为什么塑胶跑道是红色的""为什么雨后残留在叶子上的小水滴呈球形""鸡蛋为什么会听话""为什么小东西会在打开的音响上跳动""为什么有些课程要用专用教室"等等,学生的学习效果超出了教师的预期。

厦门市金尚小学颜子谦是个热爱阅读的学生,身为语文教师的妈妈平时就注意引导他阅读。他的书单种类繁多:有文学经典《红楼梦》《三国演义》;国学经典《三字经》和《弟子规》;有各类科普图书、期刊,如《小哥白尼》《酷虫学校》《趣味科学》;有历史类图书《半小时中国史》《半小时世界史》《中华上下五千年》;还有地理类图书《大中华寻宝记》等。

学校推荐阅读《陈嘉庚:华侨之光》这本书后,学校设计亲子研学活动,让家里人带着孩子到厦门博物馆,鳌园、陈嘉庚纪念馆和他的故居去寻找他的足迹,邀请作家林秋沅女士进校园演讲创作历程和创作心得。颜子谦小朋友说在读这本书之前,自己已不止一次听说过陈嘉庚这个名字,在校本书上,也看过他的介绍。可是,那时只知道他是厦门一位伟大的人物,是学生们需要学习的当代名人。但他到底是个怎样的人,心中是模糊的,感觉是遥远的。研学之后,陈嘉庚的形象在自己的脑海中渐渐丰满起来,亲近起来。特别是在陈嘉庚故居的陈列橱中,看到了陈嘉庚先生生前用过的油布伞时,突然就想起了书中所写的内容。书中写道"为了维持厦门大学和集美学校的开支,他断然将自己的别墅卖了,给学校应急""我吃稀饭配花生仁就可以活,担心什么?"对祖国的教育这么慷慨,对自己却无比苛刻。陈列橱中的那把油布伞是陈先生从南洋带回来的,用了十多年,破了就补,烂得不能再补就换布。生活在物质丰裕时代的颜子谦小朋友终于明白了文字所写的真实,彻底被陈嘉庚先生的一片赤诚的爱国之心所感动,在嘉庚纪念馆的影视厅观看他的生平故事,看到视频中用专列护送陈嘉庚先生的遗体回厦门时,他和妈妈都情不自禁流下了眼泪。回来之后,他又上网搜集了更多关于陈嘉庚的资料,发现了生活周边丰富的嘉庚元素。颜子谦的语文教师说,颜子谦参加这次整本书阅读比赛后似乎成长了很多,对名人传记的阅读产生了浓厚的兴趣。

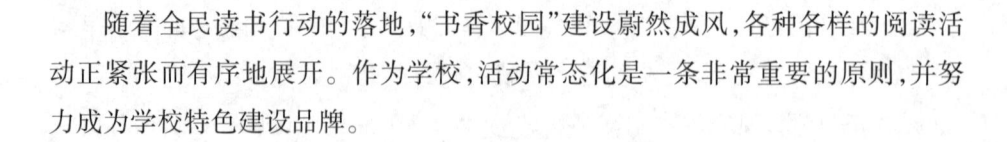

随着全民读书行动的落地,"书香校园"建设蔚然成风,各种各样的阅读活动正紧张而有序地展开。作为学校,活动常态化是一条非常重要的原则,并努力成为学校特色建设品牌。

(二)活动设计要儿童化

活动贴近儿童发展需求,是他们努力就可以完成的。厦门市深田小学设计"阅读+校园"环境布置活动,不同年级有不同要求。

小学二年级是格子间设计,选用纸皮箱的格子空间,让普通的方格化身为书本的舞台,把故事演绎的场景画在格子舞台里。如二年级(1)班推荐的《山海经》,将同学们引入了神奇的世界,各种神怪异兽仿佛展现在我们眼前;二年级(5)班推荐的《荷花镇的早市》,令我们向往江南水乡的美景与淳朴民风;二年级(2)班推荐《嘭,一个大大的梨》,让人们感到善良和温情……同时,我们更为同学们稚嫩的画作和新奇的想法所吸引。

小学三年级是放学等候区设计。同学们通过调查发现了等候区没有地方放书包、没有雨棚、没有椅子、缺乏阅读和运动设施等问题,他们通过小组合作、班级合作的方式展开了头脑风暴与创意设计,他们设计的等候区有书,有游戏玩具,还有小椅子、小零食,非常可爱。

(三)活动设计要育人化

阅读活动与学校德育融合,全面发挥育人功效。厦门市湖明小学开启"童眼看世界"学校公众号,引导学生利用假期开展兴趣阅读,和家人聊历史、聊人物传奇、聊时事政治、聊当下正在发生的热点、聊体育运动等等,聊到能给他人启发的就发布到学校公众号。五年级(7)班的黄国俊在建军节来临之际,就聊他的国防梦《最美的八月 最美的你》,从热播的国防微视频说起到追踪认识先进武器,再到借阅军事丛书、科学丛书。5分钟的短视频饱含着黄国俊同学的积极阅读、努力准备,更蕴藏着他心底里那颗幼小却强劲的国防梦。

每一本值得推荐给学生阅读的书都有其积极的育人价值,我们要充分挖掘其内涵,再设计合适的活动,使其育人价值进一步彰显。《陈嘉庚:华侨之光》研学活动是这样,《雷锋的故事》"学雷锋"实践也是如此。实践之一,"我与雷锋比_____",比奉献,比学习,比态度,比坚持。在对比中,学生发现雷锋确实比自己做得好。雷锋的学习条件远不如现在的自己,可他那种勤学好问的干劲,那种坚持不懈的韧劲,是现在被宠爱的孩子们无法相提并论的。于是,实践之二,"寻找我身边的雷锋"就成为学生们自觉的行动,并积极行动起来,使自己也成为一名新时代的雷锋。

第三节 教师推进要素

一 师生共读常态化

师生共读常态化是推进学生整本书阅读的有力保障。安徽省合肥市第62中学小学部语文教师薛瑞萍很早就以热爱读书而在全国教师心目中留下深刻印象,她也因热衷于鼓励学生一起读书,积累了不少关于阅读指导的经验,出版了包括《我们班的阅读日志:做一个自觉的儿童阅读推广人》《书声琅琅的三年级》等在内的教师用书。她说她的职业观是爱学生和爱读书一样重要。在实际工作中,她是把爱学生和爱读书融为了一体。她说要让学生爱上读书,必须自己先捧起书,学生早读,她自己也早读;学生写读书笔记,她也写看云日记,这些成功经验都值得我们借鉴。

师生共读不仅能增强教师对学生阅读的指导力,帮助学生提升阅读效率,还能引导学生端正阅读态度,以身边的榜样,榜样的高位引领鞭策自己。当然,师生共读中最难的是常态化,即坚持。为了上一节公开课,教师临时突击,努力阅读一本书,这是比较容易的,也是多数人的选择。但这样的行为,无法真正培养热爱阅读的学生。阅读是在一天又一天的坚持中发生量变和质变的。

以课标要求和教科书要求为目标,严格督促自己落实。这是教师个人做好师生共读常态化的有效办法。参加厦门市小学生语文阅读风采大赛评委工作的教师们就是这样要求自己,落实教学的。他们的突出表现,在校、区学生阅读活动中优于他人,而获得了推荐资格。他们热爱阅读,平日里积极开展学生阅读活动,课堂上能结合课外阅读篇目,丰富教学,活跃教学,深得学生欢迎,也经常向学生推荐阅读书目,拓宽学生视野。他们以自己的阅读行动为学生树立了阅读好榜样。

为了进一步落实师生共读常态化,厦门市除了举办全市小学生阅读风采大赛,举办整本书阅读指导教学观摩比赛,还强化教学视导,通过问卷、访谈学生等形式检查教科书中"快乐读书吧"落实情况。

二 过程性评价可视化

过程性评价可视化即通过各种显性的方式把学生整本书阅读的过程性评价结果呈现出来,让每一个学生看得见自己的行动及变化,从而更加自觉地、有目的地投入阅读,改进阅读。

《2022年版课标》对于整本书阅读评价强调了七个评价指标,即根据阅读目的和兴趣选书、制订阅读计划、综合运用阅读方法、交流阅读心得和疑问、积累阅读经验、养成阅读习惯、提高整体认知能力。这七个指标中有几个是不适合采用笔试,量化评价的,而且,坚持、毅力、热爱才是整本书阅读中最核心的东西,这恰是分数和等级无法评价出来的。英国儿童文学家、儿童阅读推广人艾登·钱伯斯在多年的实践与观察中发现,儿童的阅读讨论可分为三种,其中最先被提及的是分享热情,将彼此对图书的喜欢或不满之处拿出来分享,以点燃继续阅读的热情。其次才是分享困惑和分享关联性。"热情"是可以分享的,但难以量化。因此,《2022年版课标》首次在评价建议中提倡应进行过程性评价,尤其是针对整本书阅读评价,提出要"考察阅读整本书的全过程,以学生的阅读态度、阅读方法和读书笔记等为依据进行评价。"[1]

在落实整本书阅读过程性评价时,应注意尽量以可视化的方式呈现评价结果。儿童自我监控、自我反思的能力较弱,需要依靠外在的可视化工具帮忙。教师又是学生整本书阅读的第一引导者、帮助者,设计多种样式呈现、评估学生阅读状态确有必要。比如在班级学习园地里为学生设立一个阅读成长专栏,每一个学生每读完一本书就贴一颗星星或一朵红花,每一个学生解决了疑问或有新的见解也可贴一颗进步星等等,把学生阅读成长的全过程摘取要点展示出来,让同学之间对照着,互相鼓励着进步。类似这样的将阅读过程性评价可视化在不少学校与教师那里已成为常态,空白的墙壁因为有了这些阅读展品、阅读评价而获得学生关注的目光。充分利用教室四壁呈现学生阅读结果仍是当下最便捷、最节约成本的可靠方式。

有的教师积极指导学生设立阅读成长记录袋,袋中装有阅读手册、阅读小创作、阅读音视频作品,还有获奖证书等等。有的教师努力将学生读书笔记、读书成果等推荐发表到报纸杂志上,并让学生当众分享自己的成功体验。厦门实

---

[1] 中华人民共和国教育部.义务教育语文课程标准:2022年版[S].北京:北京师范大学出版社,2022:34.

验小学刘冰老师指导学生王晨懿坚持阅读和撰写阅读日记,如今王晨懿的阅读日记已结集出版(收录30本书的阅读心得)。福建省普通教育教学研究室小学语文教研员、正高级教师、特级教师黄国才老师特意为该日记作序,他称赞王晨懿同学的阅读品位高,思考深度深,语言灵性好,评价晨懿同学的"阅读日记",点点滴滴流淌于心;字字句句琢磨于脑,是作者与读者,儿子与母亲,阅读、思考与表达,读书与日记,坦诚交流、深度对话、互相成全的美妙成长过程的结晶。读晨懿同学的"阅读日记",如春风拂面,诗意盎然。

坚持阅读过程性评价可视化,既如春风,唤醒了学生爱阅读的种子,又如春雨、暖阳,有力推进学生阅读成长,同时很好地落实了"适·度"阅读主张。

三 教师勤读普及化

都说"要给学生一滴水,自己要有一桶水"。在强调整本书阅读的当下,教师只有勤读,利用点滴时间勤奋阅读,才能在阅读量上胜过学生,在见解上远超学生,在班级、校园读书氛围建设里起到真正的引领作用。

四年前,我为开设一堂公开课——鲁迅"好的故事",不但重读了鲁迅的《野草》《朝花夕拾》、部分杂文,以及学者们对鲁迅相关作品的评论,还去查阅一线教师及教学专家关于本课的教学设计。正是有了这样的准备,在课堂上才能自如地引导学生提问、讨论,在思维的激烈碰撞中读懂这篇文章。像我这样读书备课的老师还有很多,比如厦门实验小学的刘冰老师,她为了教学《京剧趣谈》,阅读了徐城北的《京剧趣谈》、高新的《京剧欣赏》,下载京剧曲目反复观看,还查阅了关于书法艺术、中国画艺术等中国美学方面的图书。她的课有深度,有宽度,有温度。厦门市音乐学校的阮宇航老师为了教学《自相矛盾》一课,阅读了《韩非子·五蠹》《中国古代寓言故事》,还读了毛泽东主席的《矛盾论》。她的课轻松自如,学生思考非常活跃。

以上这些教师的阅读只是个别案例。厦门市2023年首次评选了一批教师阅读领读人,旨在通过热爱阅读的优秀教师榜样,带领更多教师爱上阅读,坚持阅读,使教师勤读普及化,推进厦门教育的优质发展。到那时,厦门市儿童整本书阅读一定会更上一层楼。

第四节 校外推进方略

一 家庭读书氛围建设

厦门市深田小学指导家长开展书香家庭图书馆建设与申报,提出家庭图书馆"六有"标准:有场所、有名称、有藏书、有制度、有活动和有影响力。其中,有制度指全家一起商议家庭图书馆的制度并把其整理后挂上墙。有活动指定期举办读书交流活动,活动过程有记录(文字或视频皆可)。有影响力的阅读活动获得好评,并与社区其他成员分享和交换图书。请推荐人写下推荐语,并签名。这项活动对学校所在社区并不困难,因为这一社区人群的文化程度较高,对教育的重视程度也较高,在家里专门开辟一场所作为家庭图书馆不难,也能坚持开展家庭亲子阅读。看似最困难的是最后一项——"有影响力"。这要求社区家庭之间要加强联系,才能组织学生进行阅读交流,扩大影响。恰好学校所处社区秉持"近邻文化"理念,邻里和睦,社区还有公共读书区,方便开展读书交流。

多数家庭虽没有刻意建设家庭图书馆,但家长读书意识强,在空余时间能主动捧起书来阅读,周末会带着孩子逛书店、逛图书馆,满足孩子的购书要求。这样也能帮助孩子爱上阅读,坚持阅读。厦门市小学生语文阅读风采大赛中,那些获得特等奖、一等奖的孩子,大多来自爱阅读的家庭。

家庭阅读如何开展,才是科学有效的呢?我们采访了厦门市音乐学校阮宇航老师,她结合自身经验,认为"尊重个性,立体阅读"是一个好办法。她给我们讲了小王同学的故事。

小王同学今年10岁,学习成绩良好,兴趣爱好广泛,个性开朗,喜欢交际,贪玩好动,总有创意,鬼点子多,在班级是男生的"民间小头头"。小王同学的原生家庭以知识分子为主,兼有经商,对孩子的学前教育比较重视。因此,从幼儿园小班开始,小王同学的父母就为他用心设计了他们心目中最适合小王的阅读内容和阅读方式。

1.听读。上小学之前,小王的父母并没有刻意地让他大量识字,而只是生活情境中相机让他认识一些汉字。更多的时间,是通过家长陪伴读绘本和"听故事CD"的方式,让小王"阅读"了大量儿童经典图书。例如,小王读幼儿园大班的时候,曾经连续一个多月每个晚上听孙敬修老爷爷讲的《西游记》。不久,他就能够把几千字的《猴王出世》和《猴王学艺》两个故事完整流畅地讲出来,语气语调也模仿得栩栩如生,令教师和家长都十分惊讶。大量的听读,使小王同学在不知不觉之中培养了良好的语感,也训练了他的想象力、记忆力,对他进入小学学习打下了良好的语言基础。

2.趣读。"兴趣是最好的老师"。而儿童阅读能力发展最重要的一点,就是培养阅读的兴趣。因此,从小学一年级开始,小王同学的父母挑选了种类丰富、生动有趣、幽默搞笑、情节曲折的书送给他阅读。从风趣的绘本《憋不住了,憋不住了,实在憋不住了》到《趣味实验大百科》,从《聪明的阿凡提》到《幽默笑话大全》,从《急智故事300则》到《全世界孩子都爱玩的100款纸飞机折纸大全》,从《火车头》《火车迷》到《地铁开工了》……只要是孩子喜欢的、健康的图书,家里都鼓励他读,读后和家里人一起分享快乐。慢慢地,小王同学感觉到阅读就是一件身心愉快的事情,更喜欢自己去阅读了。

3.朗读。每个人阅读的时候自然大量使用默读的方式来提高效率。但朗读一定是默读必不可少的补充。朗读适用于感情较为丰富的文学性文本阅读,例如小说中的经典对话、散文、诗歌,或儿童故事中令人感动的片段。例如,小王同学和爸爸一起阅读林良先生的作品《爸爸的十六封信》。爸爸朗读一段,小王同学朗读一段,在抑扬顿挫的声调中,体会林良对于孩子真诚、亲切、细腻、浓厚的父爱。通过朗读与文本理解,现实中的父子也加深了感情。

4.行读。古人说:"读万卷书,行万里路。"印在书本上的方块文字,如果能够和生活紧密结合,孩子将在具体的情境中更加深刻地理解文字。例如,在假期出游国家历史文化名城景德镇之前,小王同学家里会一起阅读《中国陶瓷艺术鉴赏》《景德镇陶瓷文化》等图书,为参观景德镇国家陶瓷博物馆做好知识铺垫。在乘坐高铁前往景德镇的路上,小王和家人一起阅读《写给儿童的中国地理——东南丘陵》,了解动车的行驶路线会经过哪些城市,哪些山川河流,又可以看到哪些沿途农作物。孩子在旅途中,也是在最真实的学习情境中。当文字能够对应鲜活的社会生活或者自然万物之时,形象与抽象就能和谐地融为一体,在孩子心中构建立体而生动的世间画面。

5.较读。比较阅读,是培养孩子批判性思维、创造性思维的阅读方法之一,也是帮助孩子克服碎片式浅阅读的良好形式。小王同学的父母常常会就某个话题,指导他阅读同一主题或者同一作家的图书。例如,阅读《夏洛的网》后,再阅读怀特的其他两本童话《吹小号的天鹅》和《精灵鼠小弟》,说说喜欢或者讨厌这三本童话中的哪些人物,在这些人物身上有没有自己或者朋友、家人的影子。比如,阅读苏联科普作家米·伊林的《十万个为什么》之后,再读一读中国的《十万个为什么》,谈谈这两本书有什么相同之处,又有什么不同之处,更喜欢哪本书。再如,阅读课本中的《小英雄雨来(节选)》后,再读读《小英雄雨来》整本书,搭配查找相关历史资料,看看真实的雨来和书中的雨来有什么不同之处。

总之,小王家中多样化的家庭阅读指导形式,来自家长对孩子性格、个性的分析、尊重,也根源于家长对要通过阅读如何塑造孩子的深刻思考。尽管没有非常严密的阅读计划,但小王在家庭用心的阅读指导中,无论是性格还是思维都获得了自由、充分的进步发展,他也在小学四年级上学期获得了厦门市首届小学生阅读风采大赛特等奖的殊荣。这既是对小王同学阅读能力的肯定,也是对家校联合共施阅读教育效果的充分肯定。

二 场馆资源支持建设

厦门市教育局在2023年5月出台了《关于加强教育系统新时代阅读活动的工作方案》,同时也遴选出一批厦门市"大思政课"实践教学基地,包含厦门市博物馆、郑成功纪念馆、厦门大学文博管理中心(含厦大校史馆、革命史展览馆、人类博物馆、陈嘉庚纪念堂、鲁迅纪念馆、王亚南纪念馆、中国近现代文学展览馆)、英雄小八路纪念馆、陈嘉庚纪念馆等15个场馆,落实各场馆指导教师。学校可在充分利用学校图书馆和区、市图书馆的基础上,带领学生到实践基地参观研学,共同推进整本书阅读。

厦门市音乐学校王君怀同学在2020年为完成《岛校联合,促进鼓浪屿音乐文化的传承与发展》调研报告,在阅读之外,还实地走访了鼓浪屿众多可能蕴含音乐文化的场所,如"钢琴"码头、音乐路、音乐厅、钢琴博物馆、唱片博物馆、风琴博物馆等,参加了轮渡广场、菽庄花园、港仔后沙滩等处不定期举办的音乐会,最后提出了有助于传承鼓浪屿音乐文化,提升音乐岛品位的方案。该报告获得了2020年福建省青少年科技创新大赛二等奖。王君怀同学的报告就是充分利用各场馆资源，阅读思考而结出的硕果。

要改善游客走马观花的现状就必须加大体验强度，亲身去感受音乐的魅力。如鼓浪屿音乐之路，设立鼓浪屿音乐家雕像及事迹牌，沿路重复播放他们的音乐作品，让前来鼓浪屿游玩的少年儿童和游客能够了解他们和他们的音乐。

轮渡码头是游客上下岛的必经之地，在码头设置大屏幕播放岛上音乐资讯及音乐会观看礼仪，增加游客的参与度。

对鼓浪屿音乐文化名人生活学习过的学校如笔山小学、音乐学校等地精心设计音乐旅游特色线路，满足游客了解音乐文化名人生活经历的愿望。

王君怀同学的实践经历也启发我们，在推进儿童整本书阅读的道路上，学校、教师一定要走出去，争取更多的场馆资源支持。其实，前面所举学校的阅读课程建设或多或少都获得了校外场馆资源的帮助，此处强调的是与校外场馆资源建立更稳固更多元的关系，请他们为学校阅读课程建设提供特色服务。如集美小学、集美中学长期与陈嘉庚纪念馆合作共建，学校的嘉庚文化阅读课程正处于深度建设之中，不久的将来，一定会成为厦门教育的一张名片。

附录

附录一

《在那奇妙的王国里——童话书阅读指导》教学设计

【教材分析】

童话作品是小学语文教学中非常重要的课程资源。童话故事一般采用叙述文体,行文上较为夸张且充满想象力,画面感强,能唤起学生的童心。多数童话故事含有一定的教育意义,或讲述一种科学现象、原理。大多数学生十分喜欢阅读童话。

《丑小鸭》是《安徒生童话》作品中的经典之作。讲述了一只丑小鸭,自从生下来就被人看不起,被迫离家出走,经历种种不幸,最后竟意外地发现自己是一只白天鹅的故事。这个故事情节曲折动人,对丑小鸭身处逆境的描写,花费了大量笔墨,突出表现了主人公面对不幸的境遇,仍追求梦想的美好心灵。

《丑小鸭》也是同学们从小耳熟能详的童话故事。不少学生在小学一、二年级,甚至幼儿园阶段就已经读过这个故事的缩写版了。因此,用《丑小鸭》带领同学们步入奇妙的童话王国,具有较好的示范性,也便于教师指导学生运用一些阅读策略,开展课后自读活动。

【学情分析】

小学三年级上学期的学生,经过小学一、二年级的语文基础学习,大部分对阅读有兴趣。在小学一、二年级四次"快乐读书吧"栏目的指导下,已经有了阅读整本书的经验。对于《丑小鸭》,一些学生在幼儿园或者小学低年级学习时也听过其故事情节,再读,自然有一种亲切感。但首次接触6000多字的"大部头"童话作品,且是少有插图的纯文字版,对小学三年级学生来说还是有相当大的挑战性,需要教师进行有层次、有方法的科学引导。

【教学目标】

（一）通过指导学生阅读安徒生经典童话《丑小鸭》(译作原文)，激发学生对其他童话故事的阅读兴趣和阅读期待。培养独立阅读长篇童话故事的信心。

（二）引导学生感受童话中丑小鸭等人物形象。通过阅读表演、绘制插图和配乐想象等方式丰富脑海中人物的形象，学习图像化的阅读策略。

（三）借助学习单，指导学生学习梳理长篇童话故事的情节。在体会情节的发展变化中感受童话的趣味，感悟故事所蕴含的人生哲理。

【教学重难点】

（一）引导学生感受童话中的人物形象。

（二）指导学生梳理长篇童话故事中的情节。

（三）感受童话的趣味，感悟故事中所蕴含的道理。

【教学准备】

多媒体课件、学习单、绘画纸

【教学时数】

一课时

【教学过程】

（一）激趣导入，引出故事

1.谈话：同学们从小学一年级以来，已经在老师的指导下读了不少书。现在老师手里就有一本书(出示《安徒生童话》)。说说拿到这本书，首先会从封面了解到什么信息？还会浏览什么？(预设：封面、书名、作者、译者、出版社、插图、扉页、目录等等)

2.看图猜故事。

出示《安徒生童话》目录。你看过里面的什么故事？

玩看图猜故事的游戏。

3.引出童话故事《丑小鸭》。

(二)感受人物形象,初步体验阅读乐趣

1.一些同学小时候已经看过《丑小鸭》这个故事了。能不能谈谈丑小鸭在你心中留下了什么印象?现在我们再次阅读丑小鸭,看看你有什么新的阅读感受。

2.默读故事开头丑小鸭出生时的片段。

"从蛋壳里爬出的那只小鸭太丑了……嘲笑对象"

读了这一段,你有什么疑问吗?

(预设:不理解"吐绶鸡""脚上就有距"的意思)

通过链接网页,理解"吐绶鸡"。通过查字典,理解"距"。

小结:独立阅读中出现的疑问。可以简单记下来。通过查阅资料,查字典等方式来解决。有的问题不必马上解答,可以边读边在下文中发现新的线索。还有些无关紧要的问题可以直接跳过去。

3.阅读童话故事时,我们常常在脑海中浮现出人物的形象。下面,请同学们再浏览一下这一段,和同桌商量一下你们脑海中吐绶鸡和丑小鸭的形象,两个人该怎么表演这个片段。

指名两位学生扮雄吐绶鸡和丑小鸭,上台表演刚才阅读的片段。

依据文本进行评议。

(机动:再指名表演。)

4.默读"这是头一天的情形……因为他太累了,太丧气了。"(共一个自然段)

如果让你为这个部分画一幅插图,你会怎么画?

5.教师有感情地朗读丑小鸭变成白天鹅后的片段(配乐)。

学生闭眼想象画面,说出自己心中白天鹅的形象。

6.小结阅读策略——图像化。

(三)梳理情节脉络,指导自读长篇,深入体验阅读乐趣

1.丑小鸭变成美丽的白天鹅,经历了许多不可思议的事情。让我们一起来阅读这部分故事。从"他在这儿躺了一整夜,因为他太累了,太丧气了"开始,读到全文完。边读边把文中描写地点的词语圈画起来,在学习单的帮助下思考:丑小鸭主要在什么地方遇到了谁,发生了什么事。

学生安静地阅读十分钟。

指导学生填写学习单。

2.指导绘制人物心情曲线图。

3.小结:梳理故事情节和绘制心情曲线图,能帮助我们更好地了解主人公的心理变化。故事也就显得更加曲折动人,引人入胜。我们甚至还可以大胆地继续想象后面的故事情节,自己也成为一名小小童话家。

4.故事中什么改变了?什么一直没有改变?

揭示丑小鸭的人生哲理。

(四)补充背景资料,开阔阅读视野,再次增强阅读乐趣

1.介绍安徒生生平简介。

说说你的发现?(预设:安徒生笔下的丑小鸭,就是他一生的写照。反映了他一生对梦想的不懈追求。)

2.小结:说说本节课的收获。

3.(配乐)介绍多本经典童话书,PPT出示封面。

(介绍以下经典童话图书:《木偶奇遇记》《水孩子》《小狐狸买手套》《柳林风声》《稻草人》《鼹鼠的月亮河》《风与树的歌》《格林童话》《绿野仙踪》《夏洛的网》《大人国和小人国》)

作家们创作出的童话作品,有的是在书写自己的人生梦想,有的是想告诉读者做人做事的道理,有的是为了介绍一个有趣的科学现象,有的是为了反映社会上的真善美,假恶丑。总之,不同的作家有不同的风格。但他们都是为了把最好的精神世界展现在读者面前。让我们走进奇妙的童话王国,尽情地遨游吧。

【板书设计】

在那奇妙的王国里
——童话书阅读指导

阅读策略:图像化

梳理故事情节　　　　　读出趣味

感受人物形象　　　　　读懂内涵

(改自厦门市音乐学校阮宇航的导读设计)

附录二 米·伊林《十万个为什么》的科学指导课——实验验证 趣寻真知

【学情分析】

在科学方面,小学五年级学生对米·伊林《十万个为什么》中涉及的科学知识已有一定的了解,并且掌握了基本的实验操作。同时,在教师引导下,能提出可探究的科学问题,并基于已有经验和所学知识,提出假设,制订简单的探究计划,为学生阅读本书,自主探究书中问题提供助力。

在语文方面,经过长达四年的课内外阅读训练,小学五年级的学生已有一定的阅读理解能力并掌握了一定的阅读方法,同时,具备了相应程度的文字知识储备,以及独立识习生字、生词的能力,为后续的整本书阅读活动的开展奠定了基础。此时,正是培养学生阅读习惯的关键时期,要注意培养他们科学、高效、深入阅读的能力。

现阶段,学生对米·伊林《十万个为什么》中的科学原理的理解很容易停留在表面,知其然而不知其所以然,这就需要教师引导学生,打破学科的壁垒,从不同学科的角度去阅读这本书,从而给学生带来不同的体验,帮助学生跨过深度阅读的障碍。

【学习目标】

1. 能从阅读文本中提炼、分析关键信息,并基于已有知识提出自己的疑问;
2. 基于阅读获取的信息,能大胆地提出自己的见解,乐于与他人合作和分享,包容不同的观点;
3. 掌握观察、实验、推理、解释等基本的科学方法,能结合所学知识,对书中的科学问题具有初步的探究实践能力;
4. 不盲从,不迷信权威,敢于大胆质疑,能基于证据与逻辑作出判断,实事求是;
5. 能对探究阅读的过程和结果进行记录、表达、评价和反思。

【学习重点】

能通过质疑、查找资料、实验、分析、比较等方法,对书中内容进行探究阅读,验证书中的答案是否正确。

【学习难点】

能利用课堂学习的阅读方法,基于所学知识,从课堂走向课外,自主探究阅读书中感兴趣的内容。

【学习准备】

教师材料:课件、视频、蜡烛、汤匙、澄清石灰水、烧杯、玻璃勺、集气瓶、玻璃片、点火器。

学生材料:实验记录单、实验阅读单。

【学习时间】

一课时

【学习活动设计】

活动一:实验新读,体验求真过程

1.出示问题:【第二站炉子】冬天的夜晚,木柴在炉子里噼噼啪啪地燃烧,燃烧过后,木柴到什么地方去了?

2.书中用蜡烛燃烧代替木柴研究。

3.学生快速阅读,圈画关键语句,思考"消失"的蜡烛去哪了?

4.作者怎么发现问题的答案?(做实验)→思考:书上说得一定正确吗?

5.爱因斯坦的名言:在对待科学问题时,必须时刻保持怀疑精神。→科普阅读的第一步是大胆质疑。

板书:大胆质疑

6.出示实验仪器,提出任务:利用书中学习到的方法,像米·伊林一样自己动手做实验,验证书里说得对不对?

7.学生实验,填写实验记录单(10 min)。

实验1:蜡烛燃烧产生水→水蒸气

实验2:蜡烛燃烧产生炭→实验3:炭继续燃烧产生阻碍燃烧的二氧化碳

8. 实验记录单投屏,学生上台汇报(2~3组)。

其他小组:提出疑问,并补充出现的问题。

9. 小结:实验验证的过程,就是对自己的质疑小心求证的过程。

板书:小心求证

10. 归纳:这就是求真,求真精神是科学精神的核心。

板书:求真

11. 实验中存在什么问题?思考为什么?怎么改进?

12. 思考:用实验验证的方式来阅读这本书,和之前的阅读对比有什么不同呢?

《十万个为什么》是一本互动性很强的科普书,它不仅是室内旅游的导游指南,还是一本小小的实验指导手册。通过提问:书上说得一定对吗?引导他们利用书中和科学课学到的知识,亲自动手实验验证书本的内容是否正确,让他们亲历大胆质疑→寻找证据→推理分析→得出结论的求真过程,培养他们求真的精神。为后面用实验验证的方法阅读书中更多的内容,做好铺垫。

活动二:自主阅读,设计实验阅读方案

1. 提出任务:运用实验验证的方式阅读《十万个为什么》,快速翻一翻整本书。

思考:想研究什么问题,怎么研究?完成实验阅读单A。

2. 阅读单投屏,学生分享(重点:怎么研究?——实验流程图)2~3组。

其他小组认真倾听,可对分享的想法提出疑问,并补充改进意见。

3. 出示更多可以研究的问题(作为参考)。

4. 提出期望:能把这些想法真的付诸行动,将课堂上的阅读延伸到课后。

本环节是对前面学生学习效果的应用与考查,从教师引导深入阅读一个问题,到学生自主阅读探索整本书更多问题,围绕着想研究的问题,讨论、思考、分享:为什么想研究?怎么研究?引导学生想法进行碰撞,提高学生课后从想到做,完成阅读任务的主观能动性。

活动三:拓展实践,读—思—做结合

(出示实验阅读单B)对你想研究的问题,想一想,问一问,做一做,把实验视频上传至钉钉群,评选"科普实验小达人",下节课分享。

本环节是对上一环节的延续,学生基于课上讨论、分享的想法,继续完善改进,将课堂的阅读延伸到课外,让阅读从文字层面狭义的阅读,走向读—思—做有机结合的更广义的阅读,为学生带来全新的阅读体验。

板书设计:

实验验证　趣寻真知

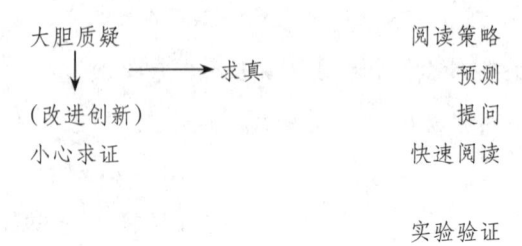

大胆质疑		阅读策略
→求真		预测
(改进创新)		提问
小心求证		快速阅读
		实验验证

【学习单】(略)

(改自厦门五缘第二实验学校林雅妮的科学指导课)

附录三 争当森林报道的小记者——整本书阅读《森林报·秋》（导读课）学案

【学习目标】

一、通过对比阅读，发现《森林报·秋》报刊式编排特点，激发学生阅读兴趣。

二、迁移运用预测、提问、联结等阅读策略，初步了解《森林报·秋》。

三、通过想象画面的方法赏析片段，初步感受《森林报·秋》科普性文字的生动文学表达，学习研究大自然的方法。

【学习重难点】

一、通过对比阅读，发现《森林报·秋》报刊式编排特点，激发学生阅读兴趣。

二、通过片段赏析，尝试感受《森林报·秋》文学化语言与科学性记录的表达方式，感受秋的特点。

【评价任务】

大方地与同伴互动对话；巧用多种策略阅读，交流发现，获得科普性知识；产生对自然的热爱和对生态环境的关注。

【资源建议】

一、小学四年级上册第二单元人文主题和语文要素聚焦在"提问"阅读策略，通过不同角度提出疑问，在思辨提问中感受阅读的快乐。

二、创设"争当森林报道小记者"学习情境，鼓励学生在阅读中对比发现，通过对比阅读、想象画面等阅读方法的使用，感受《森林报·秋》科普性文学作品的阅读魅力。

【学习过程】

一、课前:阅读热身。

1.阅读报纸。交流获得的阅读信息。交流:你读的是什么报纸?阅读之后你知道了什么?

2.回顾梳理学习过的阅读方法,并尝试多元运用。

二、谈话激趣,初探《森林报·秋》。

1.游戏竞猜,激发阅读期待。

(1)认一认:你能猜出它们的名字吗?

(2)猜一猜:谁来到了这里?

(3)考一考:这些现象,你知道原因吗?

小结:当你翻开《森林报·秋》,就可以揭开谜底。

2.阅读封面,整体了解《森林报·秋》。

(1)阅读封面,初步了解整本书。

师:阅读这本书封面,你对这本书有什么初步的了解。

《森林报·秋》是一本比《昆虫记》还有趣的自然探索启蒙书,《森林报》按一年四季分类报道森林中的各种新闻。今天我们先从秋天读起。

(2)再读封面,大胆提问。

你最期待从中知道什么?

三、对比阅读,发现报刊式编排。

1.观察报纸,初识报刊特点。

过渡:昨晚大家都回家阅读不同的报纸,根据你的观察,一份报纸有什么特别之处?

预设1:报纸标题大而鲜明

预设2:报道内容很新

点评:身边最新最近发生的见闻,真实新鲜,有时效。

预设:栏目分类、记者、出刊时间。

点拨:报纸还标注了出刊时间、报道记者、内容有文学、新闻、快讯,甚至广告等等。

2.对比阅读,发现《森林报·秋》编排特点。

过渡:《森林报·秋》也和报纸一样吗?

同桌互学,交流发现。

相同之处:森林报也像报纸一样,侧重写森林的新闻,主题鲜明;报纸上也有报道时间的范围;图片文字结合;还有广告、活动设计、栏目,里面还有特约报道的通讯员。

不同之处:报纸是一份一份,森林报是一本;报纸都是单篇组成,森林报还有目录。

小结板书:确实,森林报采用特别的报刊编排(板书:报刊式编排),将书和报纸巧妙结合在一起。

四、预测激趣,进一步激发阅读兴趣。

1.聚焦目录,预测激趣。

交流目录,整体了解《森林报·秋》。

师:我们翻开森林报的目录,默读之后,你对这本书有什么新发现?

朗读目录节选。

预设1:我发现这本书介绍秋天不同的月份。

预设2:这里面我对林中大战感兴趣,是不是讲的是森林中的战争呢?

点评:这是一本科普性文学作品,里面报道了秋季三个月的不同森林新闻。

题目预测,增强阅读兴趣。

过渡:打开九月的报纸,秋季第一月都发什么了什么大事?选择你感兴趣的新闻题目,预测一下,会发生什么事情?

预设1:我对林中大战感兴趣,都是战争了,怎么还取名叫和平树?

预设2:"东南西北"是指什么内容?

……

五、片段赏析,了解科学知识,感受生动表达。

1.根据阅读单,选择一则你最感兴趣的新闻,阅读完成后四人小组按下面的格式交流自己的发现。

我发现_____。

我感兴趣的是_____,因为_____。读之前我以为_____,读了之后,_____。

学生任选"电报或城市新闻或集体农庄生活"内容交流。

小结:阅读《森林报·秋》还能收获研究自然的科学知识和方法。

2.朗读三个精彩片段,感受作者生动的表达方式。

预设1:生动的语言文字,我仿佛看到了漂亮、华丽的秋天早晨,令人快活。

预设2:文字生动有趣,像是在读童话故事,让人充满想象。

预设3:一串的问句,自问自答的方式激发我们的阅读兴趣。

小结:科学的知识和有趣生动的表达互相碰撞,让人阅读时眼前一亮!生动的语言文字,让我们看到秋季的森林的美好画面,忙碌而有活力。

板书:生动地表达

3.阅读"东南西北"、打靶场、广告,感受这本书的特别。

师:这是雅玛尔半岛苔原8月的报道,看图说话,说说发生了什么?

你能猜出这幅图介绍的是哪里的风景? 苔原、原始森林、山峰、沙漠。

小结:不仅如此,这本书还为读者们设计了游戏互动栏目,阅读之余还可以和同学交流互动。

六、认识作者,解密森林报创作背景。

1.走近作者,看见"创作初心"。

(1)阅读资料,交流发现。

师:读一本好书,就像和一位高尚的人对话。到底是怎样的人才能写出这样有趣的作品呢? 认识一下维·比安基。

预设1:我了解到他热爱大自然、花很多时间观察自然。

预设2:我感受到一份他对"自然与儿童"的伟大热爱。

小结:维·比安基就像一位亲切的长辈,不仅教我们睁开眼睛看大自然,用心体验自然界生命,还耐心教我们认识自然的方法。只有对"自然与儿童"热爱的人才能创作出如此经典的作品。

2.诵读小诗,交流阅读感受,体会秋季的特点。

师:最后送上《森林报·秋》编辑部一首秋天小诗,我们再次感受森林里的秋季。同伴合作读。自由配乐诵读。师生配乐诵读。

小结:阅读是一场充满惊喜的发现之旅,当你翻开森林报,就开启环球自然之旅。

3.阅读任务布置。

(1)运用不同阅读方法,阅读《森林报·秋》。

(2)走进厦门万石植物园,创作一份小报。

(改自厦门市海沧区华附实验小学蔡键佳的设计)

附录四 《中国古代神话》要点导读课——人物篇

【课时目标】

一、链接旧知,借助支架有条理地表达,继续感悟神话故事情节的神奇。

二、聚焦文段,借助关键词句和跨学科数据统计,感受神话故事人物神勇。

三、联结文本,在检索与推论中,激发学生阅读神话故事的兴趣。

【学习重难点】

一、聚焦文段,借助关键词句和跨学科数据统计,感受神话故事人物神勇。

二、联结文本,在检索与推论中,继续激发学生阅读神话故事的兴趣。

【学习准备】

完成预学单

【课时安排】

一课时

【学习过程】

一、视频导入激发兴趣

很多神话故事一一变成现实,2021年"祝融"号火星车成功登陆火星,创造了世界航天史的奇迹,让我们一起看视频《祝融号登陆火星》。

看了视频,你知道了哪些航天科技发明是以神话中人物或地点命名的?

预设:嫦娥探月工程、玉兔月球探测器、广寒宫月球着陆区

过渡:那就让我们带着对千年飞天梦的执着,一起追溯这充满想象力的神话故事,再次走进《中国古代神话》吧!

二、任务导学感受神奇

(一)聊一聊——情节神奇

任务一:神话故事数不胜数,请你选择一则神话故事,并写出让你觉得神奇的故事情节,可分点作答。

任务二:你能试着把神奇之处,用"短语"或"关键词"表达出来,并写在卡纸上吗?

(二)议一议——人物神勇

任务一:出示故事《羿杀六大凶兽》,看题目进行简要预测,这个故事可能会在哪里很神奇?

1.速读文段,提取信息

快速提取关键信息,补充导学单上的"鱼骨图"(后羿捕杀了哪六大凶兽?)

2.细读文段感受神奇

(1)聚焦《羿杀六大凶兽》的第8~9自然段,感受故事神奇。

(2)说说后羿在你心中的形象。

(3)小结:像这样神勇无比,充满神力的人物,在《中国古代神话》中还有很多。老师也很爱读这本书,边读边思考,结合小学二年级的数学知识对人物角色类型做了梳理。(见附表4-1)

附表4-1 《中国古代神话》人物角色类型统计

角色类型	神仙	历史人物	普通人	植物	动物	其他
数量	22	19	4	1	2	3

(4)看表格,谈发现。

三、探一探:"神话"价值

(一)快速浏览图书,师生共同完成表格(见附表4-2)

附表4-2 《中国古代神话》人物类型举例

角色类型	神仙	历史人物	普通人	植物	动物	其他
数量	22	19	4	1	2	3
列举	火神祝融 八仙过海 后羿射日 吕洞宾画鹤等	鲧和禹治理洪水 仓颉造字 伶伦始作音乐等	宁封制陶的故事等	湘妃竹的来历等	鲤鱼跳龙门等	阿里山等

浏览图书目录和故事,你最想读哪类故事呢?如果白板上这些标题是你想阅读的,你能将它拖拽到所属类型中吗?

(二)观察表格谈谈发现

(三)观看视频引发思考

(四)联结文本激发兴趣

1.联结文本

在《羿杀六大凶兽》这个故事中,有两个至关重要的宝物,"弓箭"和"剑"。检索"弓箭"时,有这几篇:《轩辕氏黄帝》《后羿射日》《洛水女神宓妃》。检索"剑"时,有这几篇:《刑天舞干戚》《八仙过海》《干将莫邪》《吕洞宾得剑》……

2.小结

四、指导方法,作业布置

(一)简介阅读日记的类型:"摘抄类""笔记类""创作类"

1.摘抄类

神话故事:

最喜欢的词语(可分类):

最神奇的故事情节是……

2.笔记类

神话故事:

绘制人物关系图、情节图等。

3.创作类

对羿说说心里话;改编情节等。

(二)课后继续按阅读计划,读读书,并试着做阅读日记吧!(附表4-3)

附表4-3 《中国古代神话》阅读计划表

日期	阅读篇目	阅读页码	阅读疑惑/思考

(改自厦门市同安区阳翟小学庄小雯的导读课)

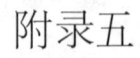

附录五 《十万个为什么》精彩分享课主要教学过程

一 谈话导入，交流最大感受

同学们，《十万个为什么》这本书你们都看完了吗？我们来说说，读完以后你们最大的感受是什么？用一个词或者一句话来说。

学生1：好看。本来我以为这种讲科学知识的书没意思，没想到它很好看。我一个晚上可以看几十页。

学生2：这本书写得很有趣，里面有很多故事。

学生3：丰富。这本书里蕴含的知识很丰富。

学生4：这本书里的问题很多，所以叫"十万个为什么"。

学生5：这本书讲的很多科学知识，都是日常生活中的。我很奇怪，我以前怎么都没有想过问这些问题。

……

二 展示导图，梳理整本书内容

教师通过学生的作品展示、交流，重在引导梳理全书内容的方法，如根据书的目录，运用东尼·博赞的思维导图制作，根据章节下的小标题，适当归并，使导图简洁明了。学生在思维导图的帮助下很容易就明了全书的主要内容。

三 交流分享阅读快乐

(一)分享阅读故事

学生1:我在读到《为什么生铁不像熟铁?熟铁不像钢?》这个故事的时候,我就想,我家的那口炒菜的铁锅,到底是生铁做的,还是熟铁做的,或者是钢做的?我就去找这口锅买来的时候的外包装看。但是外包装上面没有。我最后只好去网上搜索了。百度上面有人说,比较薄的锅一般都是熟铁做的,因为熟铁的延展性比较好,能做成比较薄的锅。我看我家的锅挺薄的,可能是熟铁做的。

(二)展示阅读笔记

1.感受生动表达

(1)疑问句多

学生1:展示自己的阅读卡片,上面抄写了一些疑问句——人从什么时候开始洗澡的?古时候的人吃什么?有没有固态的液体?穿三件衬衣暖和,还是穿一件相当于三件衬衣厚的衣服暖和?有没有空气筑成的墙壁?……

教师:你为什么抄写这些句子呢?

学生1:这些都是一些特别有趣的小标题。我第一次阅读的时候,就感觉这本书的小标题很特别,有很多问题,一问,就激起了我的好奇心。我很喜欢这些问题,也拿这些问题去考爸爸妈妈,结果他们都不会。我就想把它们抄写下来,积累一下。

教师:这本书里的问句很多,你积累了自己感觉特别有趣的问句。你知道作者为什么要写这么多有意思的问句吗?

学生1:我觉得能激发读者的好奇心。

学生2:我读到这些问题的时候,会停下来想一想,答案是什么,然后再往下看文章。一边看,一边对照自己刚才想得对不对。这样很有意思。

教师:学生2的阅读方法也很值得我们学习!

(2)语气词多

学生1:我整理了这本书里用到的语气词——"吗""呢""嗯""啊""呀""嘛""吧""哎呀"。

教师:你的积累很特别呀!为什么会想到要整理语气词呢?

学生1：前几天我们学习语文学习园地四"词句段运用"的时候，分析了《猫》和《白鹅》这两课里都用上了很多语气词。读起来特别自然、亲切，好像作者和我们面对面地说话。我当时就想到《十万个为什么》里面也有很多语气词，课后我就整理了一下。

教师：这位同学把课内知识延伸到课外运用，非常可贵！的确是呀，《十万个为什么》这本书里，有很多语气词，我们读这本书时，好像就坐在米·伊林的对面，听他娓娓动听地讲科学故事。他就是用这么巧妙的方式，拉近了读者的距离。现在，请同学找一句这样的句子，读给大家听一听，好吗？

学生朗读："那为什么想喝水呢？因为离开水人没法活啊！""马铃薯是什么？这人人皆知呀！""用空心砖建成的房子比实心砖建的房子暖和许多。这为什么呢？因为房子的一半是用空气建成的。"

教师小结：同学们，刚才同学们展示了自己的阅读卡片、阅读摘抄本，积累了不少有趣的问句、生动的语气词以及特别的句式。你们有什么新的感受吗？

学生2：我原来感觉这本书整体上写得很生动，现在终于明白他是怎么写生动的了！

2.给作者颁奖，再次体会文章表达趣味

教师：米·伊林的《十万个为什么》风靡整个世纪而长久不衰，魅力实在太大了。阅读这本书，我们不仅能学到科学知识，还能领略到文学美。如果要给米·伊林颁奖的话，估计要拿奖拿到手软。现在就请小组派出代表将书中你觉得写得最有意思的精彩片段挑选出来读给大家听。并说说你想为他颁什么奖，说说理由。

(1)文段一：

为什么炉子里的柴会毕剥作响？为什么烟会走烟筒出去，而不自屋里冒？没有燃烧的时候，从哪里来的烟？为什么烘烤的马铃薯有一层硬皮，煮的却没有？

教师：你发现了什么？这些问题有什么特点？

对司空见惯的事物和现象发问，是一种难能可贵的质疑精神，能带领我们不断去发现，于平常中见到不平常。

教师：你会给伊林发什么奖？

学生1：善于提问奖

小结：提问，解答，是米·伊林写这本书的方式。提问，寻求答案，也是我们深入阅读这本书最好的方式。

(2)文段二：

蓝色的搪瓷茶壶把自己的盖子像帽子一样抛向空中，回头又立刻接住；生铁的平锅吱吱地响，高兴得直颤动；连那大铜炖锅也忘记了自己的尊严，在用力翻滚着，把沸水溅到自己的邻居——卑微的生铁小锅上。

教师：你又会给伊林颁发什么奖？

学生2：最佳文笔奖

小结：用拟人的手法写出了厨房的欢快的景象，枯燥抽象的原理变成了生动的场景和画面，伊林的文字魔法让科学更亲切。

(3)文段三：

很多铜炖锅看起来颜色发红，所以我们称这种材料是红铜，红铜其实就是纯铜。而另一口黄铜炖锅的材料实际上是铜和锌的合金。黄铜里至少有一半是铜，但铜含量不会超过三分之二。

教师：你还会给伊林颁发什么奖？

学生3：语言生动奖

小结：这本书，米·伊林用文艺的笔调、生动的比喻、典型的事例、诗一样的语言，深入浅出的问答，将抽象、深奥、枯燥的科学知识形象地娓娓道来。

(三)展示实验，趣享科学

除了感受语言文字的魅力，书中有趣的小实验同样让人跃跃欲试！同学们除了在文字中汲取知识，还通过自己动手做小实验验证了书中的秘密，我们有请积极踊跃的小小实验家来为我们展示。

例如：

1.火的燃烧需要氧气。学生用玻璃瓶实验火柴的燃烧与熄灭。(拓展：锅起火怎么办？如何让柴火烧得更旺一些？)

2.马铃薯的淀粉在哪里？学生洗涤马铃薯碎块，收集后实验。(提问：芋头有淀粉吗？)

3.可乐与白糖。(提问：除了可乐，我们还可以用什么来代替？为什么？看来你真正明白了实验的原理。)

教师：刚才三位同学为我们展示的实验虽小，但是实验的奥秘是无穷的。

科学实验是我们追求真理的重要方式,动手实践更是我们学习的重要途径!将你的思考和实践融入阅读,你一定会有更大的收获!

(四)感受科学精神,激发创作兴趣

教师:同学们,我们的课上到这里,即将进入尾声了。老师想问问你们,这节课的分享交流,你有没有什么新的感受或者启示?四人小组交流一下。

学生1:我们小组认为,科普作品一般都写得很生动,我们阅读的时候可以多思考一下它的写法。

学生2:米·伊林很善于观察生活,我们平时熟视无睹的事物,他都能提出那么多问题,并思考问题解决问题。我们要学习他的精神。

教师:现在就在这个会场里,你想提出一个什么问题?

学生2:为什么我上台的时候会紧张?为什么紧张的时候说话会结结巴巴?

教师:以前你也紧张过,但从来没想过问这个问题。看来,你受到了米·伊林的感染,也变得好问探究了。真棒!

教师:同学们,如果我们细心观察生活中平凡的事物,带着好奇心多问问,多用心地去探究,也可以写出一篇属于自己的《十万个为什么》。到时候我们将全班的作品进行分类装订,不就成了我们自己的一本小书了吗?多有意义啊!

(改自厦门市第五中学小学部陈登华的教学过程分享)

附录六 小学五年级阅读课例片段

【单元先导课】

(一)学生交流见过的说明文和说明书

学生交流在小学五年级上册之前教科书中学过的说明文和生活中常见的说明书,如《夜间飞行的秘密》《蟋蟀的住宅》《十万个为什么》、"药品服用说明""电器使用说明书"等,尝试写一写说明文有什么共同点?(至少写出两点)

(二)学生重读《十万个为什么》,把新的阅读收获写下来

我的收获:

_____

我的疑惑:

_____

(三)布置"小学生身边的小百科"编辑部征稿任务

教师创设编写"小学生身边的小百科"的情境。

任务:如果让你介绍一种身边的事物,你想介绍什么? 请你查找相关资料,再认真读一读,把资料所写的内容概括成一两句话写在右边的资料卡上。

【单元展示课】

在单元学习中,随着每一堂课推进,学生边重读《十万个为什么》,边结合单元选文学到的说明文写作方法,完善自己拟定的观察事物,记录新发现,整理新资料,并选定一种说明风格,最后完成一篇说明文。

(一)展示班级编好的《小学生身边的小百科》

学生纷纷从作品中找出相关词句进行欣赏,有三大方面值得肯定。一是选材广泛,有美食,有动物植物,也有自然事物。二是与身边生活关系紧密,从生

活出发,整合资料,再回归观察,所写之物鲜活,能引发同龄人阅读兴趣。如"柚子的自述""柠檬的自述",这两种水果都是学生平日常吃的,"美味的佛跳墙"也是。三是写作手法灵动,既有说明文的典型之处,也有米·伊林的自然幽默,娓娓道来的亲切感。如"猫,大家都知道吧。它属于哺乳动物,分为家猫,野猫,是全世界家庭中较为广泛的动物。那么猫的祖先是什么呢?""那么猫是怎么捕捉老鼠的呢?它们是从什么时候开始捕捉的呢?""听到'血鹦鹉'这个名字,也许你会以为这是一种鹦鹉吧。其实,它是一种金鱼。"

《小学生身边的小百科》已经编辑成一本书啦!同学们都很激动!

为了让更多的小朋友都能来读一读这本有趣的书,现在我们要给这本书撰写推荐语。可以从"内容""语言""精彩片段"等几个角度来写。到中低年级学生中推荐。看看他们喜欢哪些篇目。加油吧!(见附图6-1、6-2、6-3、6-4)

附图6-1 《小学生身边的小百科》征集海报

附图6-2 《小学生身边的小百科》封面、目录

附图6-3 《小学生身边的小百科》选文

(二)为《小学生身边的小百科》撰写推荐语

推荐语

附图6-4 《小学生身边的小百科》推荐语

写推荐语,既是对学生单元学习的总结提高,也是再创设一个新的真实情境,借学生的学习热情,让学生进行新的、很有意义的语言实践,还为第八单元的好书推荐起到引导的作用。

(来自厦门市音乐学校、厦门市第五中学小学部)

附录七 《鲁滨逊漂流记》读书活动

活动一：做笔记，学习精彩片段（鲁滨逊上岸10天后的反思）

一、默读节选片段，了解片段主要内容

教师：荒岛生存是常人难以想象的，鲁滨逊竟然在荒岛上生活了28年，他是怎么度过的。现在我们就来欣赏一个精彩片段，看看他做了什么，克服了什么困难。边默读，边提笔做笔记，可以在重要的时间、地点、事件上圈画出来；也可以在笔记本上画一个简单的表格记录。（见附表7-1）

附表7-1 《鲁滨逊漂流记》片段阅读记录表

时间	地点	事件

（学生默读精彩片段。）

小组交流，表格完成如附表7-2。

附表7-2 《鲁滨逊漂流记》片段阅读记录表（示例）

时间	地点	事件
上岸十一二天后	荒岛住处	1.刻柱计时；2.清点物品；3.打木桩；4.反思处境

教师：这几件事，读者是通过鲁滨逊上岸十一二天，生活稍微安定下来后，自我反思叙述，知道的。文句"现在我要开始过一种世界上闻所未闻的忧郁而寂寞的生活了，所以我要把它的经过从头到尾，按照次序记下去。"

从鲁滨逊这份回忆中，你认为鲁滨逊目前碰到的最大困难是什么？

二、讨论"反思处境"，做笔记，初步了解人物性格特点

教师：默读"反思处境"部分，想一想，鲁滨逊用什么方式反思自己的处境？这样的方式给你什么启发？在文本空白处写下自己的感受。

示例1：按照商业簿记上"借方"和"贷方"的格式，把自己的幸与不幸，好处和坏处公正地排列出来。（这种方式很好。"好处""坏处"想明白了，心里就舒服了。）

示例2：我没有衣服穿。但我是在一个热带气候里,即使有衣服,也穿不住。(鲁滨逊的想法很真实,既思考了生死大问题,也想到了穿衣吃饭这种小问题。)

学生小组交流讨论

教师：这样一个表格,给鲁滨逊带来了什么？

学生：我想,这个表格给鲁滨逊带来了勇气,他发现情况虽然很糟糕,但是自己还是幸运的,还没有完全处于绝境。

学生：我认为,这也使鲁滨逊能够知足安命,不再抱怨眼前的一切,接受现实,一心想着往前走。

学生：对！我觉得他通过对照也得到了要顽强活下去的理由。

教师：这时,你看到的是一位什么样的鲁滨逊？

学生：有智慧的鲁滨逊,他懂得在逆境中反思,获得生存的勇气。

学生：乐观的鲁滨逊。即使在这么"忧郁而寂寞"的环境中,仍能想办法排解心中的苦闷。

学生分角色朗读表格,再次体会鲁滨逊独特的性格特点。

三、联系自身,延展阅读收获

教师：鲁滨逊的这种做法对我们每个人都有用。现实生活中,每个人都会遇到烦恼或困难,试着像鲁滨逊这样把好处和坏处列出来,你也许就能得到解决的办法。

学生列表

选择合适的作品班级交流(尊重学生的隐私权)

四、做笔记,欣赏片段经典语言

教师：不少评论家认为《鲁滨逊漂流记》的语言通俗易懂,就连其中的格言警句也一样自然浅显,请找一找,画下来,做笔记。

示例1：即使在这样的处境中,也有一些消极的东西或积极的东西值得感谢。("消极的东西也值得感谢",这想法真奇特,我就没想到。)

五、小结"做笔记"阅读方法,激发阅读整本书兴趣

教师：今天我们尝试运用做笔记的几种方式阅读小说经典片段,收获满满,

接下来的两周时间里,请大家继续用这些好方法阅读整本小说,你就能随着鲁滨逊的足迹体验荒岛求生的神奇,感受鲁滨逊特别的生存毅力与智慧。

随着小说故事情节的发展,故事人物也会增加,大家还可以做故事情节结构图和人物关系图(见附图7-1),帮助阅读。

故事情节结构图示例(每个方框尽量写明时间与事件):上岸建家园——[上岸十一二天写日记反思]——[　　　]——[　　　]

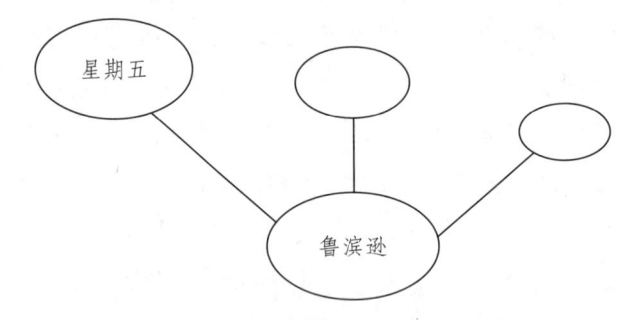

附图7-1 《鲁滨逊漂流记》人物关系图

活动二:带着问题(任务)有计划地阅读

1.如果你是鲁滨逊的父亲,你会同意鲁滨逊出海冒险吗?同意或反对,请想一想你的理由,至少三点。

2.鲁滨逊出海的原因是什么?出海之初有哪些心理活动?这对鲁滨逊人物形象的塑造有什么作用?

3.鲁滨逊在沉船之后漂流到荒岛,有幸生还,荒岛之上的他面临的最主要的问题是什么?他又是怎样解决的?看了他的做法,你有什么感想?

4.《鲁滨逊漂流记》第七章中写道:

看着这些钱币,我不由得笑了。"噢,真是一堆废物!"我大声地说,"你们有什么用?对我来说,你们一文不值,不值得我把你们带到岸上去;一把小刀都比你们有用得多;我用不上你们,你们就待在这儿,临了沉到海底去吧,你们不值得我去拯救。"

莎士比亚在《雅典的泰门》中写道:

金子!黄黄的、发光的、宝贵的金子!这东西,只这一点点儿,就可以使黑的变成白的,丑的变成美的,错的变成对的,卑贱变成尊贵,老人变成少年,懦夫变成勇士。这黄色的奴隶可以使异教联盟,同宗分裂;它可以使受诅咒的人得福,使害着灰白色的癞病的人为众人所敬爱;它可以使窃贼得到高爵显位,和元老们分庭抗礼……

请认真阅读《鲁滨逊漂流记》1~7章,比较《鲁滨逊漂流记》与莎士比亚《雅典的泰门》中两段话所表现出的不同的金钱观,并分析鲁滨逊对金钱有这种态度的原因。

5.参考鲁滨逊在孤岛上求生的经验与教训,请你编制一份"孤岛生存指南"。

6.如何对待有吃人习俗的"野人",鲁滨逊经过了一个深刻的思考过程。经过思考,鲁滨逊作出了什么决定?他这么决定的理由是什么?你认为他这样做对吗?请你结合第19章的内容具体分析并回答以上三个问题,写在阅读日记本上。

7.无论鲁滨逊是否发现野人,野人都是存在的。当他不知道野人存在时("无知"),他可以无忧无虑地生活,而一旦知道了("有知"),就再也不能回到原来那种安宁的状态。请结合你的生活经历,想一想:人是"无知"好,还是"有知"好?

8.读完《鲁滨逊漂流记》,如果让你用一个词来概括这本书,你会用哪个词?理由是什么?请具体写一写你的分析。

附录八

我是幸福小作家（小学三年级）

【项目主题】

我是幸福小作家

【学习内容】

《图书馆老鼠》绘本、"我"的小作品

【项目目标】

一、读懂故事情节，梳理山姆成为大作家的路线图和秘诀。

二、对阅读与写作产生强烈兴趣。

三、尝试创作自己的小作品。

【项目重难点】

探究成为作家的秘诀并开启创作之旅

【项目计划步骤】

认识作家——探寻作家之路——探究作家秘诀——创作我的小作品

【项目准备】

布置"和作家面对面"现场，面纸盒、作品展、信箱、此书的海报、课件、纸、笔、座位摆成U型、学生自带最喜爱的一本书等。

【项目实施过程】

课前热身：回忆快乐的作家分享会

开场：亲爱的三年级（1）班的小朋友们，早上好，我是邓老师，很高兴与你们共度快乐的学习时光。今天咱们美丽的校园，迎来了许多客人，让我们用热烈的掌声欢迎他们的到来吧！真有礼貌！

回顾:读书使人明理,读书使人聪慧,热爱阅读的华附小书迷们,拥有许多快乐的读书时光,最令人难忘的应属本学期的作家见面会了,请看大屏幕,让我们一同回顾那一场场美妙幸福的时刻吧!

出示屏幕照片:4月22日上午,我们走进阳光书店和图画书画家天宇一起,聆听了他创作的《神奇星期八》的故事。领略了他高超的画画本领。下午,我们又与作家杨照面对面。杨照老师携《讲给大家的中国历史》系列作品,跨越千载,与孔子对话。4月25日上午,富丽老师又带着她的《少儿说文解字》系列图书走进我们的校园,带领我们走进奇妙的汉字世界。听课、对话、签名、合影,快乐时光仿佛还在昨日。

过渡:今天,邓老师的课堂将邀请一位神秘的大作家来与大家见面,他是谁呢?让我们一同走进美国作家、绘画家丹尼尔创作的绘本中,去认识这位神秘的大作家。

活动一:读封面,初识两位作家

1.介绍作家山姆。瞧,就是这位名叫山姆的小老鼠。初次见面,请大家看封面的图文,大胆预测这位作家的性格特点,它可能是一只怎样的老鼠,此书会写它的什么故事呢?仔细看封面的插图和文字,请说明你预测的理由。

2.介绍绘本作家丹尼尔。仔细看书的封面,还藏着一位大作家的名字,他就是创作此书的作家丹尼尔,感谢他,创作了一只深受全世界大小读者喜爱的小老鼠作家山姆。

活动二:品读作家浪漫幸福的生活

(一)品阅读的快乐时光

1.质疑探究,听读解疑。教师先读图文第1页。提问:"山姆为什么觉得生活实在太棒了!"(学生自由回答,答案可留后回答提升)听读解疑。

请班级的故事大王有声有色地读给大家听,其他同学边听、边看、边寻找他觉得生活很棒很幸福的答案。(可以看书、看各种各样的书无人打扰,还可以有各种神奇的想象)

联结生活,说自己读过的书。

2.教师再读第3页,预测山姆夜晚的生活。让我们一起去看看感觉生活非常美好、幸福的山姆,生活是什么样的?学生自由预测。

3.师生配合朗读第4~6页。联系山姆读书的习惯与所读的书,联系自我,同伴间互相交流。

孩子们,山姆读的书和他的读书时光可用一个什么词来说(各式各样、各门学科、跨界阅读、全科阅读、聚精会神、陶醉其中、废寝忘食……)你读过哪些书呢?你有同样的感受吗?与大家分享一下。

请仔细看图,山姆在做什么?他为什么会有这种想法?酷爱阅读,见多识广、充满奇思异想的山姆,都看了哪些书,都有些什么奇异想法。

4.小结。是啊,读书使人充实,读书使人聪慧,酷爱阅读的山姆,觉得没有什么比阅读更快乐更自由、更浪漫、更幸福的事了,因此他觉得生活实在太棒了!(板书:爱读书)

(二)品写作的快乐时光

1.俗话说厚积薄发,一天晚上老鼠山姆做出了一个伟大的决定。这个决定是什么,全班一起读第7页。

2.山姆该写什么?怎么写呢?请班级故事大王读第8~11页,预测山姆写书内容。山姆决定写书,预测一下山姆要写什么。自己动手做书页、写自己熟悉的事、观察自己、写自己的生活。完成后写上名字,放在传记区给大家分享。(板书:写书)

3.孩子们,山姆写的第一本书分享出去后,会收获读者吗?大家喜欢他的书吗?让我们赶紧去看看,(师生合作读第12~13页。教师读官员,选一位女生合作读)说说你读图文的发现。

4.预设:角色体验,自我介绍。出示重点图文。"写你知道的、熟悉的"。看,大声读出来山姆所写的内容。咱们的山姆写的是什么?自己。山姆们,前面就是镜子,把自己最酷、最美的样子摆出来!采访,能向我介绍一下你吗?

5.播放学生朗读录音(第14~20页),听后小组借图表合作学习并汇报。

得到鼓励肯定的山姆一发不可收拾,又爱上了创作、写书的生活。(板书:写书)。边听边看边想象山姆创作的画面,说说你的发现,并提出一个问题。(出示图表)有没有什么发现或者问题?热爱写作的山姆开始了他的创作生活,请继续听故事,他一共写了几本书,分别是什么书?若用一个词或一句话形容他的写作生活是如何的?你从哪个词或哪个画面感受印象最深?发现秘密了吗?出示对比图与表格,学习小组自由分享。品读秘密:(1)废寝忘食地写、用心写;(2)写自己,图画色调与自己服装的变化;(3)写后乐意分享,得到读者喜爱。

6.小结。勇于尝试,大胆创作的山姆在读者的肯定下享受着创作带来的无限快乐,他觉得这样的生活实在太棒了!可是他也遇到了难题,面对馆长的留言条,山姆为难了,他是否要参加"和作家见面会"呢?

活动三:作家见面,探究写作奥秘

1.阅读留言条,为作家支招。山姆写的书受到馆长和读者们的喜爱,他收到一张留言条。请问作家山姆,是否接受大家的邀请,你此时的心情如何?教师阅读第23页,山姆通过留言条知道了人类遇到难题了。山姆有了主意,他的主意如何呢?作家见面会会有什么奇妙的事情发生?

2.山姆作家见面会搬到现场。山姆在哪?哪位同学先来和作家见个面,打声招呼。请四位同学来。(就是自己呀)教师边读第25页,边请一女生先和作家见面。请另两名学生上台来与山姆见面,采访,作家在哪?就是自己,山姆这个见面会妙在哪?(既化解与人类见面的尴尬,又帮人类解决了创作的难题。)

请回想一下山姆成为作家的秘籍是什么?
山姆的见面会是如何召开的。看看大家是否和你们一样的表情与感受。
读书中大家写作的热闹画面。
联结本校作家新书发布会现场的场景。

活动四:我也是幸福小作家

1.跟着山姆,现场创作。教师在教室一角建立"作品展示台",将"与作家见面"的盒子摆上去,同时下发教师做好的空白小书教学生们方法,让他们自己动手制作。

2.采访鼓励。召开隆重的作家见面会,邀请教室后排的教师、家长见证与庆祝学生们幸福的生活和成长的喜悦。

3.小结,出示写作秘诀图。书是人类宝贵的精神食粮,阅读让我们拥有丰盈美丽的内心世界。写作让我们聆听自我、表达自我。愿大家和山姆一样,拥有享受阅读和创作的幸福生活能力。

4.布置作业。

继续创作完成一本自己的书。
阅读《图书馆的老鼠》系列丛书。看书名来预测故事的内容。

(改自厦门市海沧华附实验小学邓玉秀的设计)

附录九 《没头脑和不高兴》跨学科整本书阅读设计

【图书介绍】

《没头脑和不高兴》一书选录了著名儿童文学作家任溶溶先生的幽默、风趣的故事，包括《没头脑和不高兴》《一个天才杂技演员》《奶奶的怪耳朵》《小妖精的咒语》《小妖精闯祸》《当心你自己身上的小妖精》等。《没头脑和不高兴》是一本寓教于乐、富含人生智慧的儿童故事，深受广大儿童喜爱。里面每个故事在让人忍俊不禁的同时，也能自然而然地让人自省、反观自身，既好玩、又好看，还有深意，广受大人、孩子喜欢。本书作为首批入选"中国小学生基础阅读书目"的作品，主要有以下特色：

1. 鲜明的角色形象：人物塑造上，一个个角色从生活中来，又巧用"命名"印证或凸显人物特点，比如"没头脑"——记什么都打个折扣、"不高兴"——这也不高兴那也不高兴、"泰焦傲"——总说自己是天才不用练功、"甄用工"——勤学苦练、"闹闹"——每天特别闹腾……书中这些角色做出了许多荒唐不已的事情，惹人发笑。

2. 生动有趣的故事情节：这本书的故事情节充满趣味性，作者巧妙地将各种元素融入故事中，包括冒险、友谊、成长等，使得故事情节跌宕起伏，引人入胜。

3. 深刻的人生哲理：书中蕴含深刻的人生哲理，如"不要忽视细节""遇事要冷静思考"等，这些道理在轻松愉快的阅读中传递给读者，帮助他们树立正确的人生观。

4. 寓教于乐的写作手法：作者运用幽默、夸张、对比等写作手法，将故事情节推向高潮。同时，书中还穿插了许多生动的插图，为读者营造了一个轻松愉快的阅读氛围。

【学生阅读价值与挑战】

　　读这本书时,学生会产生一种"他们和我好像呀"的熟悉感,他们可以在故事中读到自己,可以在故事中寻找可借鉴的行为范式,逐渐培养良好的生活习惯、学习习惯。尤其是低年级学生急需养成良好的生活习惯、学习习惯,以尽快适应学校生活,迎接学习挑战。这本书的幽默化表达,使故事趣味更加浓厚,低年级学生能通过故事学习语文,喜欢语文。

　　当然,这本书对低年级学生也存在一定的阅读困难,课题组对学生初读后提出的疑问进行梳理、整合,主要有两方面:

　　第一类关于故事内容

　　1.泰焦傲为什么那么骄傲?

　　2.泰焦傲为什么看不起甄用工?甄用工为什么那么用功?

　　3.甄用工对泰焦傲看不起他的话为什么不反驳,难道没有一点不服气吗?

　　4.奶奶的怪耳朵为什么只能听见好话?

　　第二类关于故事词句及非语文知识理解

　　1.对"醉醺醺、小妖精、打了交道、纳闷、这个料、除不尽、苦恼、叮嘱、遁地、窝囊"的意思不清楚。

　　2.对武松打虎、阿拉丁神灯的故事不了解。

　　3.《小妖精的咒语》里322除以7的计算方法没看懂。

　　4.小丑甄用工真的能用一根手指就把那么重的泰焦傲顶起来打转?手指不会断吗?

　　5.真的有仙人能对人施法术?三百层的楼房没电梯,居然还有人愿意上去看戏?

　　6.泰焦傲真的是天才杂技演员吗?为啥天才杂技演员也会吃胖,不能表演?

　　针对学生的这些疑问,跨学科学习成为必要,如体育学科的健康饮食、运动技巧,数学学科的乘法计算等。

【阅读目标】

　　1.关联体育、数学等学科,运用想象、联结等多种阅读策略,加深对人物形象、故事主旨的理解。

　　2.关联自我与生活,树立正确的价值观念,培养良好的学习与生活习惯。

3.通过讲故事、表演等尝试欣赏作者的语言表达,如生动的细节、巧妙的比喻和对比。

【阅读任务】

本设计中,将"我与故事角色共成长"定位为整本书的阅读大任务,进而在其下设置三个小任务:认识故事中的"他们"——寻找故事中的"我们"——完善生活中的"自己"。实现从文本到生活再到自我的联结与跨越。

1.具体任务细化(见附表9-1)

附表9-1 《没头脑和不高兴》阅读任务细化表

主题——任务:我与故事角色共成长		
任务一: 认识故事中的"他们" 子任务1:初相见,览全貌 子任务2:看目录,激兴趣 子任务3:读片段,巧猜测 子任务4:定计划,勤记录 子任务5:读故事,识人物	任务二: 寻找故事中的"我们" 子任务1:理情节,讲故事 子任务2:赏人物,绘形象 子任务3:品语言,感兴趣 子任务4:巧联结,引共鸣	任务三: 完善生活中的"自己" 子任务1:设话题,明主题 子任务2:演小剧,悟情感 子任务3:知不足,善改进 子任务4:写日记,话成长

2.各学科课时安排及指导内容(见附表9-2)

附表9-2 《没头脑和不高兴》阅读课程规划表

学科	课时	指导内容	对应课程目标
语文	3~4课时	1.制订阅读计划 2.交流阅读感受 3.梳理故事情节 4.欣赏人物形象 5.品赏文本语言	课程目标1 课程目标2 课程目标3

续表

学科	课时	指导内容	对应课程目标
数学/科学/体育	2课时	1.乘法口诀学习,理解小妖精咒语,突破阅读障碍 2.数据换算,三百层楼房具象化,理解上楼之难,突破阅读障碍 3.突破阅读障碍:小丑甄用工真的能用一根手指就把那么重的泰焦傲顶起来打转?手指不会断吗? 4.突破阅读障碍:杂技演员的科学饮食,饮食与健康	课程目标1
道法/心理	2课时	1.习惯养成 2.情绪管理	课程目标2
美术	2课时	1.人物形象绘制与表现 2.小剧场海报、道具等简易设计	课程目标1
音乐	1~2课时	1.提供小剧场备选背景音乐 2.小剧场表演指导	课程目标1 课程目标2 课程目标3
信息	1课时	演出背景课件(需教师支持)	课程目标1

【课程实施安排】(见附表9-3)

附表9-3 《没头脑和不高兴》课程实施进度表

时间	阅读任务	计划课时	课程目标
第一阶段 启读	1.出示封面,了解图书信息 2.浏览目录,了解故事内容 3.猜测互动,激发阅读兴趣 4.留下悬念,共商阅读计划	1课时	激发阅读兴趣,营造阅读期待,共商阅读计划
第二阶段 自读	1.每天按计划阅读(1天读完1个故事) 2.记录阅读过程中的问题与收获 3.利用课前10分钟,交流故事话题 4.和家长讲一讲故事	1周	能自己阅读,养成每日阅读的习惯。初步感知有趣的故事情节、人物形象,激发学生对故事的阅读兴趣

续表

时间	阅读任务	计划课时	课程目标
第三阶段赏读	形象赏析 1.结合故事内容，借助阅读学习单，交流故事人物形象，把握人物性格特征，加深感知 2.绘制人物形象照。（参与学科：美术） 3.联结生活，寻找故事中的你、我、他	1~2课时	在阅读任务驱动下，加强对故事形象的把握与理解，并将对人物形象的理解，通过恰当的方式表现。联结阅读与生活，实现互为关照
	情节赏析 1.围绕话题，结合阅读学习单，例如"故事山""冰糖葫芦情节串""情节格""思维图"等，选择最喜欢的故事，梳理交流故事重点情节，或者完成整本书的故事思维导图 2.挑选故事中最精彩的情节，绘声绘色讲故事 3.选择故事中读不懂的情节，运用教师提供的资源、跨学科手段等突破阅读障碍。（参与学科：数学、科学、体育） 4.关联生活，寻找生活中的你与故事相似的经历	2~3课时	在阅读任务驱动下，加强对故事情节的把握与理解 借助数学、科学、体育等学科的介入，突破阅读障碍
	语言欣赏 1.交流故事中读起来令人发笑的语句 2.小组合作汇总，探究语言幽默大师的秘诀 3.圈画语句，尝试分类摘抄、积累。 4.阅读本书最后《采访任溶溶：我与儿童文学的渊源》，通过对人物的了解，进一步感受幽默语言的背后是对儿童无尽的关爱与关注	1课时	通过交流、合作，探究作者的语言表达，如生动的细节、巧妙的比喻和对比、谐音梗取名字，感受语言的幽默

续表

时间	阅读任务	计划课时	课程目标
第三阶段 赏读	主题体悟 1.你想对故事中的哪个角色说什么? 2.说说我们为何要读这样的书? 3.你身上有哪些"小妖精"?你如何克服自己身上的"小妖精"?(参与学科:道法/心理)	2课时	通过话题引导,把握整本书的主题,关注故事中隐含的象征意义,关联生活,加深对故事的理解。培养反思能力,培养良好的习惯与树立正确的价值观念
第四阶段 汇报展示	"小剧场展演" 小组为单位,选择一个故事,进行表演,表演前制作小海报、邀请函。(参与学科:音乐、美术、信息技术) "我的成长故事会" 仿照图书中的人物成长历程,说一个自己的成长故事,并在小组内交流的基础上,进行班级故事分享	2~3课时	通过小剧场展演来加深对故事情节和人物形象的理解,锻炼学生在过程中的沟通、协调、合作能力。通过成长故事会,加强对主旨的把握,从图书到生活联结,体现阅读的价值

【课程评价】

《2022年版课标》指出,要"注意考察阅读整本书的全过程,以学生的阅读态度、阅读方法和读书笔记等为依据进行评价"。整本书阅读的评价应以学生在阅读过程中的表现和阅读后的成果为主要形式。《没头脑和不高兴》整本书阅读各阶段的表现性评价量表设计(如附表9-4、附表9-5、附表9-6、附表9-7、附表9-8)

附表9-4 启读激趣阶段评价表

评价指标	自评
我能根据书本的图片猜测故事内容	☆☆☆
我能看懂目录内容,大致了解书本的故事内容	☆☆☆
我能根据书本目录(故事题目)猜测故事的内容	☆☆☆
我能根据故事开头猜测故事内容	☆☆☆

续表

评价指标	自评
我能根据故事插图猜测故事内容	☆☆☆
我能做一份方便实用的阅读计划	☆☆☆
评价规则:完全符合得3颗星,基本符合得2颗星,基本不符合得1颗星。本环节我一共得_____颗星	

附表9-5　自主阅读阶段评价表

<table>
<tr><td colspan="5">我的阅读"足迹"</td></tr>
<tr><td>阅读篇目</td><td colspan="4">《没头脑和不高兴》《一个天才杂技演员》《奶奶的怪耳朵》《小妖精的咒语》《小妖精闯祸》《当心自己身上的小妖精》《听青蛙爷爷讲故事》</td></tr>
<tr><td>阅读日期</td><td>阅读时间</td><td>阅读篇目</td><td>阅读收获或疑问简要纪录</td><td rowspan="6">阅读评价:
1. 借助拼音和插图,独立阅读喜欢的故事
2. 对喜欢的故事和人物有自己的看法,并主动与他人分享阅读感受
3. 能主动把喜欢的故事讲给他人听
4. 能做简要的阅读记录(包含收获和疑问)
以上四点,完成其中1点可得到一颗星☆</td></tr>
<tr><td></td><td></td><td></td><td></td></tr>
<tr><td></td><td></td><td></td><td></td></tr>
<tr><td></td><td></td><td></td><td></td></tr>
<tr><td></td><td></td><td></td><td></td></tr>
<tr><td></td><td></td><td></td><td></td></tr>
<tr><td colspan="4"></td><td>自评　　　　他评
☆☆☆☆　　☆☆☆☆</td></tr>
<tr><td colspan="5">我的阅读"足迹"总星数:_____颗星</td></tr>
</table>

附表9-6　赏读阶段评价表

评价指标	自评	互评
能根据要求,找到故事明显信息	☆☆☆	☆☆☆
能读懂故事大意,画简单的情节图	☆☆☆	☆☆☆
能借助情节图等讲述一个最喜欢的故事	☆☆☆	☆☆☆
能初步形成对人物特点的了解,并简单评价	☆☆☆	☆☆☆
能感受到作品幽默、夸张的语言风格	☆☆☆	☆☆☆
能从故事角色中联想到生活中的自己,反思并改进不足	☆☆☆	☆☆☆
完全符合3颗星,基本符合2颗星,基本不符合1颗星。本环节我一共得_____颗星		

附表9-7　小剧场评价表

评价指标	自评	互评
能和小伙伴合作完成故事表演	☆☆☆	☆☆☆
能用加入表情、动作自然表现故事中人物的特点	☆☆☆	☆☆☆
能对他人的表演提出自己的看法	☆☆☆	☆☆☆
完全符合3颗星,基本符合2颗星,基本不符合1颗星。本环节我一共得_____颗星		

附表9-8　"我的成长故事"分享会评价表(观众、评委使用)

评价内容	评分细则	星数
展现形式	紧扣"成长"主题,讲述清楚	☆☆☆
表现技巧	语言流畅,有感情	☆☆☆
仪容仪表	精神饱满,自然大方	☆☆☆
整体效果	时间控制在3分钟内,尝试运用作品中习得的语言,能吸引人	☆☆☆
合计		

(改自厦门市海沧区北附实验学校曾娇兰的课程设计)

附录十 知行思·学雷锋·助成长——《雷锋的故事》跨学科阅读课程

【图书简介】

《雷锋的故事》一书,是由刘敬余主编、北京教育出版社出版的一本小学生革命传统教育读本。书中以时间为线,分25个专题,用浅显易懂、生动感人的笔触,向我们介绍了雷锋同志短暂却光荣的一生。相信每一个捧起这本书的读者,都可以在缅怀中感动,在感动中汲取前进的力量,进而以更端正的态度、更昂扬的热情"为中华之崛起而读书"。

【学情分析】

在我们的印象中,雷锋这个名字耳熟能详。但大家平时最深刻的印象主要集中在"乐于助人"。这也大多来源于小学二年级课文《雷锋叔叔,你在哪里》。为了更进一步了解学生的学情,我们采用问卷形式,对学生进行了学情调查。调查结果如下:

约92.11%的学生都对雷锋感兴趣,愿意深入了解雷锋。同时,学生对雷锋的经历、先进事迹、他人评价等方面均有所了解,但对他的身份和家庭情况方面了解较少。同时,他们的了解途径以图书或文章阅读为主的占比约为94.74%。另外,他人介绍、影视音频、班队会、课程、网络查询等途径也占有50%左右的比例。

从词云图来看,学生对于雷锋精神的理解,大多集中在乐于助人、舍己为人、服务人民等。关于"学雷锋"行为,则聚焦在"帮助他人""乐于助人"。合起来看,学生对雷锋精神的理解集中体现在乐于助人这一方面,具有明显的片面性。

约65.79%的学生参加过自己定义的学雷锋活动,包括义卖、捐书、捡垃圾等三方面,其中,捡垃圾占绝大多数。这也进一步体现出学生对于雷锋精神的认知较为片面。

综上，我们可以大胆推断，学生对雷锋的了解主要集中在"知道"这一认知层次，并未对雷锋精神这一核心内容形成丰富、立体的认知。这样的认知缺陷在很大程度上影响了学生的学雷锋行动和正确价值观的树立。因此，引导学生以跨学科阅读的形式重读《雷锋的故事》，将简单的阅读变成丰富多彩的活动，帮助学生在情境中，在任务的驱动下，产生"玩"的体验感，有助于他们更加主动地建立起关于雷锋精神的立体认知，这将对学生正确价值观的建立产生积极的影响。

【课标要求】

查阅各学科义务教育课程标准，不难发现，围绕英雄人物这一主题，我们可以从音乐、美术、道德与法治等学科开展跨学科阅读活动内容，借助信息技术学科拓宽阅读范围、方式。据此，我们又在课标的指引下，去寻找各学科与之相关联的教学内容了。(见附图10-1)

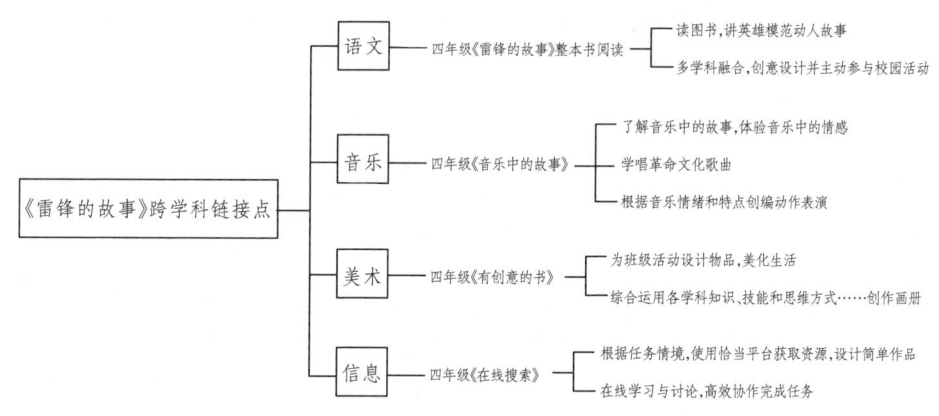

```
                              ┌─ 读图书，讲英雄模范人物故事
                   语文 ─ 四年级《雷锋的故事》整本书阅读
                              └─ 多学科融合，创意设计并主动参与校园活动

                              ┌─ 了解音乐中的故事，体验音乐中的情感
《雷锋的故事》     音乐 ─ 四年级《音乐中的故事》─ 学唱革命文化歌曲
跨学科链接点                    └─ 根据音乐情绪和特点创编动作表演

                              ┌─ 为班级活动设计物品，美化生活
                   美术 ─ 四年级《有创意的书》
                              └─ 综合运用各学科知识、技能和思维方式……创作画册

                              ┌─ 根据任务情境，使用恰当平台获取资源，设计简单作品
                   信息 ─ 四年级《在线搜索》
                              └─ 在线学习与讨论，高效协作完成任务
```

附图10-1 《雷锋的故事》跨学科阅读设置

【课程目标】

1.理解雷锋精神的内涵，能结合具有代表性的事例说明自己对雷锋精神的理解。

2.在广泛阅读雷锋故事、深入理解雷锋精神的基础上，有感情地演唱《学习雷锋好榜样》，并为歌曲创编动作表演。

3.运用图书阅读、网络资料搜索等方式，搜集并整理雷锋精神相关资料，创作雷锋精神主题创意书。

4.在班集体生活中践行雷锋精神，体验实践带来的集体生活新变化。

5.能积极主动反思和分享学雷锋系列活动的感受。

【课程内容】

　　1963年3月5日,《人民日报》发表了毛主席的亲笔题词:向雷锋同志学习。从此以后,每年的3月5日,被定为学雷锋纪念日;每年的3月,被定为学雷锋活动月。雷锋,以其光辉高大的形象,深深地扎根于每一个中国人的心中。

　　如今,我们再次以文字为媒介,走进雷锋的生活。我想,除了近距离地了解雷锋事迹,更重要的是,我们要从他的身上获得养分,滋养自身的心灵。因此,特别建议读者,阅读此书时,时刻不忘"学习雷锋精神,争当当代'雷锋'"的初衷,在与教师和同学的共读过程中,通过以下阅读任务的完成,真正汲取来自雷锋的精神养分。

1. 课程整体设置

　　本课程以《雷锋的故事》一书为基础载体,基于本书拓展推荐雷锋纪念馆(线上)、《雷锋日记》、学雷锋新闻报道等相关学习资源。同时,联合音乐、美术、信息等学科进行阅读过程中的方法指导,帮助学生多角度学习雷锋精神。(见附图10-2)

阅读主题	知行思·学雷锋·助成长						
大概念	雷锋精神的内涵						
阅读任务	知·走近"雷锋"		行·成为"雷锋"		思·传承"雷锋"	
阅读活动	雷锋精神我理解		雷锋精神我践行		雷锋精神我宣讲	
阅读内容	读故事	唱歌曲	绘手册	寻方向	添光彩	传精神	展足迹
阅读时间	10天			15天		5天	
涉及学科	语文、信息、音乐、美术			语文、道德与法治		语文、音乐、美术、信息	
阅读评价	表现性评价						

附图10-2 《雷锋的故事》跨学科阅读课程规划

2. 学习资源拓展推荐

(1)雷锋纪念馆官网 https://www.leifeng.org.cn/

(2)图书《雷锋日记》《雷锋:大海里的一滴水》《漫画雷锋》

(3)"学雷锋"活动相关新闻报道

(4)歌曲《学习雷锋好榜样》《接过雷锋的枪》《雷锋精神放光芒》《雷锋,我们的战友》

(5)电影《雷锋》

3.各学科学习方法指导

(1)语文:阅读策略,日记、演讲稿写作;

(2)信息技术:信息搜集与整理,PPT制作;

(3)美术:创意书制作,绘本与漫画对比阅读;

(4)音乐:演唱与动作创编音乐赏析。

【课程实施】

《雷锋的故事》跨学科整本书阅读将历时一个月,综合运用语文、音乐、美术、信息等多学科的知识和方法开展活动,力求让雷锋精神内化于心,外化于行,帮助学生在活动中体验雷锋精神在中华民族当代生活中的意义和价值。其具体阅读计划安排如附表10-1。

附表10-1 《雷锋的故事》跨学科阅读计划表

时间	活动	内容	跨学科分工指导建议
第1~10天	雷锋精神我理解	自主阅读《雷锋的故事》,了解雷锋的先进事迹,初步理解雷锋精神	语文教师指导制订阅读计划,组织阅读交流活动
		小组合作,借助推荐资源搜集和整理资料,理解雷锋精神及"学雷锋"典型人物与案例	信息教师指导利用网络搜集与整理信息。 语文教师指导整理信息,细化雷锋精神的内涵及其典型事例 美术教师指导对比阅读绘本、漫画、文字等多种类型的雷锋故事,感悟雷锋精神的多种表现形式
		学唱《学习雷锋好榜样》,小组合作创编动作表演	音乐教师指导从歌词和节奏两方面感受雷锋的榜样形象
		小组合作,绘制雷锋精神主题创意书	美术教师指导创意书设计

续表

时间	活动	内容	跨学科分工指导建议
第11~25天	雷锋精神我践行	小组合作,探寻班集体生活中学雷锋机会	语文教师指导观察、记录,并根据学生表现与需要组织不定期交流,语文教师指导小组做好定期交流与典型资料筛选
		自主实践,在班集体生活中向雷锋同志学习,并完成学雷锋日记	
		重读雷锋的故事,感受雷锋精神的力量	
第26~30天	雷锋精神我宣讲	小组合作,准备本组"学雷锋"成果展示材料	各小组根据准备过程中的需要,主动跟相关学科教师沟通改进,语文老师负责准备过程跟踪与改进建议
		分小组展示与交流	各科教师参与并完成教师评价

【课程评价】

作为一项跨学科整本书阅读活动,《雷锋的故事》阅读课程属于典型的长期性活动。因此,在对学生进行阅读效果评价时,既要关注学生的阅读成果,更要关注学生的阅读过程。这样的表现形式评价方式,有利于促进学生阅读活动的落实,真正通过阅读活动促进学生精神的成长,实现"阅读红色经典,赓续革命精神;传承红色基因,弘扬革命传统"的阅读总目标。

1.评价角度

基于这一思考,我们通过交流讨论,寻找语文、音乐、美术、信息等学科的核心素养要求共通点,并基于革命文化这一基石思考其具体的表现,最终选定了信息解读、作品表现、合作能力、实践反思等四个评价角度。(见附表10-2)

附表10-2 《雷锋的故事》跨学科阅读评价规划表

评价角度	评价标准
信息解读	1.能主动从教师推荐的图书等阅读资料中提取关于雷锋精神的核心内容,并进行有效整理 2.能根据阅读活动的需要,主动搜索相关信息,并进行归类整理

续表

评价角度	评价标准
作品表现	1.作品能准确、清晰地表达关于雷锋精神的理解 2.作品能具有美感和感染力,给欣赏者留下深刻印象
合作能力	1.能积极主动与小组同学讨论,商定分工形式与内容 2.能按时按质按量完成自己负责的任务 3.在完成任务过程中,能够主动与小组同学商量并听取建议,改进任务完成质量
实践反思	1.能主动发现实践契机,并积极参与"学雷锋"系列活动 2.能够在活动过程中主动反思自己的表现,并对行动加以改进

2.评价量表(见附表10-3、附表10-4、附表10-5、附表10-6)

附表10-3 《雷锋的故事》自主阅读评价表

评价指标	评价星级 (很好★★★ 较好★★ 一般★)		家长寄语 (选填)
	自我评价	教师评价	
主动制订阅读计划,并按计划开展阅读活动			
阅读过程中及时整理"雷锋精神"相关资料,笔记记录			
阅读过程中,主动与父母或伙伴交流自己的想法			

附表10-4 "雷锋精神"创意书评价量表

评价指标	评价星级 (很好★★★ 较好★★ 一般★)		
	自我评价	同学互评	教师评价
图书要素完整			
图书造型设计具备雷锋故事的特点			
图书内容能体现雷锋精神			
版面设计美观			

附表10-5 "学雷锋"实践活动评价量表

评价指标	评价星级（很好★★★ 较好★★ 一般★）		自我反思
	自我评价	同学互评	
积极参与班集体学雷锋活动			
主动寻找并发现学雷锋契机			
坚持主动完成学雷锋活动			
主动与小组同学交流合作,实践效果好			

附表10-6 "学雷锋"成果展示会评价量表

评价指标	评价星级（很好★★★ 较好★★ 一般★）			综合评价
	自我评价	同学互评	教师评价	
展示内容与雷锋精神内涵相符,表述准确、科学				
展示形式丰富,能体现小组"学雷锋"的真实性				
小组合作中分工合理,协作高效				
展示过程中能尊重他人意见与成果				

（改自厦门五缘实验学校秦霜霞的课程设计）

附录十一 跨学科视域下的《红岩》整本书阅读课程设计（高年级）

【图书介绍】

《红岩》是国民党集中营的幸存者、现代作家罗广斌、杨益言创作的一部红色革命题材长篇小说。

这本书主要讲述了1948年重庆解放前夕，重庆地区的地下党人以"中美合作所"集中营（包括渣滓洞和白公馆）内的敌我斗争为中心，交错地展开了城市的地下斗争、学生运动、工人运动、狱中斗争以及华蓥山区的武装斗争。

书中塑造了一批令人敬佩的英雄群像——江姐、齐晓轩、许云峰、双枪老太婆、华子良、成岗等。小说展现了特定历史时期下，中国共产党人伟大而崇高的人格力量，震撼了许多青少年的心灵，激发了人们的爱国热情，启示人们要珍惜这来之不易的美好生活，铭记革命烈士，并将这种革命精神一代代传承下去。

作为一部成功的革命主义题材长篇小说，《红岩》的作者在创作中非常注重刻画重点人物的心理活动，并对环境气氛进行渲染。由于充分调动了这两方面的艺术手段，英雄人物的精神世界得到了充分地展示，英雄人物形象的刻画也格外突出和传神。因此，阅读《红岩》这本书，读者常常被革命英雄身上表现出的大无畏的牺牲精神和坚如磐石的理想与信念所深深打动。因此，在《2022年版课标》附录二关于课内外读物的建议中，提到建议阅读革命题材长篇小说《红岩》。

小学六年级的学生在语文课中已经学习了不少表现革命英雄人物的经典课文，如《我的战友邱少云》《七律·长征》《狼牙山五壮士》《灯光》《金色的鱼钩》《军神》《丰碑》《青山处处埋忠骨》等。高年级学生已具有一定的独立阅读水平，能够通过分析外貌、语言、行动、心理这四大描写感受到人物的精神品质，也能初步感受到环境描写烘托人物形象所起的作用。从单篇的课文学习，到阅读像《红岩》这样的革命历史题材的大部头作品，有利于学生迁移运用课内学习的阅读长篇小说的阅读方法、策略,提高阅读水平;有利于新一代青少年从英雄的故事中赓续红色血脉,锤炼意志品质,思考人生的价值,珍视新生活的来之不易!

【课程目标】

1.关联语文、历史、信息等学科,让学生查阅历史资料、访问线上线下革命历史博物馆,对书中所赞颂的不怕牺牲、视死如归、坚贞不屈、忠于信仰等革命精神有更加深刻的理解,对革命英雄留下更加鲜明的印象,初步树立正确的革命历史观和人生观。

2.通过举办一场"我心目中的革命英雄"线上线下展览,关联语文、美术、信息、音乐、数学等学科,让学生解决办展过程中的各种实际问题,并引起广大观展者崇尚英雄、感恩英烈、感怀祖国的情感共鸣。

目标(1)旨在通过跨学科的视角,使学生进行多种学科、多重文本、多样信息的阅读,在阅读中不断关联、比较、观照和融合,引发更加深入的思考,就文本主旨获得更深层的认同感或者产生新的思考。

目标(2)指向主动分享、交流自己思考成果的过程。这个过程同样关联多个学科,细化任务,让学生在真实情境中运用多学科知识解决成果展示中的实际问题,活学活用,现学现用,互学共用。学生在与同伴合作中,需要多次表达自己的阅读感受,需要在"文本—学科视角解读—自我感悟—同伴观点"四个维度中循环往复多次,从而更加积极主动地阅读思考,进一步走进文本核心。

【课程内容】

以上述课程目标为总轴,细化了课程学习内容如下。

任务一:搜集与《红岩》相关的历史资料,包括书中革命英雄的真实生平和主要事迹、解放战争时期中共西南局的斗争历史、线上线下参观"红岩革命纪念馆"和本地革命历史博物馆、查找本地革命英雄资料等。

任务二:整理搜集到的历史资料,结合阅读《红岩》的感受,与他人交流自己最敬佩的几位革命英雄人物,简要介绍其生平事迹,分享自己的体会。

任务三:筹办一个图文并茂的"我心目中的革命英雄"展览,撰写展览申请书,根据展出环境、面积等因素,构思展板的数量、展出形式。

任务四:统计分析最受敬佩的革命英雄名单,实际测量展板大小,计算展品数量,优化展板设计。

任务五：概括革命英雄的事迹，抒写感言，制作文字类、音乐类或者美术类展品，进行布展。

任务六：布展、观展后完成调查问卷，形成活动评价，并进行自我小结。

以上任务中，任务一、任务二的完成时间约为4周，任务三、四、五、六的完成时间约为2周，即跨学科视域下的《红岩》整本书阅读课程总时长约为6周。以上任务并非所有学生一一亲历完成，学生可以根据个人喜好、意愿，在沟通组、历史组、数学组、语文组、美术组、音乐组、信息组、后勤组中选择1~2个组参加活动，分工合作，共同完成任务。每个小组都有相应的学科教师给予指导。

【课程实施、评价】

《义务教育课程方案（2022年版）》要求义务教育阶段每门课程要用不少于10%的时间来开展跨学科主题教学。高年级语文学科周课时为6节，学期总课时数为120节，跨学科主题教学的学期总课时应为不少于12节，每个月约为3节。相应地，数学学科可用于跨学科主题教学的学期课时数为8节，每个月约为2节；道德与法治（含历史、地理、法治教育等）和科学各为4节，每个月约为1节；音乐、美术、信息各为2节，每个月约为0.5节。

因此，本次跨学科整本书阅读课程各学科的指导课时安排如附表11-1所示。

附表11-1 跨学科整本书阅读课程各学科安排表

学科	课时	指导内容
语文	3~4	制订阅读整本书计划，概括、摘抄、批注、分享感受等 写活动申请书 概括英雄人物的生平和主要事迹。抒写个人感言 撰写展览的前言、后记 确定展品誊抄的字体、格式等
道德与法治（历史）	1~2	查找历史上的革命英雄人物事迹、线上或实地参观革命历史博物馆 根据搜集的历史资料，得出一定结论。小组分工合作，协调任务
数学	1~2	数据统计 面积的计算与排版中的几何美学呈现
音乐	1	为《红岩》中的诗歌谱曲 演唱自创歌曲并录制

续表

学科	课时	指导内容
美术	1	用不同的美术形式表现英雄人物形象。小组合作,参与布展
信息	1	运用网络查找历史资料 利用信息技术制作电子海报

从附表11-1可以大致看出,语文教师和道德与法治(历史)教师的指导占较大比例。由于要运用信息技术进行大量材料的搜集和设计电子展览,信息教师还需要在这些方面做好指导。数学教师并未直接引导学生阅读文本,而是指导学生进行数据的统计和运用数学原理进行展览排版设计。音乐、美术教师则是在尊重学生个性化表达的基础上,指导学生用合适的艺术形式来表达阅读感受。每个学科的教师均在学生活动中遇到的难点和关键点上进行指导。整个过程中,教师团队主要关注三个维度:(1)从学科角度满足学生的个性化思考需要,深化学生对文本主旨的理解;(2)明确跨学科活动的目标,设计适合学生实践的具体学科任务和评价规则;(3)在问题解决的情境中,指导学生灵活运用和学习新的学科知识,发展学生学以致用的学科素养。

跨学科视域下的整本书阅读课程旨在通过真实情景中的问题解决,以复杂任务驱动学生主动投入整本书阅读,在阅读中组成合作小组深度探究、积极交流,最终灵活运用多种智力资源完成高阶思维任务。因此,我们可以采用与阅读目标相一致的表现性评价,即在尽量合乎真实的情境中,运用评分规则对学生完成任务的过程表现或结果作出判断。为此,我们对参与的六个学科都制定了评价维度与评价规则(如附表11-2)。

附表11-2 各学科评价维度与评价规则表

学科	评价维度	评价规则
语文	文本理解 形象分析 语言表达	1.能正确梳理小说情节脉络,理解主题主旨 2.能抓住文学描写,正确分析小说人物形象 3.能简要概括人物事迹,具体表达感受
道德与法治历史	史料实证 家国情怀 交往合作	1.能搜集革命历史资料,分析并得出一定结论 2.能形成对英雄、国家、民族的崇敬与自豪感 3.能与小组同伴文明交往,积极交流、共同合作

续表

学科	评价维度	评价规则
美术	文化理解 艺术表现 创意实践	1.能运用感悟、讨论等方法分析书中的人物、事物特点 2.能以书中的人物、事物为素材,用不同美术形式表现艺术形象 3.能以小组合作的方式,参与本次活动的策展和布展
数学	数据意识 应用意识	1.能根据现实需求收集数据,且能够整理、分析数据,并做出判断 2.感悟数据的现实意义,体会数学的作用
信息	信息意识 数字化学习与创新	1.具有应用技术解决实际问题、运用网络资源学习的意识 2.能利用信息技术创意制作可供阅读的生成性电子作品
音乐	文化理解 音乐编创 艺术表现	1.能理解小说的主题主旨,发现其艺术特性 2.能运用自己所掌握的音乐知识,为诗歌进行合理的艺术编创 3.能自信、大方地展示自己的编创成果,做到真情实感

根据附表11-2,学生可通过自我评价和他人评价(小组评价或教师评价),比较客观地判定自己在本次跨学科阅读中的表现等级。需要注意的是,表现性评价与传统评价在教学中出示的时间不同。传统评价的时机往往是在一个相对完整的学程结束之前,评价结束,整个学程即全部结束,学生要进一步优化自己的学习行为,只能安排在下一次学习中。而表现性评价从活动主题设计完成之后,就已经嵌入课程学习之中,学生在获得活动任务驱动的同时即卷入评价的全过程。学生是看到评价的同时一边做,再不断进行反思修正,再评价。在这样的循环往复中,表现性评价帮助学生及时修正自己的阅读行为,持续推动跨学科的整本书阅读活动,增进对文本主旨的思考和意义建构,优化阅读效果,并在此过程中促进素养的养成。

(改自厦门市音乐学校阮宇航等的课程设计)

参考文献

[1]周益民.整本书阅读:基本问题与实践探索[J].语文建设,2021(4):4-7.

[2]安宁.小学高段整本书阅读教学实践研究[D].西安:陕西师范大学,2020.

[3]课程教材研究所.20世纪中国中小学课程标准·教学大纲汇编:语文卷[G].北京:人民教育出版社,2001.

[4]中华人民共和国教育部.义务教育语文课程标准:2011年版[S].北京:北京师范大学出版社,2011.

[5]叶圣陶,丰子恺.开明国语课本·初小:第1册[M].北京:中国少年儿童出版社,2011.

[6]黄国才,朱乙艺.阅读能力影响因素分析与阅读生态优化[J].语文教学通讯,2018(3):19-20.

[7]温儒敏.忽视课外阅读,语文课就只是半截子的[J].课程·教材·教法,2012,32(1):49-52.

[8]怀特海.教育的目的:全译本[M].赵晓晴,张鑫毅,译.上海:上海人民出版社,2018.

[9]方卫平,赵霞.未来视野下的儿童阅读[J].人民教育,2023(Z2):16-19.

[10]吴欣歆.培养真正的阅读者:整本书阅读之理论基础[M].上海:上海教育出版社,2019.

[11]郑国民.强化语文课程的育人价值取向:《义务教育语文课程标准(2022年版)》的四个重要变化[J].人民教育,2022(Z2):21-23.

[12]刘晓东.儿童是什么:儿童"所是"之多维描述[J].湖南师范大学教育科学学报,2020,19(4):20-34.

[13]刘晓东.美国哲学家加雷斯·皮·马修斯的儿童哲学研究[J].外国教育研究,1995(5):31-35.

[14]范文翔,赵瑞斌.具身认知的知识观、学习观与教学观[J].电化教育研究,2020,41(7):21-27.

[15]支宇,赵越."心智转换"与"具身认知":"广义认知诗学"的两大学科范式与理论进路[J].湘潭大学学报(哲学社会科学版),2022,46(2):139-145.

[16]伍新春.儿童发展与教育心理学:第2版[M].北京:高等教育出版社,2013.

[17]温儒敏,贾彦琪.语文教学要"立足根本,返璞归真":温儒敏教授对语文教育的几点看法[J].小学语文,2017(12):4-7.

[18]董蓓菲.全景搜索:美国语文课程、教材、教法、评价[M].上海:华东师范大学出版社.2009.

[19]马艳,李学斌.儿童观视角下小学语文课程目标的百年演进[J].中国教育学刊,2022(7):89-96.

[20]亲近母语研究院.2023亲近母语分级阅读书目(0-12岁)[EB/OL].[2024-06-01].https://www.qjmy.cn/edu/book/category/.

[21]邵巧治.小学生阅读素养的提升策略[M].南京:江苏凤凰教育出版社,2016.

[22]艾德勒,范多伦.如何阅读一本书[M].郝明义,朱衣,译.北京:商务印书馆,2004.

[23]吴建英.引领孩子走进儿童文学的殿堂:谈《阅读手册》课程资源的开发[J].江苏教育,2008(22):13-15.

[24]黄国才.阅读日记:为阅读思考存证,为精神成长留痕[J].福建教育,2023(23):23-25.

[25]张志强.王森然整本书阅读教学实践及其示范价值[J].语文建设,2023(3):56-58.

[26]卡尔维诺.论童话[M].黄丽媛,译.南京:译林出版社,2018.

[27]邵巧治."交流即评价":"整本书阅读"评价路径转向[J].福建教育,2024(10):34-37.

[28]钱伯斯.说来听听:儿童·阅读与讨论[M].蔡宜容,译.北京:北京联合出版公司,2016.

[29]王晓霞,邵巧治.好书快读:二年级[M].长沙:湖南电子音像出版社,2020.

[30]施久铭.义务教育科学新课标实施的重难点何在?:访义务教育科学课程标准修订组组长胡卫平[J].人民教育,2022(Z2):38-40.

[31]中华人民共和国教育部.义务教育教科书:语文四年级下册[M].北京:人民教育出版社,2023.

[32]吴亮奎.元认知思维视角的小学语文整本书阅读教学设计[J].天津师范大学学报(基础教育版),2023,24(5):62-66.

[33]夏雪梅.项目化学习中"教师如何支持学生"的指标建构研究[J].华东师范大学学报(教育科学版),2023,41(8):90-102.

[34]熊杰.推动课外阅读:如何用好评价这个指挥棒——一场7万小学生参加的阅读比赛留下的思考[N].中国教育报,2023-03-01(10).

[35]中华人民共和国教育部.义务教育语文课程标准:2022年版[S].北京:北京师范大学出版社,2022.

[36]沃尔什,萨特斯.优质提问教学法:让每个学生都参与其中[M].刘彦,译.北京:中国轻工业出版社,2009.

[37]崔峦."书香课程"对儿童阅读课程化的启示[J].江苏教育,2013(17):15-16.

[38]杜鑫燕.美国《儿童与家庭阅读报告》(第7版)解读及启示[J].四川图书馆学报,2022(1):17-22.

[39]刘晓东.童心哲学史论:古代中国人对儿童的发现[J].南京师大学报(社会科学版),2015(6):82-93.

[40]刘晓东.儿童主义视野下的儿童·教育和文明[J].教育视界,2023(42):11-13.

[41]刘晓东.发现儿童:破解"双负"等一揽子教育痼疾的必由之路[J].湖南师范大学教育科学学报,2023,22(2):20-29.

[42]刘晓东.童年哲学论纲[J].江苏教育,2019(18):13-22.

[43]唐剑峰.为儿童而"课程":读博比特的《课程》[J].教育研究与评论,2023(3):123-126.

[44]游玉琪,曹金金.中国儿童哲学的研究与发展文献综述[J].宁波教育学院学报,2021,23(1):41-45.

[45]赵文萱,冯川玉.公共图书馆儿童多模态具身阅读服务研究[J].国家图书馆学刊,2021,30(6):55-61.

[46]谌舒山,姜玉玲.国内具身认知研究现状的可视化分析:热点与趋势[J].潍坊工程职业学院学报,2023,36(1):80-89.

[47]卓巧文.基于具身认知理论深化阅读教学课堂对话[J].语文建设,2021(7):77-80.

[48]杜二敏.具身认知视角下沉浸式学习的发生机制探析[J].宁波大学学报(教育科学版),2022,44(2):30-37.

[49]崔波.阅读具身认知转向与阅读研究的未来[J].编辑之友,2020(4):14-19.

[50]刘世玉.群文阅读教学的具身化路径[J].教学与管理,2022(18):81-85.

[51]李香珠,丁姿平.建构主义与语文创新教育[J].教育探索,2001(9):47-48.

[52]刘恩康,王牧华,计晨.面向未来的阅读素养:理论内涵·分析框架与培养策略——基于PISA·NAEP和PIRLS的国际测评经验[J].教育与教学研究,2023,37(10):41-54.

[53]王晓诚.PISA2018阅读素养评估的特征解读[J].首都师范大学学报(社会科学版),2019(3):171-179.

[54]周颖,黄金丽.PISA与PIRLS阅读素养内涵演变对我国阅读测评的启示[J].教育导刊,2022(1):74-80.

[55]胡玥.国际阅读素养测评项目的比较与启示[J].中国考试,2019(3):60-65.

[56]余党绪,叶开.为什么我们都主张"整本书阅读"?[J].语文教学通讯,2016(Z1):15-19.

[57]贺卫东."整本书阅读"教学的本质·功能与问题消解[J].课程·教材·教法,2020,40(7):72-78.

[58]王文静,周晶晶,杜霞.香港儿童青少年阅读研究与推广[J].教育科学,2010,26(1):34-38.

[59]张晨晖.儿童整本书阅读课程化:镇江市儿童整本书阅读推广掠影[J].七彩语文(教师论坛),2018(3):66.

[60]余琴.整本书阅读:让儿童成长为独立而成熟的阅读者[J].小学语文,2022(11):68-72.

[61]郑桂华.整本书阅读:应为和可为[J].语文学习,2016(7):4-8.

[62]唐玖江,荣维东.整本书阅读课程史及其教育哲学审视[J].语文教学通讯,2022(13):24-28.

[63]刘晓军.整本书阅读指导"三难问题"成因与求解[J].基础教育课程,2018(22):41-43.

[64]郑桂华,杨志平.认识·难点·对策:关于"整本书阅读"教学实施的思考——郑桂华教授访谈[J].新课程评论,2020(Z1):7-15.

[65]周益民.指向儿童的儿童阅读[J].语文教学通讯,2012(30):23-24.

[66]王宁.指向思维培养的儿童整本书阅读教学策略[J].教学月刊小学版(语文),2021(Z1):78-80.

[67]李煜晖.略谈整本书阅读课程方案的设计[J].中学语文教学,2017(2):8-10.

[68]朱自强.论整本书的不同艺术形态及其阅读教学方法[J].课程·教材·教法,2022,42(12):103-109.

[69]朱自强.整本书阅读与小学生语文阅读能力的提升[J].小学语文,2023(5):1.

[70]朱自强.儿童文学阅读教学的理论和方法[J].语文教学通讯,2016(3):4-7.

[71]杨树亚.维度与适度:阅读教学的朴素追求[J].语文教学通讯,2018(3):16-18.

[72]王毅.适体取法·适时渗透·适度讲授:浅议名著阅读方法指导的基本原则[J].语文教学与研究,2021(17):66-68.

[73]夏雪梅.跨学科项目化学习:内涵·设计逻辑与实践原型[J].课程·教材·教法,2022,42(10):78-84.

[74]牛玉玺.素养导向下整本书阅读项目化实施的路径与策略:以《鲁滨逊漂流记》整本书阅读为例[J].语文建设,2023(18):14-18.

[75]周刚.用任务驱动法提高整本书阅读能力[J].中学语文,2021(35):57-58.

[76]王霞.周期学习单:开展整本书阅读的有效支架:以三年级上册"快乐读书吧"《安徒生童话》为例[J].语文建设,2021(6):67-69.

[77]赵海鹰.从阅读手册看中美阅读指导的视野[J].湖南教育(语文教师),2009(11):45-47.

[78]倪建斌.导读手册:架起课外阅读与课内指导的桥梁[J].江苏教育研究,2016(2):32-34.

[79]黄瑾.借助《阅读记录手册》发展学生的自主阅读能力[J].广西教育,2019(29):20-21.

[80]杨苏林.利用课外阅读记录卡提高学生课外阅读能力[J].新课程研究,2020(15):97-98.

[81]高红.探索整本书阅读的路径[J].语文建设,2022(23):9-12.

[82]高枫.统编教材背景下儿童整本书阅读有效推进研究:以五(上)"快乐读书吧"《中国民间故事》阅读为例[J].小学教学参考,2021(28):74-76.

[83]张珍玉.要素导读,课堂研读,活动评读:《中国民间故事》整本书阅读指导探究[J].天津教育,2022(23):126-128.

[84]余党绪.所有的课程开发与教学介入,都是为了学生更好地读书:《红楼梦》整本书阅读教学的实践与思考[J].语文教学通讯,2023(13):8-15.

[85]凌建英,何卓琳.小学语文整本书阅读教学策略[J].人民教育,2023(8):69-71.

[86]张金龙.整本书阅读课程化:历史考察、课标新质与未来面向[J].教育理论与实践,2023,43(26):53-57.

[87]袁曦临.认知发展视域下儿童阅读分级指导策略研究[J].图书馆杂志,2023,42(7):62-69.

后记

当书稿基本成形的时候,我紧绷的心终于稍微能喘口气了。周围的空气似乎也能流动起来了。

尽管从事教育教学工作已近三十年,但步履匆匆之间,始终处于解决小问题,收获小成果的阶段,没想过应总结、提炼自己的教学主张,因此,要完成这本书,感觉特别困难。光是提炼教学主张就费了大半年时间。幸而,在西南大学教育学部郑鑫老师及其他导师们、厦门市教育科学研究院培训部的老师们以及厦门市首期卓越教师培养对象培训班同学们的指导、鼓励之下,终于完成了书稿撰写。在此,要对他们表示衷心的感谢!

本书稿来源于大量的一线实践,主要是厦门市邵巧治名师工作室成员们、省级课题"小学生语文阅读策略的分级应用研究"、"跨学科视域下整本书阅读课程设计研究"、市级课题"基于核心素养培育的小语中高年级单元整体教学的实践研究"成员们以及热爱阅读的学校师生一起努力的结果,是他们给了我学习、思考、进步的灵感。书稿中采用了他们部分实践案例,我已进行修改、完善,并在书稿中一一加以备注,在此对他们表示深深的谢意。此外,我还要感谢福建省普通教育教学研究室黄国才老师,他在百忙之中不辞辛劳为本书作序,充满着对晚辈的关爱与中肯的提点。集美大学教师教育学院施茂枝教授、福建教育学院鲍道宏教授,他们也指导过我从事相关课题研究,助益于本教学主张提炼,在此也敬表谢意!

我从2007年起开始承担儿童阅读方面的课题研究,之后就在课内阅读教学与课外阅读之间不断来回探索,我期望能闯出一条路子,引领师生幸福学习,快乐成长,让他们的眼睛都能发光发亮,闪烁着迷人的七彩光泽,让厦门小学语文展现出优质轻负的生态美景。于是,我就把我的教学主张确定为"'适·度'阅读",有"度"的指引,有"适"的吻合,一切就能刚刚好。

当然,我知道自己仍需努力。因为实践总是困难的,随着书稿撰写一点点进展,理论与实践结合的矛盾,理想与现实融合的矛盾,越来越清晰地呈现于眼前。虽然,《2022年版课标》无比重视儿童整本书阅读,可以说到达了一个历史新高度。但现实中,可供儿童阅读的时间不足,可为儿童阅读提供指导的力量也不足。此外,课内阅读的"适度"与课外阅读的"适度"在具体实施中应有一定的区别,鉴于时间和精力,本书未能全面梳理清楚。因此,在接下来的日子里,我只有再学习,再实践,再完善了。敬请专家同行批评指正!

邵巧治

2024年端午